M3
24,-

15. JAN. 1980

Grundbegriffe der modernen Biologie

Band 3

Grundriß der Verhaltenswissenschaften

Von Günter Tembrock

Zweite, überarbeitete und ergänzte Auflage

Mit 103 Abbildungen im Text

GUSTAV FISCHER VERLAG · STUTTGART · 1973

Anschrift des Verfassers:

Professor Dr. Günter Tembrock,

Humboldt-Universität Berlin, Sektion Biologie, Bereich Verhaltenswissenschaften

ISBN 3-437-20105-0

Ausgabe in der Bundesrepublik Deutschland

Alle Rechte vorbehalten

Copyright 1973 by VEB Gustav Fischer Verlag, Jena

Satz und Druck: Druckerei Rudolstadt

Printed in the German Democratic Republic

Dem Andenken meiner Eltern

Vorwort zur 2. Auflage

Die biologischen Wissenschaften sind einem tiefgreifenden Wandel unterworfen. Kybernetik und Systemtheorie haben in Verbindung mit der sprunghaften Entwicklung informationsverarbeitender technischer Systeme neue Dimensionen der Forschung geschaffen. Schon heute verdoppelt sich alle 10 bis 15 Jahre der Gewinn an neuen Erkenntnissen. Forschungsverfahren mit einer systematischen Planung (Heuristik) unter Einsatz hochwertiger Datenverarbeitungsanlagen bieten Möglichkeiten an, die noch vor wenigen Jahren unvorstellbar waren, weil der Arbeitsaufwand viel zu hoch war, um Probleme hoher Komplexität überhaupt anzugreifen. Bei einer Experimentaltechnik, die sich weitgehend unmittelbar auf den Einsatz elektronischer Rechner stützen kann, die sofort den Versuchsablauf kontrollieren („on-line-Betrieb"), können ein Techniker und eine Hilfskraft Ergebnisse erzielen, für die bislang wenigstens 15 qualifizierte Wissenschaftler erforderlich waren. Man hat eingeschätzt, daß etwa 8 Wissenschaftler in einem solchen on-line-Verfahren eine Datendichte erreichen können, für die in der herkömmlichen Forschung etwa 110 Wissenschaftler erforderlich waren. Aus solchen Überlegungen läßt sich leicht ableiten, daß moderne Rechenanlagen bei richtigem Einsatz sich in 2 bis $2^1/_2$ Jahren amortisieren.

Diese Entwicklungen greifen tief in das gesamte Geschehen der Wissenschaften ein. Die Verhaltenswissenschaften verdanken ihre entscheidende Entwicklung dem damit verbundenen Prozeß der Neuorientierung der Wissenschaftstheorie unter Berücksichtigung der Kybernetik und Systemtheorie, deren Anwendung eine neuartig technisierte Experimentalforschung erfordert. Der Erkenntnisgewinn und damit auch die Problemstellungen der Biologie waren lange Zeit vorrangig durch biologische Kriterien des Menschen bestimmt, vor allem die Arbeitsweise seiner Sinnesorgane, bis ihm die Entwicklung technischer Hilfsmittel neue Einsichten ermöglichte. Gerade die Verhaltensforschung aber, die ja den Organismus in seiner natürlichen Umwelt mit allen seinen Verhaltensregulativen zu verstehen sucht, ging auf Grund der Dimensionierung der zu untersuchenden Elemente immer weitgehend von der unmittelbaren Anschauung aus, die vorrangig nur durch fotografische, filmische und dann auch tontechnische Hilfsmittel ergänzt wurde. Die übrigen wesentlichen Sachverhalte lieferten andere Disziplinen, vor allem die Sinnes- und Nervenphysiologie. Die für den Menschen als biologisches Wesen eigengesetzliche Form der Informationsverarbeitung führte zu einer Terminologie, die eine Vielzahl von Erlebniszuordnungen enthielt.

Die Entwicklung der letzten Jahre hat immer deutlicher werden lassen, daß auch hier nur ein selektiver, durch bestimmte systematisch abgeleitete Problemstellungen vorgegebener Datengewinn echten Erkenntniszuwachs fördern kann. Die Verflechtung im Gesamtsystem der menschlichen Gesellschaft wird durch diese Entwicklung offenkundig. Jene etwas esoterische Sonderstellung, die manche biologische Fragestellungen früherer Jahre hatten, ist aufgegeben zugunsten einer Zuordnung zu den Erfordernissen, die von einer wachsenden Verantwortung getragen werden. Die mannigfachen Ausstrahlungen der Verhaltenswissenschaften in entscheidende Aufgabenstellungen der Zukunft sind offenkundig. Die Optimierung des Informationsflusses in sich selbst regulierenden Systemen, die Gestaltung gesunder Organismus-Umwelt-Beziehungen und allgemeiner Lebensbedingungen werden zu einem vorrangigen Problem für die Verhaltenswissenschaften. Der Bedarf an tierischem Eiweiß zwingt zu immer neuen Überlegungen in der Tierhaltung und Tierzucht, die Berücksichtigung von Verhaltenskriterien ist hier ebenso elementar wie in der Gewinnung tierischer Nährstoffe aus dem Meere oder der (biologischen) Schädlingsbekämpfung.

Und schließlich und nicht zuletzt braucht der Mensch eine lebendige Umwelt, die unersetzbare Werte enthält.

Die Verhaltenswissenschaften sind mehr als eine biologische Disziplin. Sie schließen in ihre Fragestellungen auch wesentliche Elemente des menschlichen Verhaltens mit ein, über das wir noch viel zu wenig wissen. Wir brauchen umfassende Theorien, ohne die alle Praxis nur Empirie bleibt.

In dieser Neuauflage, die der VEB Gustav Fischer Verlag in bewährter Umsicht betreut hat, wird versucht, den Entwicklungen Rechnung zu tragen. So wurde eine weitgehende Umdisposition des Stoffes vorgenommen, um den Konsequenzen eines modernen theoretischen Ansatzes Rechnung zu tragen. Wir stehen mitten in einem Prozeß des Umdenkens. So kann ein solcher Versuch nur Wegzeichen setzen. Diese Einführung soll Problemstellungen aufzeigen, Modell-Entwürfe ableiten, aus denen die Deduktion die Systemeigenschaften und die Interpretation die biologischen Attribute sichtbar werden lassen (MESAROVIČ). Vielleicht kann damit die Wissensspeicherung einem inneren Erkenntnisprozeß zugeordnet werden. Wir müssen viel von der liebgewordenen unmittelbaren Anschaulichkeit der Abstraktion opfern. Vielleicht kann uns der Erkenntnisgewinn für den Erlebnisverlust entschädigen. Daß wir nur mit ihm weiterleben können, wissen wir. Und daß dazu auch die Verhaltenswissenschaften beitragen können, davon soll dieser bescheidene und sicher mit vielen Unzulänglichkeiten behaftete Versuch überzeugen.

Frühjahr 1971   G. TEMBROCK

Inhalt

1. Grundlagen der Verhaltenswissenschaften

Das Bild der Naturwissenschaften ist einem tiefen Wandel unterworfen. Am stärksten betroffen ist die Biologie. Glaubte man noch vor wenigen Jahrzehnten, in einem Zeitalter der Überspezialisation zu stehen, so zeichnen sich heute bereits Umrisse eines wissenschaftstheoretischen Ansatzes ab, der den interdisziplinären Zusammenhang aller Naturwissenschaften (und nicht nur dieser) immer deutlicher erkennen läßt. Damit öffnen sich auch für die biologischen Wissenschaften neue Wege, über die sie auf die Entwicklung und Gestaltung des menschlichen Lebens- und Wirkungsfeldes entscheidend einwirken können und müssen. Gesellschaftliche Ausgangspunkte, sozialökonomische Erfordernisse und Gesetze der Naturwissenschaften müssen dabei ein „großes System" bilden, dessen Ausgangsgrößen dem „Homo humanus" einen optimalen Lebensraum schaffen.

Die Verhaltenswissenschaften sind als Ergebnis dieser Entwicklung zu einer Disziplin geworden, die eine entscheidende Aufgabe bei diesem Integrationsprozeß hat. Sie hat naturwissenschaftliche (biologische) Wurzeln, ist aber keine Biologie im engeren Sinne, da ihre Problemstellungen auf Allgemein-Gesetze gerichtet sind, die nur unter Anwendung spezieller Wissenschaftstheorien abgeleitet werden können. Sie integriert biologische Phänomene in ein größeres System, das noch wesentlich andere Determinanten enthält als nur biologische. Sie trennt nicht „Grundlagenforschung" von „angewandter Forschung", sondern ordnet den Prozeß des Erkenntnisgewinns in ein System ein, das sich selbst optimieren muß. Abb. 1 versucht, diesen Zusammenhang darzustellen.

Dabei sind die wissenschaftstheoretisch zusammenhängenden Disziplinen durch Linien verbunden, während die Pfeile durch bestimmte Aktivitäten entstandene Relationen andeuten, die nicht von vorn herein durch die Kennzeichen des Wissenschaftsgebietes gegeben sind. So haben die Verhaltenswissenschaften einen grundlegenden Inhalt durch die Ethologie (als Teilgebiet der Zoologie), ihre Inhalte verknüpfen sie eng mit anderen Gebieten der Zoologie (Physiologie, Morphologie, Taxonomie) mit den spezifisch zoologischen Problemstellungen. Ebenso sind sie verbunden mit allgemein-biologischen Fragestellungen, besonders der Genetik und Molekularbiologie (z. B. Informationsspeicherung). Inhaltliche Verbindungen bestehen natürlich auch zur Psychologie, Humanbiologie, Neurophysiologie und Biomedizin. Als Sondergebiete der Biologie sind die Populations- und Ökosysteme zu nennen sowie generell das Organismus-Umwelt-System. Die Erforschung dieser hat durch die System-Theorie entscheidende neue Dimensionen gewonnen. Von der Systemtheorie leitet sich auch die (systematische) Heuristik ab. Ebenso wie diese ist auch die Kybernetik mit ihren speziellen Problemstellungen und Methoden erst um die Mitte dieses Jahrhunderts zu einer umfassenden Wissenschaftstheorie geworden, die gerade auch den Verhaltenswissenschaften spezielle Problemstellungen, Hypothesen, Modelle, Algorithmen und Theorien vermittelt. Dabei hat sich die Bionik als Sonderproblem der (Bio-)Kybernetik entwickelt und ist zu einem entscheidenden Transformationselement des Gesamt-Systems geworden, da es Algorithmen (und Modelle) von Biosystemen auf technische Systeme übertragen und später wohl auch beide integrieren kann.

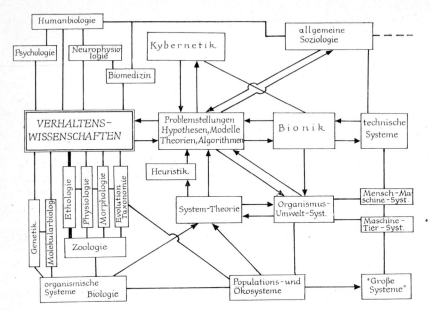

Abb. 1. Strukturbild zur Darstellung des Wissenschafts-Zusammenhanges der Verhaltenswissenschaften.

Dadurch hat das Organismus-Umwelt-System zwei spezielle Aspekte (Teilsysteme) erhalten, das Mensch-Maschine-System und das Maschine-Tier-System. Das letztgenannte wird in der Tierproduktion eine zunehmende Bedeutung erhalten (maschinelle Prozeß-Steuerung). Schließlich kann die Analyse großer Systeme (für die es ebenfalls in Biosystemen Modelle gibt) zur Prozeßsteuerung der Selbstoptimierung des Gesamtsystems beitragen, das alle Bedingungen der menschlichen Existenz umfaßt und von dem hier nur die wesentlichsten mit den Verhaltenswissenschaften zusammenhängenden dargestellt sind. Ohne Zweifel werden die Problemstellungen, Hypothesen, Modelle und Algorithmen der Verhaltenswissenschaften auch stark in die Aufgabenstellungen der allgemeinen Soziologie (des Menschen) hineinwirken und von ihnen mitbestimmt.

Die Verhaltenswissenschaften haben ihre Wurzeln in den biologischen Phänomenen, die das Verhalten der Organismen bestimmen. Ihre Ergebnisse, ihre Wertmaßstäbe und ihr Ethos gehören dem Menschen.

2. Das Verhalten

2.1. Grundvoraussetzungen

Jede Kennzeichnung des Verhaltens geht zunächst von den sichtbaren Bewegungs-
erscheinungen aus. Diesen Sachverhalt kann man wissenschaftlich etwa so formulieren: Phänomenologisch wird Verhalten durch raumzeitlich geordnete Motorik
(Effektorik) beschrieben. Diese Definition deutet an, daß „echte" organismische
Bewegungsvorgänge durch eine bestimmte raumzeitliche Ordnung gekennzeichnet
sind. Ordnung heißt auch „Unwahrscheinlichkeit", während Bewegungsvorgänge
unbelebter Objekte allein physikalischen Gesetzmäßigkeiten unterliegen und (im
makrophysikalischen und sichtbaren Bereich) streng determiniert sind. Bewegungsvorgänge lebender Objekte sind teildeterminiert und nur mit einer gewissen Wahrscheinlichkeit voraussagbar. Ihre raumzeitliche Ordnung kann extrem „unwahr-
scheinlich" sein, sich durchaus gegen die Schwerkraft vollziehen, nach eigenen Zeitmustern, die aus der physikalischen Umwelt nicht ohne weiteres ableitbar sind,
kurz, sie zeigen eigengesetzliche Qualitäten oder Eigenschaften. Zunehmende Unwahrscheinlichkeit (Ordnung) bedeutet (für den Beobachter) immer mehr „Nicht-
Wissen", das er durch „Information" beseitigen kann. Damit enthalten organismische Systeme **Information**, wird sie als Bewegung (Verhalten) sichtbar, kann man
sie (mit SCHALTEGGER) auch „kinematische Information" nennen. Ist ein Verhalten
sehr kompliziert (räumlich wie zeitlich, also als Sequenz), dann enthält es viel Information. Verhalten setzt **Strukturen** voraus, also Elementmengen mit einer bestimmten Menge von Relationen (Kopplungen).

Struktur: [M, R] = Menge von Elementen, auf denen eine Relationsmenge liegt
(J. MÜLLER).

Organismische Strukturen hat SCHALTEGGER auch statische Information genannt.
Organismen bilden „reale zweckmäßige" Systeme, die als ein in Raum und Zeit
begrenzter Teil der Wirklichkeit definiert werden können, der in einer gegebenen
Umwelt ein spezifisches Verhalten zeigt, das vor allem durch eine Menge von Funk-
tionen gekennzeichnet ist, die mit bestimmter Wahrscheinlichkeit erfüllt werden.
Das Verhalten wird bei gegebenen Bedingungen durch die Struktur erklärt, die den
Zustand des **Systems** im Prinzip bestimmt (J. MÜLLER).

Der Zustand eines solchen Systems [Ψ (t)] kann danach als Menge von Systemeigenschaften definiert werden, die in einem gegebenen (endlichen) Zeitintervall das Verhalten des
Systems in einer gegebenen Umgebung wesentlich bestimmen. (E) seien die Eingangsgrößen
eines Systems, (A) die Ausgangsgrößen, (U) die Umstände (Randbedingungen), die modifizierend auf die Funktion einwirken und als Bedingungen die Funktionsbreite abgrenzen und
(N) Nebenwirkungen (ausgangsseitig), dann bilden A_m die Menge der Ausgangsgrößen, E_n
die Menge der Eingangsgrößen und T_j die Zeitparameter, wobei $t_n - t_0$ das Zeitintervall für

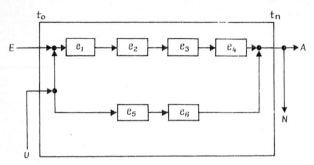

Abb. 2. Struktur eines Systems, das die beobachtete oder geforderte Funktion erfüllt, weil eine Menge von Elementen (e) in bestimmter Weise gekoppelt ist.
E = Eingangsgrößen, A = Ausgangsgrößen, U = Umstände oder Randbedingungen, welche die Funktion modifizieren und die Breite abstecken, innerhalb welcher das System die Funktion erfüllt. N = Nebenwirkungen. t_n-t_o = Zeitintervall, in dem ein Übergang E = > A, also ein Funktionsablauf, erfolgt (nach J. MÜLLER 1970).

den Funktionsablauf E → A bildet. Danach kann das Verhalten von Systemen wie folgt beschrieben werden (vgl. J. MÜLLER 1970):

$$[A (t_n), N (t_n)] = f [\Psi (t_o), E (t_n{-}t_o), U (t_n\text{-}t_n)], \infty \gg (t_n\text{-}t_o) > 0.$$

Für ein beliebiges Zeitintervall ist

$$A = f^* [\Psi (t), E]; \; \Psi (t) \sim\rightarrow (E \Rightarrow A)$$
$$p\ddot{U}$$

wobei pÜ die Übergangswahrscheinlichkeit bildet.
Liegen determiniert programmierte Prozesse vor, ist $p\ddot{U} = 1$; in biologischen Systemen gilt im allgemeinen $1 > p\ddot{U} \gg 0$. Bei zufälligen Entscheidungen ist $p\ddot{U} \Rightarrow 0$.

Nach J. MÜLLER können folgende Veränderungsklassen in Hinblick auf **Übergangsfunktionen** auftreten:

— Speichern: Keine Wandlung des Funktionswertes, er wird abrufbar über ein Zeitintervall $(t_n{-}t_o)$ fixiert
— Leiten: Es besteht Speicherung, der unveränderte Funktionswert wird in seiner räumlichen Position verändert
— Quantitative Wandlung: Speichern und Leiten sind gegeben, quantitative Parameter werden ohne Änderung der Qualität gewandelt.
— Qualitative Wandlung: Speichern, Leiten und quantitative Wandlung sind gegeben, der grundlegende Zustand des Funktionswertes wird verändert.

Diese Systemeigenschaften sind in organismischen Systemen (den Individuen) gegeben und damit Parameter, die bei der Kennzeichnung und Analyse des Verhaltens zu berücksichtigen sind, wobei das sichtbare Verhalten zu den ausgangsseitigen Vorgängen gehört. Der Beobachter übersieht dabei im allgemeinen nur einen begrenzten Zeitraum, keinesweg aber alle Zeitintervalle, die zum jeweils sichtbaren Verhalten des Systems gehören. Vollends unzugänglich der unmittelbaren Beobachtung sind die Speicherprozesse. Daraus erklärt sich, daß die herkömmlichen allein auf Beobachtung gestützten Interpretationen tierischen Verhaltens mit vielen Unzulänglichkeiten und Spekulationen behaftet sind. Die sichtbaren Ausgangsfunktionen können nur bedingt gedeutet werden, weil die ihnen zugrunde liegenden Übergangsfunktionen der Beobachtung nur teilweise zugänglich sind, nämlich insoweit, wie sie unmittelbar zeitlich vorangehenden (also in den Beobachtungsprozeß fallenden) Eingangsgrößen (E und U) zugeordnet sind.

Gemäß dieser systemtheoretischen Sicht müssen Raumzuordnungselemente und Funktionsflußelemente unterschieden werden. Funktionen können dabei entweder den Wert 0 oder 1 erhalten („Schalten"), oder ihr Verlauf ist mehrwertig (Steuern). Nimmt eine Relation den Wert 0 oder 1 an, kann man von Entkoppeln bzw. Koppeln sprechen. Vektoriell läßt sich die Beziehung zwischen E (Eingangsvektor) und A (Ausgangsvektor) auch so ausdrücken: A = T (E), wobei T der Transformationsoperator ist, also die Regel, nach welcher der Vektor E in den Vektor A umgewandelt wird. Damit kann ΔE_j als Veränderung des Wertes der j-ten Komponente des Vektors E und ΔA_i als Veränderung des Wertes der i-ten Komponente des Vektors A bezeichnet werden. Dann ist der Quotient

$$a_{ij} = \left(\frac{\Delta A_i}{\Delta E_j}\right) \qquad \begin{pmatrix} i = 1,2, \ldots m \\ j = 1,2, \ldots n \end{pmatrix}$$

der Koeffizient der partiellen Wirkung, also ein Maß für die partielle Wirkung einer Veränderung der j-ten Komponente des Vektors E auf die i-te Komponente des Vektors A. Damit ist ΔA = Transformationsmatrix ΔE.

Der hier angedeutete systemtheoretische Ansatz (über den Genaueres in der einschlägigen Fachliteratur nachgelesen werden sollte) fordert von den Verhaltenswissenschaften, den Organismus nicht als „Schwarzen Kasten" (black box) zu betrachten, sondern ein Maximum an Kenntnissen über verhaltensrelevante Systemeigenschaften (der Transformationsmatrix) zu gewinnen („grauer Kasten"). Die Struktur (Raumzuordnungselemente) ist bereits bei vielen Tierarten recht gut bekannt, allerdings mit der Einschränkung, daß in Hinblick auf die konkreten Zuordnungen der Nervenzellen noch sehr unzureichende Einsichten vorliegen. Das gilt besonders für die „neuronalen Netzschaltungen", für die es zwar gute heuristische Modelle gibt, aber nur in Einzelfällen genauere Kenntnis. Die Systemanalyse kann jedoch dadurch weiter vorangetrieben werden, daß Teilsysteme gesondert untersucht werden (z. B. Netzhaut im Auge, Ganglien usw.), wie es in der Physiologie, besonders der Neurophysiologie und der Rezeptorphysiologie, geschieht. Die modernen Physiologie-Darstellungen (z. B. KEIDEL 1970, RÜDIGER 1969, SCHUBERT 1968) gehen auf diese neuartigen Forschungsansätze bereits ein.

Bedingungen, die sich in Verhalten umsetzen können, sind:

— Bedarf an Nährstoffen
— Flüssigkeitsbedarf
— Bedarf an Atemgasen
— Abgabe fester Stoffwechselschlacken
— Abgabe flüssiger Stoffwechselprodukte
— Abgabe gasförmiger Stoffwechselprodukte
— räumliche Ordnung
— zeitliche Ordnung
— Strukturänderungen (Wachstum, Differenzierung)
— Fortpflanzung
— Beseitigung von Störgrößen
— Allgemeine Optimierungsfunktionen
— Spezielle Informationsspeicherung („Lernen").

Da der Organismus mit seiner (relevanten) Umwelt ein geschlossenes System bildet, kann man die systemtheoretische Betrachtung auch auf die „aktuelle" (also in das

Verhalten einbezogene) **Umwelt** beziehen. Dann liefert die Motorik des Tieres die Eingangsgrößen, die Umwelt ist die zu untersuchende Black Box und liefert Ausgangsgrößen, die für das Teilsystem „Organismus" wieder zu Eingangsgrößen werden können. Damit wird es wichtig, die System-Elemente der Umwelt zu kennzeichnen, die an den Transformationsprozessen beteiligt sein können. Dabei können die abiotischen Faktoren vektoriell als (U) oder (E) auftreten:

— Licht
— Temperatur
— elektromagnetische Felder (und elektrische Felder)
— Luft
— Wasser
— relative Luftfeuchtigkeit
— Bodenbeschaffenheit (geologische Bedingungen)
— Luftdruck

Die **biotischen Faktoren** können nach ihrer Zusammensetzung (aktuelle Relevanz) wie folgt klassifiziert werden:

— Nahrungssystem
— Störsystem (z. B. Raubtier-Beute-System)
— Sexualsystem
— Pflegesystem
— Sozialsystem
— Populationssystem
— Ökosystem.

Dabei sind Nahrungssystem und Störsystem notwendige Elemente der individuellen Erhaltungsstrategie, ebenso die hierarchisch übergeordneten Populations- und Ökosysteme. Meist vorhanden ist das Sexualsystem (Art-Erhaltungsstrategie), oft auch das Pflegesystem (ebenso) und das Sozialsystem (Individual- und Arterhaltungsstrategie).

Vom Individuum her gehen in die **Verhaltens-Kenngrößen** als systemspezifische Determinanten ein:

— Art-Kriterien
— individuelle genetische Disposition (einschl. Geschlecht)
— individuelle Adaptationen
— altersspezifische Kriterien
— physiologischer Status (bzw. Motivations-Status)
— Biorhythmen
  speziell circadian (etwa 24 Stunden-Perioden)
          circannual (etwa 12 Monate-Perioden)
          (seltener lunare, semilunare u. a., s. S. 47).

Der hier abgeleitete wissenschaftstheoretische Ansatz liefert ohne zusätzliche Prämissen zwei Grundansätze für die **Erforschung tierischen Verhaltens:**

— Bestimmung der Verhaltenselemente (und -muster) als Eingangsgrößen eines Umweltsystems
Konsequenzen: — Bestimmung der Umweltbedingungen, auf die das Verhalten einwirkt bzw. bezogen ist
         — Bestimmung der Systemänderungen unter Einwirkung des Verhaltens (Raum- und Zeitparameter)
         — Bestimmung der Ausgangsgrößen des Umweltsystems (unter Verhaltenseinwirkung), die für den gegebenen Systembezug Organismus — Umwelt relevant sind (Eingangsgrößen für einen Organismus oder mehrere Organismen).

— Bestimmung der Verhaltenselemente als Ausgangsgrößen des organismischen Systems

Konsequenzen: — Experimente zur Auslösbarkeit bestimmter Verhaltensweisen durch spezielle Reizangebote
— Bestimmung der Zuordnung von Eingangs- und Ausgangsgrößen beim Organismus
— Strukturbestimmungen im System, die eine zureichende Erklärung der Transformationsprozesse gestatten (Organismus als „Grauer Kasten" oder letztendlich „Weißer Kasten").

Der erste Ansatz ist wissenschaftshistorisch älter. Er findet seinen Niederschlag in den Hypothesen über „zweckhaftes" Verhalten, die von den Leistungserfolgen des Verhaltens ausgehen (also der Ausgangsgröße im Umweltsystem) und dabei besonders immer wieder solchen Handlungen gewidmet waren, die in auffälliger Weise die Umwelt verändern (z. B. Bautätigkeiten, Werkzeuggebrauch und scheinbar oder wirklich einsichtiges Verhalten). Hierbei war die Umwelt von Anfang an kein „Schwarzer Kasten", da gerade die sichtbaren Transformationsprozesse unter Verhaltenseinwirkung es waren, die den denkenden Beobachter fesselten. Erst vertiefte Kenntnisse der Leistungen der Sinnesorgane und vor allem die Experimentalforschung haben den zweiten Ansatz konsequent ermöglicht, beginnend mit dem Organismus als „Schwarzer Kasten".

In bestimmten Wissenschaftstheorien wurde dies sogar zum Prinzip erhoben („Behaviorismus"). Die Ethologie setzte vor allem an der Bewegungsanalyse an und führte sie durch Attrappenversuche im Sinne einer Zuordnung der einzelnen bei einer Art vorliegenden Verhaltensmuster zu bestimmten Reizbedingungen (generell: Auslöser) weiter. In jüngerer Zeit schloß sich dann die Untersuchung der „Wirkungsgefüge" des Verhaltens an, womit der Organismus zu einem „Grauen Kasten" wurde (Verhaltensphysiologie).

Abb. 4 zeigt für die Bautätigkeit der Honigbiene ein systemtheoretisches Modell zur Veranschaulichung der beiden grundsätzlichen Ausgangspunkte der Verhaltenswissenschaften. Der dritte Schritt zur Untersuchung derartiger Systeme ist die Rückführung von Ausgangsgrößen der Umwelt zu Eingangsgrößen des Organismus.

Für die **System-Analyse** scheinen folgende Problemstellungen vorrangig:

— Eigenschaften der Elemente
— Verknüpfung der Elemente
— Komplexität des Systems
— Häufigkeiten der Ereignisse
— Mathematische Beziehungen
— Beziehungen zur Umwelt
— Störanfälligkeit
— Arten der Transformationen (Übergangsfunktionen).

2.2. Motorik: Ausgangsgrößen organismischer Systeme

Die „klassische" Verhaltensforschung hat vor allem die Bewegungsmuster als Leistungen des Organismus untersucht, also als Ausgangsgrößen organismischer Systeme. Wie die allgemeinen System-Betrachtungen gezeigt haben, ist es erforderlich, diese effektorischen Leistungen immer auch im Zusammenhang mit dem Umwelt-System zu betrachten. Dieses kann entweder nicht-reagierend („unbelebt")

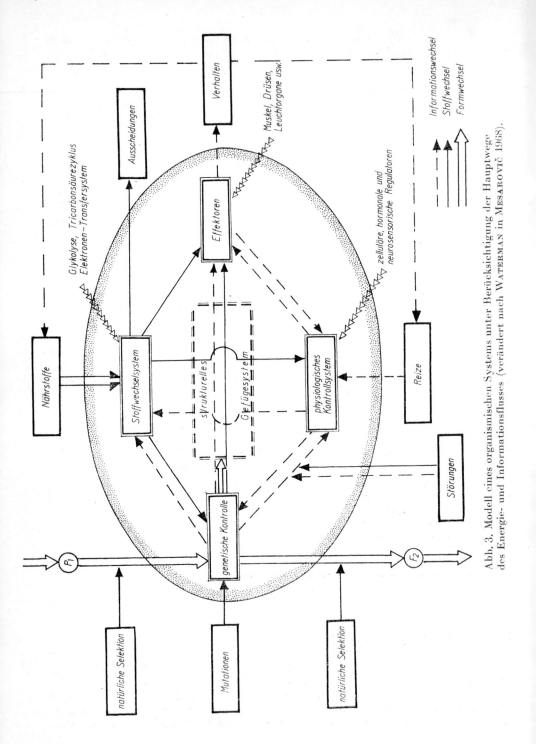

Abb. 3. Modell eines organismischen Systems unter Berücksichtigung der Hauptwege des Energie- und Informationsflusses (verändert nach WATERMAN in MESAROVIĆ 1968).

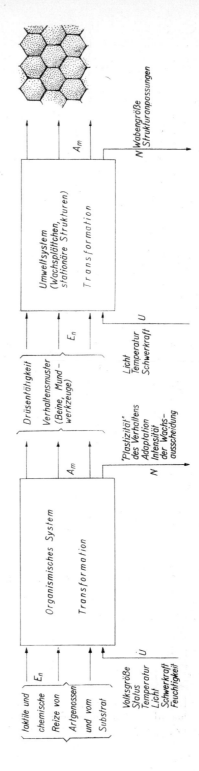

Abb. 4. Entwurf einer System-Koppelung zwischen organismischem System und Umweltsystem, erläutert am Beispiel des Wabenbaus der Honigbiene (*Apis mellifera*). Am = Menge der Ausgangsgrößen, En = Menge der Eingangsgrößen (vgl. Abb. 2).

oder reagierend sein. Diese Alternativen haben prinzipiellen Einfluß auf die Ablauf-
vorgänge und die ihnen zugeordneten Kontrollmechanismen der Bewegungen.

Zunächst soll aber eine einführende Darstellung der Motorik als Ausgangsgröße
organismischer Systeme gegeben werden, wobei die zum funktionellen Verständnis
notwendigen Hinweise auf die elementaren physiologischen Mechanismen nicht
fehlen dürfen, auch wenn die komplexen (daraus abzuleitenden) Vorgänge, die Raum-
und Zeitmuster des Verhaltens bestimmen, erst später dargestellt werden, da sie zu
den Transformationsvorgängen im organismischen System gehören (s. S. 127). Die
Grundleistung der Motorik ist die **Ortsveränderung** des Körpers oder von Körperteilen. Diese Leistung vollzieht sich in der Zeit. Damit sind Voraussetzungen zur
Entstehung von Zeitmustern gegeben.

Generell kann man die hierher gehörenden Verhaltensmuster in zwei Hauptgrup-
pen unterteilen:
— Allgemeine Bewegungsformen
— Bewegungsstereotypien

Alle motorischen Systeme, die nicht der Nachrichtenübertragung dienen, können
auch als **Gebrauchssysteme** zusammengefaßt werden. Sie setzen sich aus Gebrauchsstrukturen und Gebrauchshandlungen zusammen.

Abb. 5 versucht, einige grundsätzliche Zusammenhänge beim Aufbau der Motorik darzustellen und berücksichtigt dabei auch die grundsätzlich erforderlichen Informationseingänge
(Rezeptoren), die der Eigenkontrolle sowie der Umweltkontrolle dienen und damit eine raumzeitliche Ordnung ermöglichen. Rückkoppelungsschleifen zwischen Afferenzen, Status und
Efferenzen sind fortgelassen. Sie werden an anderen Stellen genauer zu besprechen sein (Kapitel 3).

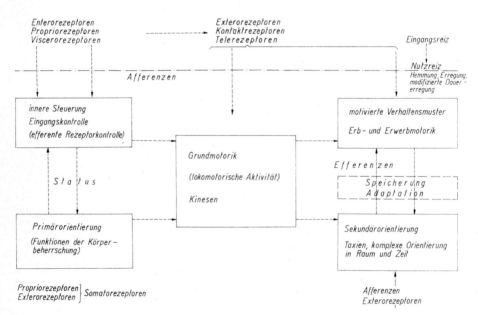

Abb. 5. Entwurf zur Darstellung grundsätzlicher Zusammenhänge im tierischen
Organismus, die Afferenzen, Status und Efferenzen verknüpfen und raum-zeitliche
Ordnungsprinzipien der Funktionen erzeugen.

Die **Ortsveränderung** kann beruhen
— auf Einwirkungen aus der Umgebung (passiv)
— auf systemeigenen Prozessen (aktiv)
  a) indirekt (z. B. Veränderung des spezifischen Gewichtes bei Wassertieren, Absonderung quellender Sekrete)
  b) direkt
      — durch formkonstante bewegliche Zellorgane (Flagellen, Cilien)
      — durch formveränderliche Zellorgane (Pseudopodien)
      — durch kontraktile Zellen (Muskelzellen)
      — durch kontraktile Gewebe (Muskulatur, z. B. ,,Hautmuskelschlauch'')
      — durch muskelbewegte Extremitäten.

Geißeln und Wimpern (als ,,Undulipodien'' zusammengefaßt) müssen auf drei Ebenen in ihren Bewegungsprinzipien untersucht werden:
— Die Flagellen oder Cilien tragende Zelle als Ganzes
— Das Flagellum oder das Cilium mit allen zugehörigen Strukturen (bei Geißeln als ,,Mastigont'' zusammengefaßt)
— Die kontraktilen Elemente in den Undulipodien.

Zyklische Energie-Prozesse liefern die Grundlagen zeitlich geordneter Bewegungsabläufe. Das Schwingen von **Flagellen** als Bewegungssystem der einzelligen Flagellaten ist nicht nur an submikroskopisch differenzierte Strukturen, sondern auch an noch nicht voll übersehbare Kreisprozesse gebunden, wobei ein Wechselspiel von Kontraktion und Erschlaffung (Relaxion) die Grundlage bildet. Mechanische Reize können hierbei auslösend wirken. Dabei reagiert vermutlich die kontraktile Substruktur (ein Aktin-ähnliches Eiweiß) mit dem Adenosin-Triphosphat (ATP), das während der Kontraktion zu ADP abgebaut wird. Das gebundene ADP wird dann in der Erschlaffungsphase mit ATP ausgetauscht. SYLVESTER und HOLWILL haben diesen Vorgang im Modell dargestellt. [Dabei bedeutet K den ,,normalen'' und k den kontrahierten Zustand der Substruktur; (ATP) = maskiert und inaktiv.]

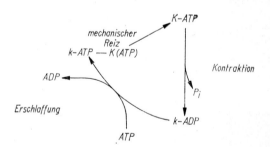

Untersuchungen an Flagellen von Seeigel-Spermatozoen sowie Wimpern von Ringelwürmern *(Sabellaria)* und Muscheln *(Mytilus)* haben ergeben, daß pro Schlagbewegung etwa 1 ATP-Molekül durch ATPase abgebaut wird (10 kcal/mol ATP) (BROKAW und BENEDICT 1968; SLEIGH und HOLWILL 1969). Damit kann bei *Sabellaria* für ein Cilium $2,4 \times 10^{-8}$ erg/ Schlag eingesetzt werden (bei *Mytilus:* $3,8 \times 10^{-8}$ erg/Schlag).

Die den Flagellen ähnlich gebauten **Cilien** sind immer in größerer Anzahl vorhanden und können durch Verschmelzungen höhere Einheiten liefern, aber auch partiell wirksame Systeme, wobei besondere Koordinations-Mechanismen vorliegen müssen, die bei den Ciliaten erst unzulänglich bekannt sind.

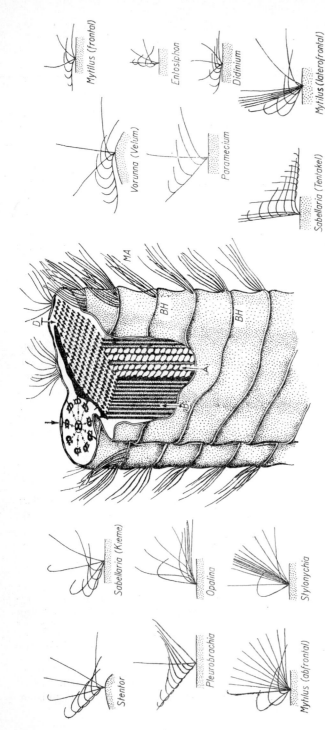

Abb. 6. (Mitte): Schematische Rekonstruktion zur Darstellung der Geißelstruktur (auf Grund elektronenmikroskopischer Untersuchungen) des Flagellaten *Anisonema* (Euglenidae). A, B, D: Verschiedene Ansichten innerer Strukturen in unterschiedlichen Schnitten; BH = Helicoidale Banden, welche die Mastigonemata (MA) tragen (nach JOYSON und MIGNOT 1969). Die übrigen Darstellungen zeigen Wimper-Schlagmuster; Sequenzänderungen in gleichen Zeitintervallen (nach SLEIGH 1968).

Innere Faktoren können Richtung, Amplitude, Frequenz und Schlagphase eines einzelnen Ciliums bestimmen, ebenso auch synchrone oder metachrone Koordination zwischen den **Wimpern** (gleichzeitig/nacheinander). Diese Bedingungen können modifiziert werden durch Erregung der Zelle, Erregung einzelner Cilien und/oder direkte Antworten kontraktiler Elemente (vgl. KINOSITA, MURAKAMI 1967). Zwischen den zellulären Mechanismen der Wimperbewegung bei Einzellern und Wimperepithelien bei Mehrzellern bestehen zahlreiche Übereinstimmungen. So zeigen beide unter Einwirkung von bestimmten Chemikalien wie KCl eine Schlagumkehr, wodurch die Bewegungsrichtung bzw. die Transportrichtung eine Vorzeichenumkehr erfährt (vgl. Abb. 7).

Aus Filmanalysen der Bewegung der Randcirren (von Cilien ableitbare Sonderbildungen bei bestimmten Einzellern aus der Gruppe der Ciliata: Hypotricha) kann MACHEMER (1969) 4 Funktionstypen ableiten:

— metachrone Cirrenbewegung (langsamer Schlag mittlerer Amplitude, von gleicher Dauer in beiden Richtungen, ohne erkennbare lokomotorische Wirkung)
— heterochrone Bewegung (ohne metachrone Ordnung, Schlag in einer Richtung mit mäßiger Frequenz und Amplitude, in Gegenrichtung langsam)
— achrone Cirrenbewegung (hohe Frequenz, kleine Amplituden)
— synchrone Cirrenbewegungen (einmalig, Ursache plötzlicher Umkehrbewegungen).

Es wird versucht, diese Funktionstypen auf zwei Bewegungskomponenten zurückzuführen:
— unpolarisierte Eigenschwingung
— potentialabhängige Cilienwendung zum Vorder- oder Hinterende des Tieres.

Auch beim Cilienschlag von *Paramecium* werden zwei Komponenten vermutet.

Für die **Schlagumkehr** können bei diesen Formen (besonders *Euplotes*) nach neuesten Untersuchungen (NAITOH, ECKERT 1969) Membranprozesse verantwortlich gemacht werden (sie bleibt bestehen, auch wenn die sog. „neuromotorischen" Fibrillen durchtrennt werden):

1. Spontaneität		Einstellung der
2. Stromfluß nach außen (durch Elektrode) } Depolarisation {		Cilien auf Rück-
3. Mechanische Reizung vorn		wärtsschwimmen
1. Spontaneität		Einstellung der
2. Stromfluß nach innen (Elektrode) } Hyperpolarisation {		Cilien auf
3. Mechanische Reizung hinten		Vorwärtsschwimmen

Auch die **Amöboidbewegung** scheint ein komplexer Vorgang zu sein, an dem mehrere Mechanismen beteiligt sind. Gegenwärtig sind folgende Vorgänge einigermaßen gesichert:

a) Das Ektoplasma des bei der jeweiligen Bewegungsrichtung „hinteren" Zellkörpers unterliegt gleichmäßigen Kontraktionsvorgängen.
b) Das Plasmalemma kontrahiert und verfestigt sich ebenfalls im hinteren Bereich der Amöbe.
c) Die Elastizität des Plasmalemma unterliegt Änderungen, die relativ unabhängig von anderen Vorgängen in der Amöbe sind.

Zur Zeit haben zwei Hypothesen den Vorrang:
— Die „Druckfluß-Hypothese". Der Ektoplasmaschlauch kontrahiert sich am Hinterende der Amöbe. Dadurch wird das solartige Endoplasma nach vorn gepreßt. Hier kommt es zum Stillstand und geht in die Gel-Phase über („tube-wall-contraction-theory").
— Die „Front-Kontraktions-Hypothese": Die Kontraktionsvorgänge vollziehen sich im jeweils vorderen Pol des Zellkörpers und üben dabei eine Zugkraft auf das dahinterliegende solartige Zytoplasma aus.

Bei Schleimpilzen konnten die Filamente des Grundplasmas mit großer Wahrscheinlichkeit als aktive Elemente der Triebkraft der Protoplasmaströmung nachgewiesen werden. Ähnlich wie bei den erwähnten Cilien- und Flagellenbewegungen ist auch hier eine Aktivität des Ferments ATPase nachgewiesen, das durch Abbau des Adenosintriphosphates (ATP) Energien freisetzt und damit (ähnlich wie beim Muskel der Mehrzeller) Verkürzungen kontraktiler Elemente ermöglicht. SCHÄFER-DANNEEL (1967) fand submikroskopische Strukturen bei Amöben, die als Filamente von 16—220 Å bzw. 40—100 Å auftreten und einen Röhrenbau aufweisen. Die starken Filamente entsprechen in ihrer Dimensionierung etwa den bekannten Spindelfasern, während die dünnen mit den etwa 40 Å messenden Hohlfibrillen in Flagellen und Cilien (vgl. Abb. 6) weitgehend übereinstimmen. Bei der beschalten Amöbe

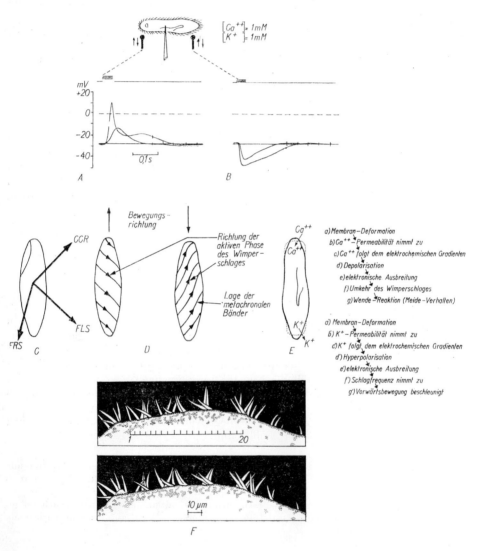

24

Difflugia fanden WOHLMAN und ALLEN (1968) Mikrofilamente von 55—75 Å. In der glatten Muskulatur haben die Filamente eine Dicke von 50—70 Å. Die myosinhaltigen Primärfilamente der quergestreiften Muskulatur weisen ebenfalls einen Röhrenbau auf mit Durchmesser von etwa 100—200 Å. Die Untersuchungen von SCHÄFER-DANNEEL an Amöben (*Chaos*-Amöbe) und auch von BHOWMICK (1968) an *Trichamoeba* sprechen für die „Druckfluß-Hypothese", die auf Grund dieser und anderer experimenteller Stützen den Charakter einer Theorie gewonnen hat.

Für die Auslösung dieser Bewegungen sind Vorgänge an der Zellmembran wesentlich. JEON und BELL (1965) konnten die Bildung von Pseudopodien („Scheinfüßchen") bei Amöben durch bestimmte Moleküle aktivieren, die von der Zelloberfläche adsorbiert wurden, wobei spezielle (positive) Ionen wesentlich sind, die mit den Mucopolysacchariden reagieren und elektrostatische Ungleichgewichte mit den Carboxylgruppen hervorrufen, wodurch eine Formveränderung der Pseudopodien ausgelöst wird (BREWER, BELL 1969).

Bei den Metazoen werden die Koordinationsvorgänge noch ungleich komplexer, aber auch den Meßmethoden besser zugänglich. Die Systemeigenschaften derartiger Koordinationen, die besonders bei der **Extremitätenbewegung** bestimmend werden, sind durch die Untersuchungen von v. HOLST erstmals erkannt worden. Danach scheinen zumeist mehrere Bereiche mit eigenem Programm der Bewegungsrhythmik und der raumzeitlichen Ordnung die Grundlage zu liefern und in relativer Koordination zusammenwirken. v. HOLST hat diese Untersuchungen an den Flossenrhythmen von Fischen durchgeführt, nachdem er die Medulla oblongata durchtrennte und damit die zentralen Steuermechanismen des Gehirns mit den großen Sinnesorganen ausschaltete. Die Bewegungsrhythmen der Brust- und Rückenflossen verliefen daraufhin sehr gleichmäßig; Änderungen konnten entweder „spontan" auftreten (Aufschaltung einer neuen Führungsgröße) oder durch experimentell gesetzte Außenreize. Die Koordination der Flossenrhythmen (Brustflossenrhythmus mit Rückenflossenrhythmus) ließ sich dadurch nachweisen, daß sich der Rhythmus der Rückenflosse änderte und ganz regelmäßig wurde, wenn die Brustflossen stillgelegt waren. Diese Koordination kann nach zwei Prinzipien erfolgen:
a) **Relative Koordination**: der abhängige Rhythmus läuft nicht genau phasengleich mit dem unabhängigen, springt jedoch bei bestimmten Werten der Phasenverschiebung in dessen Phase zurück (etwa durch einen „Zwischenschlag" der Flosse).

Abb. 7. A, B: *Paramecium*, Mechanorezeptor-Potentiale; oben ist das stillgelegte Tier gezeigt mit intrazellulärer Ableit-Elektrode. Die mechanischen Reize werden entweder vorn (im Zellkörper durch Zeichen markiert) oder hinten gesetzt. A: Vordere Rezeptor-Potentiale, hervorgerufen durch drei Reizintensitäten. B: Hintere Rezeptor-Potentiale, hervorgerufen durch mechanische Reizung am hinteren Körperende (nach NAITOH und ECKERT 1969). C: Richtungen der Phasenaktivität des Cilienschlages bei *Paramecium*. CCR: Spirale rückwärts nach links, FLS = Spirale vorwärts nach links, FRS = Spirale vorwärts nach rechts; D: Bewegungstypen bei *Paramecium* (nach ANDRIVON 1969). E: Zusammenfassung der Schritte, die mechanische Reize bei *Paramecium* mit motorischen Antworten verknüpfen unter Berücksichtigung der beiden Grundprinzipien: Meiden (Distanzvergrößerung) und Annäherung (Distanzverminderung) (nach NAITOH und ECKERT 1969). F: *Stylonychia*: Cirrenmetachronie auf der linken Marginalreihe (Tierhinterende links im Bild), Bildabstand 10 ms. Die Cirren schlagen mit einer Frequenz meist unter 10 Hz. Eine metachrone Welle umschließt nur wenige Cirren, so daß im Einzelbild die Metachronie nur aus wiederkehrenden Gruppierungen der Cirren erkennbar wird (die Einteilung der oberen Abb. markiert 20 ausgemessene Cirren, nach MACHEMER 1969).

b) **Absolute Koordination**: der abhängige Rhythmus hat die gleiche Periodenlänge wie der unabhängige.

Als Koordinationsmöglichkeit unterschied v. Holst:

1. **Die Superposition** (Überlagerung). Hier beeinflussen sich die beiden selbsterregten Schwingungen (Oszillatoren) nicht, sondern überlagern sich im Ergebnis. Es liegt keine echte relative Koordination vor.

2. **Magneteffekt.** Er ist die Grundlage der echten Koordination. Hierbei handelt es sich um eine Phasenkoppelung oder Mitnahme, wobei v. Holst ursprünglich davon ausging, daß der unabhängige Rhythmus dem abhängigen eine bestimmte Phasenbeziehung aufzwingt. Allgemeiner ist der Magneteffekt jedoch als gegenseitige Beeinflussung zu definieren.

Hassenstein hat die prinzipiellen Zusammenhänge schematisch dargestellt (Abb. 8) Der Magneteffekt greift am autorhythmischen Zentrum selbst an und verstellt die Phase, während sich bei der Superposition die den Rhythmus bestimmenden Signale eines Oszillators den Signalen des anderen überlagern. Das könnte im Bereich der motorischen Neurone geschehen, die selbst als die Oszillatoren nicht in Betracht kommen, wie schon v. Holst nachwies.

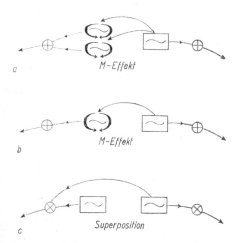

Abb. 8. Schematische Darstellungen für Superposition und Magneteffekt.

a) die beiden durch ∼ symbolisierten Instanzen stellen die Rhythmusgeber unabhängiger Flossenschwingungen dar. Der rechte Rhythmusgeber steuert die rechte Flossenbewegung, außerdem beeinflußt er aber die linke Flossenbewegung, und zwar indem seine Signale sich den Signalen des linken Rhythmusgebers überlagern, bevor diese die Flossenmuskel erreichen. Die autorhythmischen Instanzen beeinflussen einander nicht.

b) Schematische Repräsentation der Beeinflussung einer rhythmischen Aktion im Sinne des Magnet-Effektes: Der Einfluß des unabhängigen Rhythmus (rechts) trifft den Rhythmusgeber des abhängigen Rhythmus. Die beiden Pfeile am beeinflußten Rhythmusgeber sollen andeuten, daß sich der Einfluß in Phasenverschiebungen der abhängigen Schwingung ausdrückt.

c) Schema eines Funktionszusammenhanges, welcher nach v. Holst die Tatsache verständlich machen würde, daß sich die Wirkungen zweier rhythmischer Einflüsse auf eine Flossenschwingung immer dann addieren, wenn sie — im Sinne des Magnet-Effektes — in Koaktionslage sind (nach Hassenstein 1966).

Die Koordination unserer Armbewegung kann auf die Prinzipien der Superposition und des Magneteffektes zurückgeführt werden. Auch hier sind zentrale Schrittmacher vorhanden, wobei auf Grund der Stammesgeschichte der Vorderextremität (und speziell der menschlichen) auch Bewegungen des Stammes entscheidende Impulse liefern, die sich elektrophysiologisch gut nachweisen lassen, wenn der Arm festgelegt wird (Abb. 9).

Solche Koordinationen schaffen Systembeziehungen, die auch für die **Gangarten** wesentlich sind und die Befunde von BETHE und v. HOLST an den vielfüßigen Myriapoden verständlich machen. Bei *Lithobius* bewegen sich die Beine normalerweise in einer „Wellenform". Dabei hat jedes Bein vom folgenden einen Phasenabstand von etwa $1/7$ Schritt, und eine Welle umfaßt je 6 bis 7 Beine. Werden nun Beine amputiert, dann nimmt der Phasenabstand zwischen den verbleibenden Extremitäten immer mehr zu, bis er bei 3 oder 2 erhaltenen Beinpaaren das Maximum von $1/2$ Schritt erreicht. So läuft dieser *Lithobius* dann mit 3 Beinpaaren wie ein Insekt, mit 2 wie ein Säugetier im Kreuzgang.

Bei Wirbeltieren können Versuche mit Vermehrung der Anzahl der Beinpaare durchgeführt werden. So wurden beim Axolotl durch Transplantation zwei Embryonen zu einem Individuum verschmolzen (BRÄNDLE 1968). Dieses entwickelte drei Beinpaare, die ihre normale Nervenversorgung erhielten. Es zeigten sich zwei Bewegungsrhythmen, die durch den Abstand der beiden Vorderbeinpaare bestimmt werden. Liegen sie nahe beieinander, erfolgt ihre Bewegung fast gleichzeitig:

l_1, l_2—r_3—r_1, r_2—l_3 . . . .

Sind die beiden Vorderbeinpaare (1, 2) weiter voneinander entfernt (z. B. 9 Segmente), bewegen sich das erste und das zweite Bein einer Seite nacheinander (metachron), es entsteht bei langsamer Fortbewegung ein modifizierter Diagonalgang:

l_1—l_2—r_3—r_1—r_2—l_3 . . . .

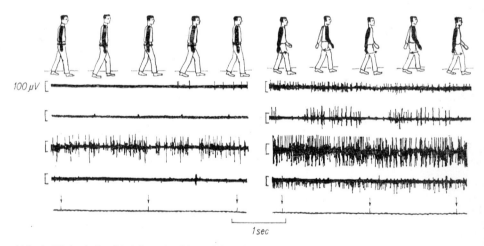

Abb. 9. Elektrische Aktivität der Muskel in Schulter und Oberarm beim Gehen eines Menschen (Mann, 20 Jahre alt), während der Arm locker am Rumpf festgebunden ist (links) und beim natürlichen Gehen (rechts). Von oben nach unten: Deltoideus (hinterer Abschnitt), Deltoideus (mittlerer Abschnitt), oberer Latissimus dorsi (Teres major), Supraspinatus; die untere Zeile markiert jeweils den Kontakt des linken Fußes mit dem Boden (nach BALLESTEROS, BUCHTHAL und ROSENFALCK 1965).

Abb. 10. (a) Schimpanse *(Pan troglodytes)* und (b) Orang *(Pongo pygmaeus)* in
quadrupeder Gangart mit leichter Asymmetrie (unterschiedliche Schrittweise der Arme
rechts und links, kompensiert durch alternativ unterschiedliche Schrittweite der Beine);
außerdem Unterschiede beim Aufsetzen der Extremitäten zwischen beiden Arten.
c) Ein bestimmtes Exemplar der Diana-Meerkatze *(Cercopithecus diana)*, links fast
,,Paßgang'' (Lateral-Sequenz-Schritt), rechts annähernd im ,,Kreuzgang'' (Diagonal-
Sequenz-Schritt) (nach HILDEBRAND 1967).

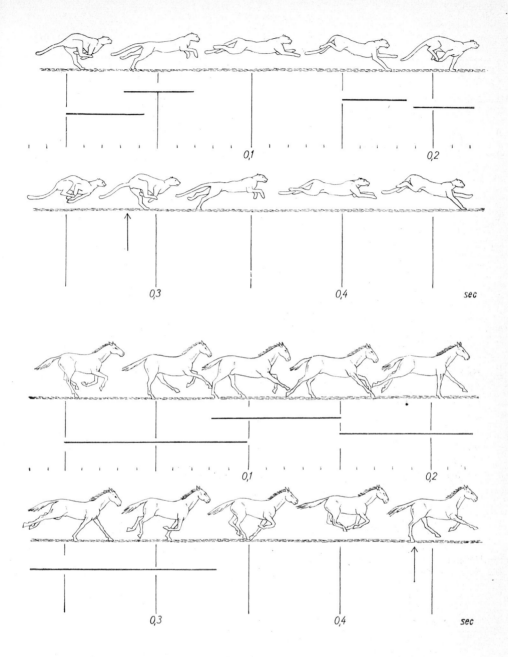

Abb. 11. Analyse des Galopp-Laufes bei Gepard und Pferd. Die Sequenz und Dauer der Fußkontakte mit dem Boden sind durch die horizontalen Linien dargestellt (nach HILDEBRAND 1960).

Bei den Säugetieren gelten für die wichtigsten grundsätzlichen Zeitprogramme ihrer Gangarten folgende Abläufe:

Schritt: rh — rv — lh — lv — rh — rv . . .
Trab: rh & lv — lh & lv — rh & lv . . .
Galopp (links):   rh — rv, lh — lv — rh — rv, lh — lv . . .

Diese Gangarten beruhen auf wechselnden Systembeziehungen und gehen daher, wie die Koordinationsformen der Flossenrhythmen bei Fischen, sprunghaft ineinander über. Derartige Systemleistungen sind deshalb auch in den Verhaltensmustern zu erwarten, die sich aus der Bewegungsmotorik ableiten (vgl. S. 68). Die Beziehungen zwischen einzelnen motorischen Rhythmen zeigen oft hierarchische Strukturen, die auch im Zusammenhang mit der Stammesgeschichte zu verstehen sind, da die ältesten Muster vielfach „Elementarbewegungen" liefern, denen andere aufgelagert sind, die sich erst mit den entsprechenden morphologischen und funktionellen Systemen entwickelt haben. Das wird, wie das Beispiel der Armbewegungen des Menschen zeigt, besonders dort deutlich, wo bestimmte Muskelsysteme in die abgeleiteten Systeme mit eingehen, ohne die Beziehungen zur ursprünglichen Funktion ganz aufzugeben. So sind neben den „autochthonen" Extremitätenmuskeln der Wirbeltiere, die letztlich auf die Musculi pterygales communes (der Fischflossen) zurückzuführen sind, somatische (und im Bereich der Vorderextremitäten auch viscerale) Muskel des Körperstammes (epaxone und hypaxone) in die Extremitäten übergegangen (z. B. M. latissimus dorsi, Abb. 9). Besonders komplex sind diese abgeleiteten Muskelsysteme im Bereich des Kopfes bei den Landwirbeltieren und speziell den Säugetieren (Abb. 38).

Sie werden vor allem auch durch die sehr unterschiedlichen Bewegungsformen mitbestimmt. Die Primaten werden häufig nach der Bewegung in drei Hauptgruppen unterteilt:

1. **Quadrupeden** (z. B. *Aotes, Callicebus, Cacajao, Pithecia, Chiropotes, Cebus, Saimiri, Callimico, Callithrix, Leontocebus, Macaca, Cynopithecus, Cercocebus, Papio, Comopithecus, Mandrillus, Theropithecus, Cercopithecus, Allenopithecus, Erythrocebus)*

2. **Semibrachiatoren** *(z. B. Alouatta, Ateles, Brachyteles, Lagotrix, Presbytes, Rhinopithecus, Nasalis, Colobus)*

3. **Brachiatoren** (Armschwinger) (z. B. *Hylobates, Symphalangus, Pongo, Pan, Gorilla)*. Für Schimpanse und Gorilla kann allerdings der Begriff „Brachiator" nur eingeschränkt gebraucht werden, ihr Klettern ist mehr ein „Stemmklettern" und als solches unmittelbar auf quadrupede Bewegungsformen zurückzuführen. Diese modifizierte Bewegungsform zeigt Voreignung (Präadaptation) zum Bipedalismus, der beim Menschen dann extrem weiter entwickelt wurde. Einen (ursprünglichen und vom Quadrupedalismus abzuleitenden) Sonderfall sehen NAPIER und WALKER (1967) im vertikalen Klammern und Hüpfen (Abstoßen mit den Hinterbeinen, z. B. *Tarsius, Indri, Propithecus, Avahi, Lepilemur, Hapalemus, Galago, Euoticus).*

Auch **Kopfbewegungen** als Ganzes müssen als abgeleitet angesehen werden; sie können funktionell gefördert werden durch Leistungsprinzipien der großen Sinnesorgane. Die Beziehungen solcher Kopfbewegungen zur allgemeinen Bewegungsmotorik des Körperstammes und der Extremitäten sind elementar. Im Verlauf der Stammesgeschichte der Wirbeltiere haben sie sich in unterschiedlicher Form über relative Koordination weitgehend abgelöst und damit Signalfunktion erworben.

Einen Übergang von der absoluten zur relativen Koordination der Kopfbewegungen mit den Extremitätenrhythmen zeigen die Hühner. Die Oszillatoren für den

Beinrhythmus schwingen hier mit einer Verzugsperiode von 2,2 Hz (s. auch S. 52). Normalerweise sind die Schwingungen des Kopfes beim Schreiten mit den Bein- rhythmen absolut koordiniert, und bei Beinrhythmen von 3 Hz stimmen beide Peri- oden genau überein. Niedrigere Schreitfrequenzen führen zu einer Abnahme des Koppelungsgrades, besonders, wenn sie unter der Vorzugsschreitfrequenz von 2,2 Hz liegen. Bei dieser Frequenz wird zugleich der Wert des „optomotorischen Nystagmus" erreicht, besteht also eine optimale „Blickfeldkonstanz". Dieses Beispiel deutet mög- liche Entwicklungswege von Signalsystemen an, bei denen durch die Informations- eingänge über die Rezeptoren relative Koordinationen entstehen, die schließlich bei Überschreitung von Grenzwerten (bedingt durch die eigengesetzliche Informations- verarbeitung eines der beteiligten Systeme) zeitweilig aufgehoben werden können. Diese Koordination kann dann (etwa durch spezifische Kopfbewegungen) dem Funk- tionsbezug des speziellen Informationsangebotes auch motorisch angepaßt werden.

Elektrische Fernreizung der motorischen Rinde bei einem Rhesuaffen kann eine Kopfwendung hervorrufen, die völlig abgelöst von dem übrigen Verhalten reprodu- ziert wird, das unverändert weiterläuft. Hier sind deutlich hierarchisch geordnete motorische Muster experimentell getrennt.

Bewegungsmuster als Ergebnis einer zeitlichen und räumlichen Koordination der Muskeltätigkeit sind erst auf der Stufe des extrapyramidalen Systems möglich, das bahnende und hemmende Anteile aufweist. Die Muskelkoordinationen, die allein auf das extrapyramidale System zurückzuführen sind, könnten als **Elementarbewe- gungen** zusammengefaßt werden. Es sind primäre Bewegungskoordinationen, die zu einer geordneten Ortsbewegung führen können, ohne speziellen Funktionsbezug. Ihnen scheinen die Bewegungsstereotypien nahezustehen. Zu den Leistungen ge- hören die Grundmechanismen der Körperbeherrschung und der Primärorientierung.

Verhaltensmuster, die reizgesteuert bestimmten Motivationen zugeordnet sind, zeigen hierarchische Ordnungsprinzipien, die gegenwärtig in ihrer zentralnervösen Steuerung (bei den verschiedenen Tiergruppen) erst unzulänglich übersehen werden können. Man könnte sie (vorläufig) nach pragmatischen Gesichtspunkten unterteilen:

— Grundkoordinationen: Komplexe Bewegungsmuster, welche die Gesamtmotorik so weit koordinieren, daß stets nur eine Grundkoordination eingenommen werden kann (z. B. Gangarten)

— Teilkoordinationen: Sie betreffen nur einen Strukturteil des Körpers, so daß mehrere Teilkoordinationen gleichzeitig auftreten können. Sie sind nicht mehr in getrennt auftretende Untereinheiten zerlegbar (z. B. Ohrbewegungen)

— Teilsyndrome: Es handelt sich hierbei um räumlich oder zeitlich gekoppelte Teilkoordinationen (z. B. Ohrenanlegen und Haaraufrichten)

— Rahmenkoordinationen: Teilkoordinationen oder Teilsyndrome, die gleichzeitig mit einer Grundkoordination auftreten

— Initialkoordinationen: Teilkoordinationen oder Teilsyndrome, die eine Grund- koordination einleiten

— Finalkoordinationen: Teilkoordinationen oder Teilsyndrome, die auf eine Grund- koordination folgen

— Verhaltenssyndrome: Koppelung von Grundkoordinationen und Teilkoordina- tionen oder -syndromen zu höheren Einheiten (Sequenzen) [z. B. Futtervergraben bei Caniden: Aufnehmen, Zurückwerfen (in die hintere Gebißregion) = Initialko- ordinationen, Suchlaufen (= Grundkoordination I), Scharren (= Grundkoordi- nation II), Ablegen, Stoßen, Schieben (Schieben von Erde usw. mit der Schnauze) = Finalkoordinationen].

Grundkoordinationen, denen keine speziellen Motivationen zugeordnet sind und die daher variable Kombinationen mit Teilkoordinationen und variable Syndrome bilden, können als Neutralkoordinationen bezeichnet werden.

Der von LORENZ geprägte Begriff der Erbkoordinationen (= Instinktbewegungen) bezieht sich auf Grundkoordinationen und/oder Teilsyndrome, die statistisch so fest gekoppelt sind, daß für sie eine einheitliche genetische Grundlage vermutet wurde. Da beide Begriffe Interpretationen enthalten (Hypothesen) und zudem uneinheitlich gebraucht werden, scheint eine objektivierte pragmatische Kennzeichnung der Verhaltenselemente von besserem heuristischem Wert. Ob eine Bewegungseinheit ausschließlich genetisch bestimmt ist, kann nur im Experiment erwiesen werden. Erwerbmotorik umfaßt dagegen solche Bewegungsmuster, die individuell aufgebaut werden (mit oder ohne genetische Grundlage), neue (angepaßte) Verhaltensprogramme aufbauen können, Koordinationen neu kombinieren und gegebenenfalls auch neu schaffen. Die meisten menschlichen Bewegungsmuster gehören hierher, so weit sie von seiner Eigenwelt bestimmt werden. Neutralkoordinationen und Erwerbmotorik bauen auch sensorische Programme ab und fördern Tendenzen für fakultative Lernvorgänge, die positiv korreliert sind mit den ,,Freiheitsgraden'' der Koordination der beteiligten motorischen Elemente.

Verhaltenssequenzen mit hierarchischer Strukturierung können besonders bei bestimmter zeitlicher Ordnung die Basis für Ritualisationsvorgänge liefern (vgl. S. 68). Dafür kommen speziell Initialkoordinationen, Finalkoordinationen und Rahmenhandlungen in Betracht. Rahmenhandlungen sind Verhaltensweisen, die, häufiger als nach der Zufallsverteilung zu erwarten, vor oder nach bestimmten Verhaltenssyndromen auftreten, ohne unmittelbar mit ihnen gekoppelt zu sein. Hierher gehören Handlungen der Körperpflege, die vor oder nach dem Ruheverhalten, aber bei manchen Vögeln auch vor dem Auffliegen oder nach dem Landen erfolgen, wobei die betreffenden Verhaltenssyndrome, die ihnen vorangehen oder folgen, potentiell in das Ursachengefüge der Rahmenhandlungen gehören können (Ruhe und Flug kann Körperpflegehandlungen erforderlich machen). Solche Rahmenhandlungen oder (funktionell zugehörig als Einleitung des betreffenden Verhaltens) Initialkoordinationen können bei festerer Bindung an bestimmte ihnen folgende Bewegungsabläufe durch den zeitlichen Vorlauf ,,Indikatoren'' für das anschließende Verhalten werden, sind daher für die Entwicklung zu Signalhandlungen prädestiniert. Die sehr eingehende Untersuchung der Komfortbewegungen bei Enten, die MCKINNEY durchführte, hat dafür gute Beispiele erbracht. Er fand folgende Situationen, die diese mögliche Signalfunktion der Komfortbewegungen bei den Enten fördern: Vor dem Abflug, vor der Kopulation, während der Kopulation, während der Paarbildung sowie während und nach feindlichen Begegnungen. MCKINNEY gibt als häufigste und vielleicht wichtigste Komfortbewegungen mit Signalcharakter vor dem Auffliegen bei Anatiden an:

Anseranas:	Kopf-Schütteln
Dendrocygna:	Kopf-Schütteln
Cygnus:	Kopf-Rucken *(C. columbianus* und *C. cygnus)*
Anser:	Kopf-Schütteln
Branta:	Kopf-Zurückwerfen
Tadorna:	Kopf-Schütteln und Kinn-Anheben
Anas:	Kopf-Schütteln und Kopf-Stoßen
Netta:	Kinn-Anheben
Aythya:	Kinn-Anheben
Cairinini:	Kopf-Schütteln (vielleicht noch andere Bewegungen)
Mergini:	Kopf-Schütteln, bei manchen Arten Baden.

Auch das Fremdputzen (allopreening), das am Partner ausgeführt wird, ist ritualisiert und gehört in den Komplex des agonistischen Verhaltens. Der Funktionszwang ist offenbar sehr groß, so daß Homoiologien (aus homologen Strukturen unabhängig entstandene Ähnlichkeiten) sehr häufig sind. HARRISON hat dieses Verhalten bei Vögeln auf breiter Basis untersucht, seine Befunde stimmen weitestgehend mit den an Säugetieren gewonnenen überein (Abb. 12).

Abb. 12. „Allopreening" (Körperpflege an einem anderen Individuum: „Fremdputzen") im Rahmen agonistischen Verhaltens. a) *Zosterops palpebrosa* (nach KUNKEL 1962 aus HARRISON 1965), b) *Vulpes vulpes*. Beim Fuchs ist noch die Drohphase (Fähe gegen Rüden, dieser „Halsdarbicten"), die dann in Beknabbern des Halses übergeht, im agonistischen Verhalten jedoch mit schnelleren Kieferbewegungen als beim sozialen Komment (verändert nach TEMBROCK 1957).

Abb. 13 gibt ein Beispiel für eine Sequenzanalyse von Verhaltenssyndromen beim Rotfuchs *(Vulpes vulpes)*. Innerhalb dieser Darstellung nimmt die Antiparallelstellung (Aps) einen Sonderstatus ein, sie wird im allgemeinen über längere Zeit beibehalten (Langzeitbewegung, im Mittel 1,41 s). Die ihr nachgeordneten Bewegungen (z. B. Kopfheben = Kh, Vornniedergehen = Vn, Gegenstemmen = Gs) sind Teilsyndrome, während die Aps eine Grundkoordination ist. Weitere Grundkoordinationen sind: Frontalstellung (F), Abwehrbuckel (Ab) und Aufstellen (As). Berechnet man die prozentualen Folgewahrscheinlichkeiten, zeigt sich, daß die Aps mit 24% auf F folgt, mit 17% auf Kh und Hb, mit je 15% auf Vn und Ks (Kopfsenken), während andere Folgehäufigkeiten unter 10% bleiben. In diesem Kontext (Kampfverhalten) folgt die Frontalstellung mit 67% auf die Antiparallelstellung, der Halsbiß folgt mit 41% auf die Aps. Nimmt man die diadischen Übergangswahrscheinlichkeiten, dann geht beispielsweise die Frontalstellung in 55% der Fälle in die Antiparallelstellung über, alle anderen Übergänge bleiben unter 10%. Solche Sequenzanalysen zeigen Ordnungsprinzipien in der Verhaltensstruktur (dem Syndrom), wobei in diesem speziellen Fall noch der Kampfpartner als Signalgeber berücksichtigt werden muß. Die Kombination verschiedener Verhaltens-Elemente mit der Antiparallelstellung (Teilsyndrome und Grundkoordination) geben Hinweise auf die „Streubreite" der Motorik. Solche Analysen — statistisch abgesichert — sind die Voraussetzung für eine objektive exakte Verhaltenskennzeichnung; sie setzen klare Definitionen der beteiligten Verhaltenselemente voraus.

Die Analyse der zeitlichen Ordnung von **Verhaltenssequenzen** kann wesentliche Hinweise auf die grundlegenden Mechanismen geben, ähnlich wie entsprechende Untersuchungen am Zeitmuster von Lautfolgen. Bei dem südamerikanischen Characiden *Corynopoma* fand NELSON eine Handlungsfolge mit Gruppenbildungen, durch Pausen und Intervalle statistisch bestimmbar (und als „Semi-Markov-Prozeß" erster Ordnung gedeutet). Dabei ließen sich verschiedene Klassen unterschiedlicher Länge nachweisen, innerhalb derer die Wahrscheinlichkeit des Vorkommens einer Handlung ausschließlich von der Art der unmittelbar vorangehenden abhängt. Dabei wird der Zeitpunkt des Beginns einer Folge von anderen Faktoren bestimmt als ihr Fortgang; Bahnungswirkungen können sich in der Sequenz steigern. Derartige Untersuchungen sind dringend erforderlich, um Grundlagen für eine informationstheoretische Deutung des Verhaltens zu gewinnen, das der Signalübertragung zwischen zwei oder mehr Individuen einer Art dient.

Die folgende Darstellung zeigt die Verhaltenssequenz im Sexualkontext beim Kampffisch *(Betta)* nach KÜHME:

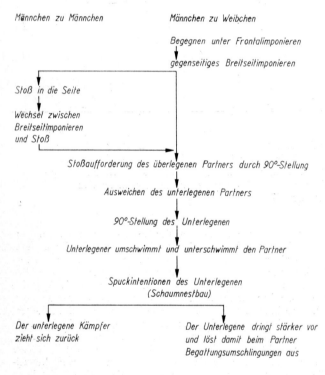

MILLER nennt die Grundlage hierarchischer Prozesse in Organismen, die Ordnung und Sequenz, in der Operationen vollzogen werden, einen „Plan". Man sollte den objektiven Ausdruck „Algorithmus" vorziehen. MARSHALL hat versucht, das Balzverhalten der Tauben nach Art einer **Strukturanalyse** der Linguistik darzustellen.

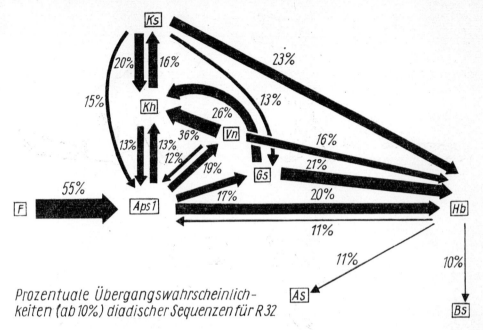

Prozentuale Übergangswahrscheinlichkeiten (ab 10%) diadischer Sequenzen für R 32

Abb. 13. Diadische Sequenzanalyse eines Kampfes zwischen ♂♂ des Rotfuchses
(*Vulpes vulpes*). F = Frontalstellung, APS 1 = Antiparallelstellung 1, Kh = Kopfheben
Ks = Kopfsenken, Vn = Vornniedergehen, Gs = Gegenstemmen, Hb = Halsbiß,
Bs = Beißen, As = Aufstellen (vgl. Abb. 14). Das Aufstellen hat in diesem Kontext
eine mittlere Dauer von 0,65 s, als ritualisiertes Verhalten dagegen von 3,25 s
(nach TEMBROCK 1970).

Dabei bedeuten die Abkürzungen in dem Baum-Diagramm folgendes:

SBSeq: Sexuelle Verhaltens-Sequenz	Agg.: Aggressives Verhalten	D: Deplaziertes Putzen
Prep: Vorbereitendes Verhalten	Bw: Beugen	Bi: Schnäbeln
Con: Beendendes Verhalten	Dr: Treiben	M: Aufsprung
Int: Einleitung	A: Angreifen	Co: Kopulation
Wa: „Aufwärmen"		

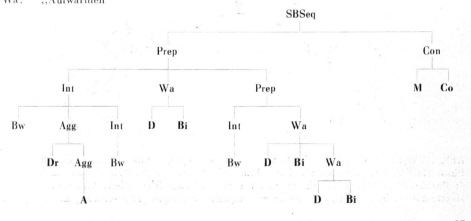

Abb. 14. Verhaltens-Sequenz beim Rotfuchs *(Vulpes vulpes)*; Phase I: Frontal-Sitzen, Phase II: Übergang zur Frontalstellung, Phase III: Aufstellen (frontale Stützkontakt-Stellung); rechtes Tier subdominant. Das Verhalten ist ritualisiert (die motorischen Muster haben Signalwirkung), Tendenz zu Langzeitbewegungen (bzw. -stellungen).

Diese „Grammatik" erlaubt die folgenden Voraussagen:

p (Bi/D), p (Bi/Bw), p (D/Bw) und p (A/Dr), p (A/Bw), p (Dr/Bw)
$$> \text{p (Bi/Dr), p (Bi/A), p (D/Dr), p (D/A).}$$

[p (Bi/D) = Wahrscheinlichkeit, daß D auf Bi folgt]

In der „generativen Grammatik" läßt sich das auch so schreiben:

1. SBSeq → Prep⁀Con
2. Prep → Int⁀Wa⁀(Prep)
3. Int → Bw⁀(Agg)⁀(Int)
4. Agg → $\begin{Bmatrix} Dr \\ A \end{Bmatrix}$⁀Agg
5. Wa → D⁀Bi⁀(Wa)
6. Con → M⁀Co

Die Möglichkeiten der Anwendung der **Syntax-Theorie** (vgl. CHOMSKY 1970) auf hierarchische Verhaltens-Sequenzen rechtfertigen es, von einer Syntax des Verhaltens zu sprechen und diesen Ansatz neben der Pragmatik und Semantik konsequent anzuwenden. Gegen eine vorbehaltlose Übertragung der „strukturellen Grammatik" auf die Analyse nicht-verbalen Verhaltens hat allerdings ALTMANN (1965) gewisse Bedenken geäußert. S. und C. HUTT (1970) haben folgende Modelle für die Sequenzanalyse zusammengestellt:

— Das Chi-Quadrat-Modell (Korrelations-Matrix)
— Das Modell der Faktoren-Analyse
— Das Informations-Modell
— Das Phrasen-Struktur-Grammatikalische Modell

Die beiden ersten Ansätze betreffen diadische Verhaltensanalysen und sind jeweils auf ein Tier bezogen. Es kann jedoch angenommen werden, daß ein bestimmtes Ereignis (im Verhalten) nicht nur von dem letzten jeweils vorangegangenen abhängig ist, sondern von mehreren Elementen determiniert wird, wobei auch soziale Elemente (also Verhaltens-Ereignisse anderer Individuen) einbezogen sein können.

Wenn alle Verhaltenselemente voneinander unabhängig sind, kann die Unsicherheit für ein einzelnes Ereignis durch den Ausdruck

$$U(y) = - \Sigma_k \, p(k) \log_2 p(k) \text{ beschrieben werden.}$$

Dabei ist k die Anzahl der Ereignisse (oder Elemente) des Verhaltensrepertoires und p (k) die Wahrscheinlichkeit des Auftretens eines einzelnen davon. Werden zwei Ereignisse (Diaden) betrachtet, ist die Unsicherheit von y, wenn x voranging und bekannt ist:

$$U_x(y) = - \Sigma_{j,k} \, p(j,k) \log_2 p_j(k).$$

Hier ist p_j (k) die Wahrscheinlichkeit, daß y = k, wenn x = j ist.

Für drei Ereignisse muß es entsprechend heißen:

$$U_{wx}(y) = - \Sigma_{i,j,k} \, p(i,j,k) \log_2 p_{i,j}(k) \quad \text{und für vier Ereignisse:}$$

$$U_{vwx}(y) = - \Sigma_{h,i,j,k} \, p(h,i,j,k) \log_2 p_{h,i,j}(k).$$

Hängt ein Verhaltens-Element speziell von dem unmittelbar vorangehenden ab, dann wird U_x (y) kleiner sein als U (y) und U_{wx} (y) kleiner als U_x (y). Damit kann aus diesen Messungen der Unsicherheit (U) ein Maß für die Abnahme der Unsicherheit (und damit Zunahme der Information) gewonnen werden. ALTMANN konnte durch Untersuchungen am Rhesus-Affen nachweisen, daß Voraussagen, die auf drei vorangegangenen Ereignissen beruhen, das soziale Verhalten fast vollständig determinieren lassen (pÜ = 0,9).

2.3. Motorik: Eingangsgrößen nicht reagierender Umwelt-Systeme

2.3.1. Tropismen, Taxien, Orientierung im Raum

Alle Ordnungsprinzipien in lebenden Systemen haben räumliche und zeitliche Parameter. Tritt das System über ein Verhalten mit seiner Umwelt in Beziehung, und dies ist bei den offenen Systemen, die Lebewesen darstellen, zur Erhaltung des Fließgleichgewichtes erforderlich, dann gehen auch raumzeitliche Eigenschaften der Umwelt in diese Ordnung mit ein. Die Umwelt liefert damit „Raumgeber" und „Zeitgeber", das sind die Bezugsgrößen für die Systemleistungen des Organismus, die sein Verhalten in eine (für seine Erhaltung erforderliche) räumliche und zeitliche Ordnung bringen. Bei festsitzenden tierischen Lebewesen werden die räumlichen Einstellmechanismen als Tropismen bezeichnet, bei den freibeweglichen als Taxien, wobei allerdings die Nomenklatur dieser Begriffe noch uneinheitlich ist und angesichts der hohen Bedeutung der Tropismen bei Pflanzen ihre Erforschung hier zu einer eigenen Terminologie geführt hat.

Tropismen sind Lageänderungen im Raum unter Reizeinwirkung bei festsitzenden Organismen, die als Orthotropismen (oder Parallelotropismen) auf die Reizrichtung eingeregelt werden, als Transversal- oder Diatropismus senkrecht dazu.

Die Einteilung der Tropismen erfolgt gewöhnlich nach den Reizmodalitäten, die sie auslösen:

1. Phototropismus
2. Geotropismus
3. Chemotropismus
4. Elektrotropismus
5. Thigmotropismus
6. Haptotropismus
7. Thermotropismus
8. Hydrotropismus

In das tierische Verhalten gehen Tropismen nur sehr selten ein; gelegentlich noch bei einigen sessilen Einzellern, besonders Ciliaten, unter denen festsitzende Formen ohne Ortsveränderung reizbezogene Lageveränderungen vornehmen können.

Die **Raumorientierung** ist dagegen für alle freibeweglichen Organismen unerläßlich. JANDER (1970) empfiehlt, hierbei zwei Mechanismen zu unterscheiden:
— Richtungsorientierung = Rotationsorientierung = Taxis
— Entfernungsorientierung = Translationsorientierung = Elasis.

Koordinationsbewegungen ändern die relative Stellung der Körperteile im Eigenraum des Tieres (dessen Grenzen die Reichweite aller Körperanhänge festlegen). Raumorientierung liegt als Ergebnis der Koordinationsbewegungen dann vor, wenn ein Organismus die Ausrichtung oder Position des Eigenraumes zum Umgebungsraum eigenkontrolliert beibehält oder verändert. Die Honigbiene *(Apis mellifera)* übermittelt in ihrem Kommunikationssystem (vgl. Abb. 18) Taxis und Elasis getrennt: Der Winkel zur Senkrechten weist die Richtung (Taxis), die Frequenz des Schwänzellaufes die Entfernung (Elasis).

Die Raumorientierung als selbstkontrollierte Bewegung im Umgebungsraum kann auf folgenden Grundlagen beruhen:
— exokinetische Raumorientierung (Rauminformation exogenen Ursprunges)
— endokinetische Raumorientierung (Rauminformation endogenen Ursprunges):
  a) Aktionsorientierung (spontan)
  b) Reaktionsorientierung (durch Außenreize ausgelöst).

Als mögliche Informationsklassen schlägt JANDER vor:
— Sofort übertragene Umweltinformation (Releaser-Effekt)
— Gedächtnisinformation (Zeitspeicher)
— Erbinformation (Festspeicher)
— stochastische Information („Zufalls-Information").

Eine Umorientierung im afferenten System soll als Taxiswechsel, eine solche im efferenten System als Kinesiswechsel bezeichnet werden.

Nach KÜHN sowie FRAENKEL und GUNN können die elementaren Orientierungsmechanismen wie folgt eingeteilt werden (vgl. auch LINDAUER 1964):

I. Kinesen: Ungerichtete Bewegungen, durch spezifische Reize ausgelöst.
  a) Orthokinese: Ungerichtete Bewegungen, deren Tempo und Frequenz reizabhängig sind.
  b) Klinokinese: Richtungsänderungen, deren Häufigkeit und Intensität von der Reizintensität abhängig sind (auch Phobotaxis genannt).

II. Taxien (auch Topotaxien genannt): Räumlich orientierte reizabhängige Bewegungsänderungen.
  a) Klinotaxis: Periodische Richtungsänderungen (Pendeln), wodurch eine Hauptrichtung indirekt eingehalten werden kann.
  b) Tropotaxis: Symmetrieeinstellung, Richtungskorrekturen durch Intensitätsvergleich (oder Zeitvergleich) zwischen den auf symmetrisch angeordneten Rezeptoren eintreffenden Reizen. Bei einseitiger Entfernung der Rezeptoren ergeben sich die sog. „Manegebewegungen".
  c) Telotaxis: Zieleinstellung. Die Orientierung wird ohne Abweichungen unmittelbar zielfixiert. Sie scheint nur als Phototelotaxis (also auf optisch perzipierte Reize bezogen) vorzukommen.
  d) Menotaxis (Kompaß-Orientierung): Zeitweise Einhaltung eines bestimmten Winkels zur Reizquelle.
  e) „Lichtrücken-Reaktion" (selten auch Ventralseite zum Licht): Bei bilateralsymmetrischen Tieren Zukehren der Dorsalseite zum Licht.
  f) Schwerefeld-Reaktion: Bei bilateralsymmetrischen Tieren Stellung der Körperachse im Winkel von 90° zur Schwerkraftwirkung, dabei Ventralseite positiv geotaktisch orientiert.
  g) Astrotaxis: Astronomische Orientierung; wohl von der Menotaxis abzuleiten, doch erfordert sie zur Einhaltung einer bestimmten Himmelsrichtung einen raumzeitlichen Verrechnungsmechanismus, der die (scheinbare) Wanderung der Gestirne (Sonne, Mond, Sterne) kompensiert.

Menotaxis und Astrotaxis werden von der „Primärorientierung" (der Kontrolle der Körperstellung) abgeleitet; dabei können Dreherregungen entstehen, die den Lauf eines Tieres in einen bestimmten Winkel von der Grundrichtung abweichen lassen, dessen Beibehaltung zur Menotaxis (oder Astrotaxis) führt.

Vier weitere Leistungsprinzipien können die Raumorientierung ausgestalten:

a) **Transponieren** (die Möglichkeit, einen Kompaßkurs winkel- oder proportionsgerecht von einem Reizfeld in ein anderes zu übertragen).

b) **Integration** unterschiedlicher Informationseingänge, welche Orientierungsmechanismen steuern. So die „Verrechnung" der Zeit bei Astrotaxis oder die Einstellungen der Empfindlichkeitsbereiche auf verschiedene Reizmuster (z. B. Schwerkraft und Lichtreize) oder auch die Bereichseinstellung innerhalb einer Reizmodalität (etwa die

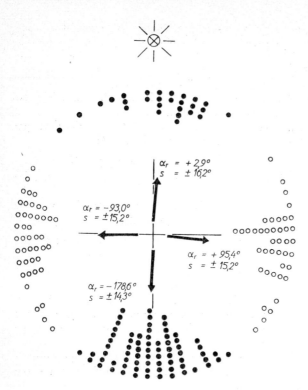

Abb. 15. Optische Grundorientierung der Trichterspinne *Agelena labyrinthica*. Punkte: Spontan-Einstellungen zur Lichtquelle in die Richtung der positiven und negativen Phototaxis; Kreise: Einstellungen in die Richtung der lateralen Phototaxis; Pfeile: Mittlere Startrichtung αr in die Richtungen der Grundorientierung (dünner Strich) (nach MOLLER 1970).

Auswahl der Bezugsgrößen) aus den verschiedenen eingehenden chemischen Informationen.

c) **Umkehr des Taxisvorzeichens.** Der physiologische Status eines Tieres kann zu einer Umkehr des Taxis-Vorzeichens führen; vor der Nahrungsaufnahme können eine Wanze oder eine Zecke für bestimmte Reize positiv chemotaktisch sein, danach negativ. Gleiches gilt für Geotaxis, Thermotaxis oder Phototaxis: Sammelbienen sind bei Temperaturen über $15\,°C$ positiv phototaktisch, bei solchen unter $14\,°C$ dagegen negativ phototaktisch.

d) **Orientierung nach erlernten Merkzeichen** (sog. „Mnemotaxis", Wegfinden nach der Erinnerung); es können auch Merkzeichen sein, die selbst gesetzt wurden, etwa Duftmarken beim „Spurlegen" (s. S. 105).

e) **Orientierung durch Ortungsmechanismen;** etwa durch selbsterzeugte elektrische Felder oder durch selbsterzeugte Schallemissionen (meist Ultraschall), bei Wassertieren auch durch selbsterzeugte Druckwellen.

Im Verhalten der Tiere ist bisher wenig untersucht, inwieweit Signalhandlungen auch spezifische orientierende Reize senden und das Signalsystem unter diesem

Funktionsaspekt ausgestaltet wurde. Manche akustische Signale weisen Parameter auf, die eine Ortung erleichtern (breiteres Frequenzspektrum, zeitliche Gliederung), andere (z. B. Luftfeind-Warnrufe, die den Ort des Expedienten dem potentiellen Feind nicht anzeigen dürfen) sind wieder so beschaffen, daß sie schwer zu orten sind (keine zeitliche Gliederung, enges Frequenzspektrum, hohe Frequenz).

Die elementaren Orientierungsmechanismen treten bereits bei Einzellern auf. Mit der Entwicklung von Sinnesorganen und Nervensystemen bildet sich eine zunehmende Hierarchie von Orientierungssystemen heraus, die parallel mit der Ausge-

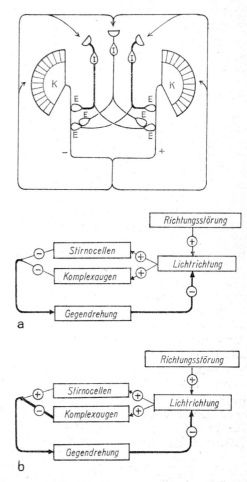

Abb. 16. Modellvorschlag für die funktionelle Verknüpfung der drei Stirnocellen und der beiden Komplexaugen (K) (bei Springheuschrecken, Saltatoria). I = inhibierende, E = erregende Schaltstelle. Die Pfeile und Bahnen geben die Richtung des im Regelkreis laufenden Informationsflusses an. Regelkreisschema zur Erläuterung des Prinzips der phototaktischen Gegenkopplung. Die parallel geschalteten Stirnocellen und Komplexaugen arbeiten wie die Vorzeichen in den Bahnen angegeben im Dunkeln (a) als Synergisten und im Hellen (b) als Antagonisten (nach JANDER und BARRY 1968).

staltung der Motorik komplexer wird. So wird die Primärorientierung von einer Sekundärorientierung überlagert, die biologisch relevante Reizkombinationen in das raumzeitliche Ordnungsgefüge des Verhaltens einbezieht.

Die grundlegenden Voraussetzungen für **komplexe Orientierungsleistungen** über größere Räume hinweg sind:

a) Bestimmung der geographischen Position.

b) Bestimmung der Lage des Zieles zum gegenwärtigen Ort (Zielfinden).

c) Bestimmung der Richtung, die (a) und (b) verbindet (Richtungsfinden).

Es ist denkbar, daß (a) und (b) zusammenwirken; daraus würde sich dann (c) ableiten. Da bei vielen Tierarten Astrotaxis nachgewiesen wurde, hat man versucht, ein Orientierungsvermögen, das die drei Leistungen voraussetzt, auf eine Navigation und Richtungsorientierung nach Gestirnen (Sonne, Sterne, Mond) zurückzuführen. Dabei ergaben sich jedoch zahlreiche noch ungelöste Fragen. Es muß der ,,Tagesgang" der betreffenden Gestirne verrechnet werden. Das könnten ,,innere Uhren" leisten. Diese Fähigkeit ist nachgewiesen, speziell durch ,,Umstellen" der inneren Uhr bei künstlich verändertem Hell-Dunkelwechsel. Bei richtungsdressierten Staren traten die erwarteten Abweichungen auf (vgl. auch Abb. 17). Wasserläufer *(Velia)* zeigen gegenüber einer künstlichen Lichtquelle im Tagesgang einen wechselnden Winkel der Fluchtrichtung: vormittags Links-Abweichungen, bis gegen Mittag etwa 0° zur Lichtquelle, nachmittags zunehmend Fluchtrichtungen nach rechts mit einem Maximum gegen 18 Uhr, dann wieder Abnahme der Winkel mit dem nächsten ,,Durchgang" von 0° um Mitternacht. Das würde unter natürlichen Bedingungen bedeuten, daß (bezogen auf die Sonne) *Velia* eine annähernd konstante Fluchtrichtung einhält (in Mitteleuropa nach Süden). Diese **Sonnenkompaß-Orientierung** wurde durch v. FRISCH bei der Honigbiene entdeckt und später bei verschiedenen Insekten und Wirbeltieren (Fischen, Amphibien, Reptilien, Vögeln) nachgewiesen. Die mediterranen Strandkrebse der Gattung *Talitrus* können über derartige Orientierungsmechanismen ortstypische Fluchtrichtungen einhalten, wobei sie sich nachts auch nach dem Mond richten können. Sie erreichen bei solchem Fluchtverhalten das Wasser. Diese geographische Fluchtrichtung ist angeboren, wie Zuchtversuche nachgewiesen haben, bei denen Tiere an anderen Küsten ausgesetzt und gezüchtet wurden: die Nachkommen flüchteten ,,heimatrichtig", wenn auch etwas ungenauer.

Bei Spinnen der Gattung *Arctosa* sind die mediterranen Vertreter nachts desorientiert, während sie in Finnland sich auch nachts nach der Sonne orientieren können.

Wird *Velia* in Kunstlicht aufgezogen, so daß der Wasserläufer niemals den Tagesgang der Sonne perzipieren kann, dann kommt nur ein Grundmechanismus der Orientierung zustande: er läuft zum Licht hin; es fehlt demnach der Mechanismus der Verrechnung mit dem Tagesgang, die ,,innere Uhr" steht. Auch Honigbienen müssen einige Tage dem natürlichen Hell-Dunkel-Wechsel ausgesetzt sein, ehe ihre innere Uhr in Gang kommt und die Orientierung nach der Sonne möglich ist. Bienen, von der Nordhemisphäre, in Gegenden südlich des Äquators verfrachtet, verrechnen zunächst den Sonnengang falsch, können aber auf die neuen Bedingungen dressiert werden. Am Äquator, wenn die Sonne etwa im Zenit steht, ist das Orientierungsverhalten der Bienen gehemmt, sie zeigen nicht die typischen Tänze, die den Stockgenossen die Richtung der Tracht weisen. Bienen, wie auch zahlreiche andere Arthropoden und ebenso einige Cephalopoden, können auch die Schwingungsebene des Lichtes im Auge analysieren, und daher genügt ihnen ein Ausschnitt freien oder nicht allzu stark bewölkten Himmels, um den Sonnenstand zu bestimmen.

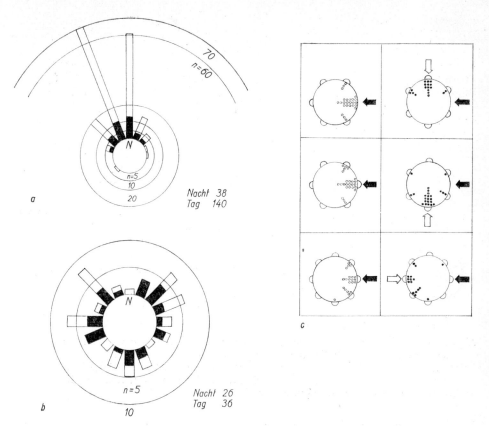

Abb. 17. a) Anfangs-Orientierung von wilden ziehenden Stockenten *(Anas platyrhynchos)*, die bei klarem Himmel im Herbst, Winter oder Frühling 18 bis 53 km entfernt von ihren Aufenthaltsorten aufgelassen wurden. Die Länge der Blöcke bezieht sich auf die Skala, welche die Anzahl der Tiere angibt. Schwarz bei Nacht, hell bei Tage aufgelassen. b) Anfangs-Orientierung bei entsprechenden Wildfängen wie in (a), jedoch bei bedecktem Himmel aufgelassen (a und b nach Bellrose 1958). c) Effekte von drei Umstellungen der inneren Uhr auf die Sonnenkompaß-Orientierung richtungsdressierter Tauben. Links Kontrollen, rechts von oben nach unten: Umstellung der Uhr um 6 Stunden im Uhrzeigersinne, 6 Stunden gegensinnig und um 12 Stunden (Inversion); schwarze Pfeile zeigen die Dressur-Richtung, weiße Pfeile die zu erwartende Abweichung (nach Schmidt-König 1960).

Auch Fische können sich nach der Sonne orientieren und unter Zeitverrechnung bestimmte Himmelsrichtungen einhalten, was teilweise für die großen Wanderungen in freier See als wesentliches Prinzip vermutet wird. Allerdings scheint hier auch die Sonnen-Höhe wichtig zu sein.

In den letzten Jahren konnte für die Amphibien ebenfalls der Nachweis der Fähigkeit erbracht werden, unter Verrechnung der inneren Uhr nach Gestirnen Himmelsrichtungen festzulegen. Junge Kröten *(Bufo fowleri)* hielten, auch wenn ihnen nur die Sicht des Himmels zur Verfügung stand, eine bestimmte Himmelrichtung selbst dann noch ein, wenn sie 72 Stunden im Dunkeln gehalten wurden.

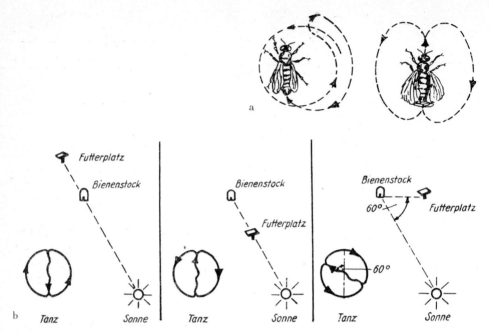

Abb. 18. a) Honigbiene *(Apis mellifera)*: Rundtanz und Schwänzeltanz auf der Wabe zur Alarmierung und Verständigung anderer Trachtbienen im Stock. b) Die Richtungsweisung im Stock auf der vertikalen Wabe. Transposition der Orientierung nach der Sonne auf die Wirkung der Schwerkraft, wobei die Sonnenstellung auf die Senkrechte übertragen wird (nach v. FRISCH 1950).

Bei stark bewölktem Himmel versagte diese Orientierung. Nachts ist ihnen eine Orientierung nach dem Mond ebenfalls möglich, weniger gut jedoch unter sternklarem Himmel.

Entsprechende Leistungen sind auch von Reptilien bekannt. *Lacerta viridis* (Smaragdeidechse) konnte auf bestimmte Himmelsrichtungen dressiert werden, die sie dann sowohl unter natürlichen als auch künstlichen Bedingungen unter Verrechnung der Tageszeit, bezogen auf die jeweilige Lichtquelle, einhielt. Als die innere Uhr durch entsprechend verschobene Belichtungszeiten um 6 Stunden umgestellt wurde, suchte die Eidechse eine Richtung um 90° abweichend von der richtigen Himmelsrichtung.

Die außerordentlichen Orientierungsleistungen der **Zugvögel** sowie das erstaunliche Heimfindevermögen vom Nistplatz verfrachteter Arten (darunter auch die Brieftauben) stellen noch viele ungelöste Fragen. Generell lassen sich bislang die zahlreichen Befunde der Versuche und Beobachtungen in zwei Gruppen unterteilen:

a) Optische Orientierungsmechanismen
b) Außeroptische Orientierungsmechanismen.

Für die optischen Orientierungsmechanismen kommen in Betracht:

1. **Wegfinden nach der Erinnerung** (Landmarken). Diese Möglichkeit setzt „Geländekenntnis" voraus; gelangen die Tiere in unbekannte Gelände (durch Ver-

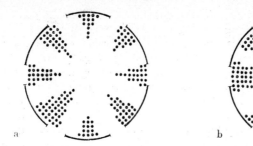

Abb. 19. Star bei Zugunruhe im Rundkäfig. a) Verhalten bei starker, geschlossener Wolkendecke und b) bei unbedecktem Himmel. Jeder Punkt gibt die Durchschnitts-stellung des Stars in einem Zehn-Sekunden-Abschnitt wieder (nach KRAMER aus SCHÜZ 1952).

frachtung), dann kann dieser Mechanismus nur wirksam werden, wenn durch Such-flüge (immer mehr vergrößerte Kreise) schließlich bekannte Landmarken in Sicht-weite kommen. Außerdem kann dieser Orientierungsmechanismus zusätzlich korri-gierend bei genetisch fixierten Orientierungsleistungen (z. B. Wanderungen) einge-setzt werden.

2. **Navigation**: Ortsbestimmung, Zielfinden.

3. **Richtungsfinden**. Das letzte Prinzip kann genetisch fixiert sein. Nebelkrähen, die aus ihren Sommergebieten nach Westen verfrachtet wurden, suchten im Winter

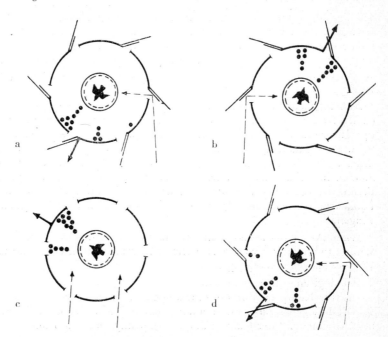

Abb. 20. Star bei Zugunruhe im Rundkäfig. Der Lichteinfall wurde durch Spiegel experimentell verändert (bei c ohne Spiegel) (nach KRAMER aus SCHÜZ 1952).

parallelverschobene neue Winterquartiere. Hier scheinen zwei Informationen erblich fixiert zu sein: Zugrichtung und Zugstrecke. Bei Staren und Störchen konnten ähnliche Beobachtungen gemacht werden, wenn es sich um erfahrungslose Tiere handelte (Erstziehen). Diese Orientierungsvorgänge können mit obligatorischen Lernvorgängen verbunden sein (s. S. 188). So prägen sich Goldregenpfeifer (*Pluvialis dominica*) im ersten Lebensjahr auf das Brutgebiet, im zweiten auf das Winterquartier. Diese Vögel können ihre weiten Wanderwege durch eine optisch gesteuerte Himmelsorientierung, tagsüber nach der Sonne, nachts mittels der Sterne zurücklegen. Ein stark bedeckter Himmel muß diese Orientierungsmechanismen weitestgehend beeinflussen. Das ist tatsächlich bei verschiedenen Arten nachgewiesen, neuerdings auch durch Radarpeilung bei in größeren Verbänden ziehenden Arten. Echte Sternennavigation scheint bei Vögeln jedoch bislang noch nicht nachgewiesen, wohl aber können sie wie auch andere Tiergruppen die Sterne beim Richtungsfinden (Sternorientierung) verwenden.

Sonnen-Navigation ist wiederholt für Vögel vermutet worden, aber es gibt bis heute keine ausreichenden Experimente, die sichere Nachweise für die dabei wirksamen Prinzipien erbringen. MATTHEWS hielt bei verfrachteten Vögeln die Fähigkeit für gegeben, den Bogenwinkel der Sonnenbahn am Verfrachtungsort durch Extrapolation aus einer kurzen Beobachtung abzuleiten und durch Vergleich mit den Verhältnissen am Heimatort die geographische Lage zu bestimmen. Diese Sonnen-Navigationshypothese ist auf Grund verschiedener Einwände kaum haltbar.

Optisch gesteuerte Orientierung muß auch bei den Brieftauben vorliegen. Sie sind durchaus zum Einhalten bestimmter Richtungen nach dem Sonnenkompaß befähigt, doch ist noch immer ungeklärt, welche Faktoren bei Verfrachtungsversuchen die Navigationsleistungen ermöglichen. Überraschend war der Befund des Pioniers auf dem Gebiet der modernen Orientierungsforschung, G. KRAMER, daß Tauben, die mit Sichtblenden aufgezogen wurden, die ihnen nur den Himmel freilassen, nach Verfrachtungen nicht zurückfinden; das weist auf gewisse Prägungsvorgänge hin.

Außeroptische Orientierungsmechanismen sind bei Vögeln oft vermutet worden (z. B. Wirksamkeit von Corioliskräften), aber erst in letzter Zeit konnten eindeutige Hinweise hierfür erbracht werden. So wurden Lachmöwen vom Brutplatz verfrachtet und fanden auch dann die richtige Richtung, wenn sie in einem nur künstlich ausgeleuchteten Raum aufgelassen wurden. Dorngrasmücken und Rotkehlchen können ihre Zugrichtung nach dem Magnetfeld der Erde finden. **Magnetfeldorientierung** ist auch bei verschiedenen anderen Tiergruppen wahrscheinlich gemacht; Planarien, Gastropoden, Insekten. Hier stellen sich jedoch noch viele ungelöste Fragen.

WALLRAFF hat die möglichen zusammenwirkenden Komponenten der Zugorientierung (unabhängig von sensorischen Steuermechanismen) zusammengestellt:

1. Angeborene Primärrichtung
2. Ökologisch erzwungener Umweg
3. Aktive Kompensation der erzwungenen Abweichung
4. Ortsbezogenes Zurückfinden zum bekannten Ziel vom ersten Rückflug ab
5. „Abschleifen" des Ganzen durch Erfahrung und Tradition.

Diese Prinzipien können auch auf Säugetiere angewandt werden, bei denen Verfrachtungsversuche bei verschiedenen Gruppen ebenfalls Hinweise auf komplexere

Orientierungsleistungen erbrachten und manche Arten regelmäßige Wanderungen durchführen. Fledermäuse *(Myotis)* fanden zu etwa 10% aus Entfernungen von 96 km zum Brutplatz zurück, wobei wiederholte Auflassungen aus denselben Richtungen keine Verbesserungen brachten. Die Mechanismen dieser Orientierung sind hier noch völlig unbekannt.

2.3.2. Zeitliche Ordnungsprinzipien

Alle Lebensvorgänge sind Zeitabläufe und damit raumzeitlich organisiert (**Chronobiologie**). Das erfordert einen ständigen Informationsfluß, da die Ordnungsprinzipien der lebenden Wesen nur über die Kontinuität solcher Nachrichtensysteme aufrechterhalten und weiterentwickelt werden können. Komplexe Leistungen greifen hier ineinander. Die Codierung der Botschaften (chemisch oder physikalisch) setzt Prozesse voraus, die Gleichartiges oder Ähnliches wiederholen. Kreisprozesse und Periodenbildung sind Elementarvorgänge, die auch in der Dimension des Verhaltens der Organismen wirksam werden. Äußere Perioden können dabei zu Zeitgebern werden und die Elementarrhythmen zu diesen in Phasenbeziehung bringen, ein Adaptationsvorgang, der für fast alle Organismen essentiell ist, weil diese Zeitgeber zugleich grundlegende Funktionen im Ablauf der Lebensvorgänge haben (Licht, Temperatur z. B.). Die wesentlichen äußeren Rhythmen sind die Tagesrhythmen (die nicht zu allen Zeiten in der Geschichte des Lebens dieselbe Länge wie heute hatten), Lunar-Rhythmen und Jahresrhythmen, vielleicht gehen aber auch andere kosmische Rhythmen in die lebendigen Systeme als Zeitgeber mit ein. Im Bereich des Verhaltens sind jedoch die drei erstgenannten die wichtigsten, und unter ihnen ist der 24-Stunden-Rhythmus weitaus am besten untersucht.

Die Grundlage für das Zustandekommen derartiger Rhythmen liefern schwingende Systeme. Sie werden als aktives System bezeichnet, wenn sie zu selbsterregten Schwingungen (endogene Rhythmen) befähigt sind. Ein solches System kann die zur Aufrechterhaltung der Schwingung nötige Energie aus einer gleichbleibenden Energiequelle aufnehmen. Passive Systeme dagegen sind nur zu erzwungenen Schwingungen (exogene Rhythmen) befähigt. Während die aktiven Systeme nur einen begrenzten Mitnahmebereich (selten mehrere) haben, können passiven Systemen unbegrenzt Schwingungen verschiedenster Frequenzen aufgezwungen werden.

Als **circadianer Rhythmus** wird eine selbsterregte Schwingung mit einer Periode von ungefähr 24 Stunden bezeichnet (circa diem = ungefähr ein Tag). Für Untersuchungen an derartigen Schwingungsvorgängen ist die Bestimmung des Gleichwertes wesentlich. Hierunter wird das arithmetische Mittel aller Augenblickswerte der schwingenden Größe innerhalb einer Periode (= Zeit, nach der eine bestimmte Phase der Schwingung wiederkehrt) verstanden. Der Phasenwinkel einer solchen Schwingung wird durch den Abszissenwert festgelegt, der zu einem bestimmten Kurvenpunkt (Phase) gehört. Bei circadianen Rhythmen wird er meist in Zeiteinheiten gegeben. Die Phase kann sich bei diesen Rhythmen entlang der Zeitachse verschieben: Phasen-Verschiebung. Diese wird mit + gekennzeichnet, wenn eine oder wenige Perioden verkürzt, mit —, wenn einige oder wenige Perioden verlängert sind (in älteren Arbeiten sind die Beziehungen umgekehrt dargestellt).

Wie bereits erwähnt wurde, können selbsterregte Schwingungen durch eine Erreger-Schwingung, die den biologischen Rhythmus mitnimmt, synchronisiert werden.

Diese „Mitnehmer" werden als **Zeitgeber** bezeichnet, wobei die Synchronisation gleiche Frequenzen einstellt und die Mitnahme als Koppelung einer selbsterregten Schwingung an einen Zeitgeber definiert wird. Auch ganzzahlige Frequenzverhältnisse können dabei zustande kommen. Die selbsterregte Schwingung kann natürlich nur in einem begrenzten Frequenzbereich synchronisiert werden; dieser wird Mitnahme-Bereich genannt. Dadurch kommt es zu einer bestimmten Phasen-Beziehung zwischen der Erreger-Schwingung und der selbsterregten Schwingung, wobei die Phasenwinkel-Differenz in Winkelgraden oder Zeiteinheiten die Differenz zwischen zwei korrespondierenden Phasenwinkeln der beiden gekoppelten Schwingungen angibt. Wenn dabei die Phase des mitgenommenen biologischen Rhythmus früher eintritt als die des betreffenden Zeitgebers, liegt eine voreilende Phase vor $(+)$; die nachhinkende wird mit $(-)$ gekennzeichnet.

Wird die selbsterregte Schwingung unter konstanten Außenbedingungen (also ohne Zeitgeber) reproduziert, tritt sie als Spontan-Rhythmus mit eigener Spontan-Frequenz (oder -Periode) auf. Diese von ASCHOFF, KLOTTER und WEVER entwickelten **Begriffsbestimmungen** haben zur Verwendung folgender Symbole geführt:

τ	Periode des biologischen Rhythmus
T	Periode des Zeitgebers
a	Aktivitätszeit
ϱ	Ruhezeit
φ	Phasenwinkel der biologischen Schwingung
$\Delta \varphi$	Ausmaß der Verschiebung von φ
Φ	Phasenwinkel des Zeitgebers
$\Delta \Phi$	Ausmaß der Verschiebung von Φ
$\Delta \varphi = f(\varphi)$	Response-Kurve (Ausmaß und Vorzeichen einer durch Einzelreiz verursachten Phasen-Verschiebung in ihrer Abhängigkeit von der durch den Reiz getroffenen Phase)
$\Psi = (\Phi - \varphi)$	Phasenwinkeldifferenz
LD	periodischer Licht-Dunkel-Wechsel
L	Lichtzeit (= Photoperiode)
D	Dunkelzeit
LL	Dauerlicht
DD	Dauerdunkel
LD $x_1 : x_2 (y_1 : y_2)$	Licht-Dunkel-Wechsel mit x_1 = Dauer der L, x_2 = Dauer der D, y_1 = Beleuchtungsstärke in L, y_2 = Beleuchtungsstärke in D (gemessen in Lux).

Der entscheidende Nachweis für selbsterregte Schwingungen wird durch Ausschaltung aller Zeitgeber geführt. Die Schwingung wird dann als Spontanfrequenz aufgefaßt, wenn sie unter solchen Bedingungen von der Erddrehung abweicht. Werden Goldhamster *(Mesocricetus auratus)* in Dauerdunkel gehalten, beträgt die Circadianperiode des biologischen Rhythmus (τ) 23 Stunden und 44 Minuten mit einer Standard-Abweichung von weniger als 2 Minuten. Beim Menschen wurde nach Ausschaltung des Zeitgebers eine Spontan-Periode von 25,9 Stunden gefunden, wobei sich diese Messungen auf die allgemeine motorische Aktivität beziehen.

Organismen sind Multi-Oszillator-Systeme, unter normalen Bedingungen weisen jedoch die verschiedenen Rhythmen bestimmte Phasenbeziehungen auf. Werden diese gestört (z. B. durch Änderung der Zeitgeberbedingungen, Schichtarbeit, Flug über lange Strecken usw.), können die Rhythmen ihre Zuordnung zueinander wie auch zur Umwelt vorübergehend verlieren. Dieser Effekt wird als **Dissoziation** bezeichnet. Eine andere Möglichkeit ist die Ablösung der normalen Phasenbeziehung

Abb. 21. Circadianrhythmik bei Fischen: Beispiele für zwei Einzeltiere (links) und 2 Gruppen (rechts) von *Leucaspius delineatus* im Dauerlicht (4 Lux, März/April). LL beginnt am 24. März, 19⁰⁰ Uhr; darüber sind einige Tage im LD 12:12, 66:0 Lux, aufgezeichnet. Waagerechte gestrichelte Linien: Berechnetes Aktivitätsniveau über 24 Stunden. Die eingezeichnete berechnete Steigung verdeutlicht das Freilaufen der Periodik im Dauerlicht und entspricht der mittleren circadianen Periode (Siegmund 1970).

(Synchronisation) zu den Umweltbedingungen (Zeitgebern), die beim Menschen auch in Verbindung mit Erkrankungen auftreten kann: **Desynchronisation**. Dieser Vorgang verbindet sich mit einer Amplitudenverminderung (schwächere Kopplung der beiden schwingenden Systeme); gelegentlich kann eine Pseudo-Desynchronisation auftreten, z. B. ein Schlaf-Wach-Rhythmus mit einer Periodendauer von etwa 48 Stunden. Der gegenläufige Vorgang ist die **Resynchronisation**, auch gewöhnlich mit Amplitudenverminderung verbunden, der über „Transients" wieder zur Synchronisation führt. Dies geschieht, wenn beispielsweise eine Lichtumkehr vorgenommen wird (Inversion, tags dunkel, nachts hell). Synchronisierend können auch soziale Faktoren wirken. So gelang es, bei sonst konstanten Umweltbedingungen den Artgesang bei Vögeln zum Zeitgeber zu machen. Bei Fischen (Moderlieschen, *Leucaspius*) zeigen Gruppen bei schwachem Zeitgeber eine schnellere Resynchronisation als Einzeltiere (SIEGMUND 1970). Akustische Reize können überhaupt auf das Aktivitätsmuster einwirken. Auch die Temperatur kann in recht differenzierter Weise wirksam werden, wenn andere Zeitgeber ausgeschaltet sind. So zeigen unter Dauerlichtbedingungen Buchfinken *(Fringilla coelebs)* eine Zunahme der Hüpfaktivität bei Erhöhung der Temperatur, während beim dunkelaktiven Siebenschläfer *(Glis glis)* unter diesen Bedingungen eine Verringerung der Laufaktivität zu verzeichnen ist. Wurde die Phasenwinkeldifferenz (gemessen zwischen Mitte der Aktivitätszeit und Mitte der Lichtzeit) beim 12:12 LD als Bezugswert genommen, dann zeigte der Buchfunk im LD bei 9 Temperaturschritten in 66,7 % der Fälle eine positive Korrelation dieser Phasenwinkeldifferenz (als Ausdruck der Spontanfrequenz) mit der Aktivitätsmenge und der Aktivitätszeit (bzw. $a:\varrho$-Verhältnis), so daß sich das Aschoff-Wever-Modell auch auf den Temperatureinfluß anwenden läßt (POHL 1968).

Organismen können über endorhythmische Systeme auch Zeitmessungen vornehmen und Empfindlichkeitsbereiche für spezielle exogene Perioden einstellen. Damit werden etwa durch bestimmte Tageslängen biologische Vorgänge getriggert. Das gilt besonders für hormonal gesteuerte Leistungen des Körpers. Dabei können diese Einflüsse über die wechselnden Phasenbeziehungen zwischen den biologischen und den äußeren Rhythmen zustande kommen oder durch innere Rhythmen unter bestimmten äußeren Bedingungen in Gang gesetzt werden.

Neueste Untersuchungen zeigen, daß der Zeitmechanismus nicht mit den der circadianen Periodik zugrundeliegenden endogenen Prozessen identisch ist (v. BODMAN 1970). So beschleunigt Amphetamin den der Zeitschätzung zugrundeliegenden Mechanismus, während unter dem Einfluß dieser Droge (a-Methyl-β-phenyläthylamin, β-Phenylisopropylamin, das in Form eines Sulfates verabreicht wird) die circadiane Periodik sich verlangsamt.

Spontanrhythmen können im Organismus an den verschiedensten Funktionssystemen und auch auf der Ebene von Zellvorgängen ablaufen. Aus ihnen können sich Leistungen ableiten, die ein Zeitschätzungsvermögen („Zeitsinn") erlauben. Derartige Chronometer werden besonders im Zusammenhang mit Wanderungen und Navigationsleistungen wirksam. Dazu bieten über Zeitgeber synchronisierte selbsterregte Schwingungen die beste Voraussetzung.

Keineswegs alle biologischen Rhythmen stehen in Beziehung mit exogenen Rhythmen. Erst bestimmte Phasenbeziehungen boten in der Stammesgeschichte die Möglichkeit für derartige Synchronisationen, abhängig von der Bedeutung, die hierdurch im Zusammenhang mit der Systemerhaltung gegeben war. Viele **Spontanrhythmen** haben sehr kurze Perioden, und die Spanne der Periodenlänge biologischer Rhythmen reicht von Millisekunden bis zu Jahren.

Die folgende Übersicht gibt einige Beispiele hierzu (nach Betz 1967):

10^{-3} —	---- Biologischer Zeitmaßstab
10^{-2} —	---- Zytochromoxydase/O_2
	---- Nerv-Impuls
10^{-1} —	---- Alpha-Wellen
1 —	---- Herz-Frequenz (Mensch)
10 —	
10^2 —	---- Glykolyse-Oszillator (Hefe)
10^3 —	---- Glykolyse-Oszillator (Extrakt)
10^4 —	---- Sonnen-Kompaß-Orientierung
10^5 —	---- Tagesrhythmus
10^6 —	----
	Gezeitenrhythmik
10^7 —	----
10^8 —	---- Photoperiodismus
10^9 —	---- Homo Generationsdauer

Sekunden

Oszillierende Enzymsysteme sind wiederholt als Modelle für biologische Zeitmessung herangezogen worden. So gibt Betz das Beispiel der Phosphorfruktokinase-Aktivität; diese PFK-Reaktion hängt maßgeblich von der Konzentration der Substrate und Produkte ab, wobei diese Beziehung gilt:

Dabei ist ATP das Adenosintriphosphat, ADP das entsprechende Diphosphat und AMP das Monophosphat.

Bei der Erregungsübertragung im Nervensystem können Frequenzen bis zu etwa 2000 Hz auftreten, im Axon eines Neurons liegen die Bereiche zwischen etwa 1 bis 1000 Hz. Das zeitliche Auflösungsvermögen ist auch für die Informationsübertragung von Tier zu Tier wesentlich, es liegt in den verschiedenen Sinnesbereichen und bei den einzelnen Arten sehr unterschiedlich. Das Bienenauge kann bis zu etwa 300 Lichtblitze pro Sekunde getrennt perzipieren, also gut das Zehnfache dessen, was das menschliche Auge leistet.

Für die zeitlichen Ordnungsprinzipien im Verhaltensbereich sind die nervösen Rhythmen von besonderer Bedeutung. Entsprechend den Refraktär-Perioden liegen die Rhythmen der Erregungsleitung (**Impuls-Rhythmen**) zwischen 500 und 1000 Hz. Im Elektroencephalogramm (EEG) werden Frequenzen zwischen 1 und 60 Hz gemessen:

Delta-Wellen:	0,5 bis 3,5 Hz
Theta-Wellen:	4 bis 7 Hz
Alpha-Wellen	8 bis 13 Hz
Beta-Wellen:	14 bis 18 Hz
Gamma-Wellen:	20 bis 30 (60) Hz.

Die allgemeine Erregungslage des Nervensystems (speziell wohl das Arousal-System, s. S. 137) hat wesentlichen Einfluß auf diese Rhythmen, wobei (ebenso mit dem Alter wie in der Ontogenese) die Frequenz mit der Erregung positiv korreliert ist, so daß beispielsweise im Tiefschlaf Delta-Wellen überwiegen, bei Aufmerksamkeit im Wachzustand Alpha- und Beta-Wellen.

Den Regelkreisen der motorischen Systeme im Dienst der Ortsveränderung sind bestimmte Führungsgrößen aufgeschaltet, die freilich in Grenzen durch Außenbedingungen (und in Abhängigkeit von der verhaltensmäßigen Zuordnung der Bewegung) modifiziert werden können. Derartige Rhythmen sind besonders im Rahmen der **Extremitätenbewegung** gut meßbar, aber auch beinlose Tierarten, wie die Ringelwürmer (Annelida), haben rhythmisch peristaltische Muskelbewegungen von 3—4 Hz, die über den Körper hinweglaufen, als Kombination der Wirkung von Ring- und Längsmuskulatur in der Körperwand. Beim Menschen liegt der Normalrhythmus der Extremitätenbewegung bei etwa 2 Hz, kann aber bis zu 7 Hz gesteigert werden. Dieser Wert entspricht der Maximalgröße der neuralen Rückkoppelung beim Menschen. Kleine Tierarten mit entsprechend sehr viel kürzeren Leitungsbahnen können natürlich höhere Werte erreichen.

Die **Schlagfrequenzen der Flügel** liegen bei kleinen Insekten und den Kolibris zwischen 18 bis etwa 1000 Hz in der Sekunde, in Einzelfällen noch weit darüber (bis 2200 Hz). Ciliaten schwimmen mit einer Schlagfrequenz ihrer Wimpern (Cilien) von 2 bis zu etwa 40 pro Sekunde.

Auf der sensorischen Seite ist der Faktor der Zeitbestimmung von Intervallen im Reizangebot bedeutsam. Beim Menschen hat man optimale Werte zwischen 0,35 bis 0,75 s (Intervalldauer) gefunden. Ratten können noch 180 gegen 300 Schläge (des Metronoms) in der Minute unterscheiden (3 gegen 5/s), ein Schaf unterschied noch 120 gegen 92 Schläge/min, während ein Schimpanse 165 gegen 72 Schläge leicht, 138 gegen 108 etwas schwerer (doch bis zu 92 % richtig) und 132 gegen 114 nur noch unsicher (etwa 60 % richtige Wahlen) unterschied, bei 126 gegen 120 aber versagte.

Das **Zentralnervensystem** entwickelt im Schlaf 60—80 Minuten-Perioden. Diese Periodendauer leitet bereits zu den „Makrorhythmen" über, deren Perioden-Längen zwischen etwa 1 Stunde bis zu 7 Tagen liegen. Die meisten dieser Rhythmen liegen im Bereich der circadianen Perioden oder zeigen bestimmte Phasenbeziehungen hierzu (z. B. 4-Stunden-Rhythmen). Die circadianen Rhythmen haben eine Perioden-Länge von $24 \pm 3,4$ Stunden $= 20,6$ bis 27,4 Stunden. Im Verhaltensbereich ist hier vor allem die „lokomotorische Aktivität" eingehend und bei zahlreichen Arten untersucht worden, wobei die verschiedensten Aktographen-Typen entwickelt wurden. Manche dieser Registrieranlagen (z. B. fotografische Aufnahmen mit festem Zeitprogramm) erlauben auch, die meist einfach (und nicht ganz richtig) als „Aktivität" bezeichneten Bewegungsfolgen zu differenzieren und bestimmten Verhaltensmustern (Nahrungsaufnahme, Trinken, Erkundungsverhalten, Komfortbewegungen usw.) zuzuordnen.

Tagesperiodische Schwankungen in den elementaren physiologischen Systemen, die letztlich auch das Verhalten mitbestimmen (z. B. Hormonausschüttungen, bei Einzellern aber auch unmittelbar), sind schon wiederholt untersucht worden. Dazu gehören die circadianen Schwankungen von Kernvolumina, die vor allem mit tagesperiodischen Schwankungen der Abgabe von Ribonukleinsäuren (RNS) zusammenzuhängen scheinen, bzw. rhythmische Synthese-Vorgänge (Nukleotid-Synthese). Auch das Zytoplasma von bestimmten Zellen kann tägliche Volumenschwankungen aufweisen. Das ist besonders bei neurosekretorischen Zellen für das Verhalten wesentlich, wie es etwa durch KLUG für die tägliche Aktivitätsperiodik bei *Carabus nemoralis* nachgewiesen und inzwischen mehrfach bei anderen Insekten bestätigt wurde. Tagesperiodische Schwankungen in der Bildung von Neurosekreten und Hormonen werden bei dieser Tiergruppe vor allem durch das Licht gesteuert, das unmittelbar auf das Gehirn wirkt. Dort liegen im Vorderabschnitt (Protocerebrum) neurosekretorische Zellen (s. S. 150).

Ein Versuch, Circadian-Muster auf der zellphysiologischen Ebene zu erklären, stellt die **Chronon-Hypothese** von EHRET und TRUCCO (1967) dar. Danach sollen Desoxyribonukleinsäure(DNS)-Einheiten vorliegen, deren sequentielle Transkription ungefähr 24 Stunden dauert. Damit müßte es zu einem rhythmischen Auftreten spezifischer Messenger-RNS (Ribonukleinsäure) zu bestimmten Tageszeiten kommen, woraus sich eine phasengebundene Neubildung von Eiweißen (Protein-Synthese) ergäbe. Hormonen kann (bei Mehrzellern) dabei eine synchronisierende Funktion zukommen. Sie übertragen Lichtwirkungen auf die dem Licht nicht ausgesetzten Zellen. Hierbei haben Steroidhormone vorrangige Bedeutung, sie können zum einen auf bestimmte Schritte der Proteinsynthese einwirken, zum anderen auf Membran- und Transportmechanismen. In der Rattenleber zeigen bestimmte Enzym-Aktivitäten (bei 12:12 LD) eine ausgeprägte Tagesperiodik, wie z. B. Kynurenin-α-Ketoglurat-Transaminase (Tryptophan-Stoffwechsel). Das Maximum liegt um 18 Uhr, bei Tryptophan-Pyrrolase etwa um 21 Uhr. Abb. 22 gibt ein Modell für Möglichkeiten der circadianen Regulation von Proteinkonzentrationen und Enzymaktivitäten.

Nukleinsäure-Synthesen im Kern beeinflussen die Kerngröße, die damit ebenfalls als Meßwert für zyklische Vorgänge der Enzymaktivitäten herangezogen werden kann. Für die Maus wurden nach dieser Methode folgende Maxima gefunden:

Interstitielle Zellen	24 Uhr
Neurosekretorische Zellen	6 und 18 Uhr
Leber	24 Uhr
Ependymzellen	3 Uhr
Zona fasciculata der Nebenniere	24 Uhr

Es gibt gute Hinweise, daß auch die Strahlenempfindlichkeit einem Tagesgang unterliegt: Ratten, die um 21 Uhr bestrahlt wurden (Ganzkörper, 200 r) starben nach 13 Tagen; wurde dieselbe Dosis jedoch um 9 Uhr appliziert, lebten sie mehr als 130 Tage. Taufliegen *(Drosophila)* zeigen morgens und abends ihre größte Empfindlichkeit gegenüber Röntgenstrahlen (Minima am Mittag und Mitternacht, RENSING 1969).

Der Lichteinfluß auf die selbsterregten Schwingungen des Organismus scheint an zwei Parametern der Schwingung wirksam werden zu können: am Gleichwert und an der Frequenz. Den Lichteinfluß hat ASCHOFF in der „circadianen Regel" formuliert, nach der die Periodendauer, die Relation Aktivität: Ruhe $(a:\varrho)$ und die Aktivitätsmenge bei hellaktiven Tieren etwa linear dem Logarithmus der Beleuchtungsstärke zunehmen, bei dunkelaktiven Arten dagegen abnehmen.

Es gibt Hinweise, daß Licht oder Temperatur auch getrennt auf die Frequenz als „parametrische Erregung" sowie das Aktivitätsniveau (Gleichwert der Schwingung) als „nichtparametrische oder Störerregung" einwirken können. Der Gleichwert (Niveau, a-ϱ Verhältnis) läßt sich aus den Aktivitätsregistrierungen nicht direkt ablesen, weil Ruhe als Aktivitätswert 0 gemessen wird. Bestimmungen der Körpertemperatur oder des Gesamtumsatzes (Sauerstoffverbrauch) gestatten aber eine Bestimmung des Verlaufs der periodischen Funktion und damit des Gleichwertes (POHL 1970). Untersuchungen am Buchfinken führten zu der Hypothese, daß bei LD (Licht-Zeitgeber) die Zeitgeberstärke (Erregerschwingung) vor allem Änderungen der Schwingungsparameter (des circadianen Rhythmus) hervorruft, während die mittlere Beleuchtungsstärke als parametrischer Anteil wenig Einfluß auf die biologische Periodik ausübt.

Viele Arten haben ein spezifisches „Grundmuster" der lokomotorischen Aktivität, das als monophasisch bezeichnet wird, wenn nur ein Hauptgipfel vorliegt, während bei zwei Gipfeln von einem „Bigeminus" gesprochen wird. Das Grundmuster kann jedoch im Verlauf des Jahres bei Arten längerer Lebensdauer bestimmte Abwandlungen erfahren. Bei manchen Arten kann das Licht aber auch das Aktivitätsmuster beeinflussen. Der Skorpion *Euscorpius carpathicus* ist nach WUTTKE bei höheren Intensitäten vorwiegend monophasisch, bei niederen diphasisch. Bei Staren ergab die Prüfung der oberen Hörgrenze einen auffälligen Jahreszyklus mit einem erheblichen Anstieg im Frühjahr. So kann auch die Empfindlichkeit gegenüber bestimmten Licht-Intensitäten wechseln, so daß im Jahresgang unterschiedliche „ökologische Nischen" besetzt werden können. Auch die zeitliche Einnischung („chronologische Nischen") kann damit wechseln, da in vielen Gebieten die Faunenzusammensetzung im Jahresgang starken Schwankungen unterworfen ist. Die Mannigfaltigkeit dieser Beziehungen ist in ihrer Wirkung auf die circadianen Muster der lokomotorischen Aktivität noch unzureichend untersucht. Bei Eulen *(Tyto alba, Asio otus, Athene noctua)* wurde jedoch bereits nachgewiesen, daß die Aktivitätsoptima etwa

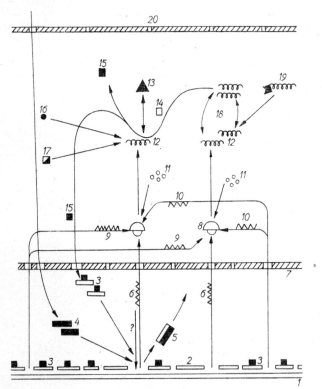

Abb. 22. Möglichkeiten für eine circadiane Regulation von Proteinkonzentrationen und Enzymaktivitäten. 1. DNS-Strang; 2. Repressor; 3. mit Corepressor beladener Repressor; 4. Genort-spezifisches Hormon; 5. von einem Hormon abgelöster Repressor; 6. mRNS (Messenger-RNS); 7. Kernmembran; 8. Ribosom; 9. rRNS (ribosomale RNS); 10. tRNS (transferRNS); 11. plasmatische Faktoren; 12. Protein (Enzym); 13. Coenzym; 14. Substrat; 15. Produkt (Corepressor); 16. allosterischer Inhibitor; 17. isosterischer Inhibitor; 18. Aggregation von Untereinheiten; 19. proteolytisches Enzym; 20. Zellmembran (nach HARDELAND 1968).

in der Mitte des Helligkeitsbereiches liegen, in dem diese Tiere aktiv sind. Artkonkurrenz kann dabei zu gegeneinander verschobenen Artoptimumskurven führen. Ähnliches kann auch bei Fledermäusen vermutet werden. Der Experimentalforschung stellen sich auf dem Gebiet der Rhythmusforschung noch zahlreiche Fragen.

2.3.3. Transformationen des Umweltsystems

Unter der Einwirkung motorischer Eingangsgrößen in das Umwelt-System kann es zu Transformationen im nicht-reagierenden Umweltsystem kommen (vgl. Abb. 4), die vom Organismus her durch sein Verhalten determiniert sind. Hierbei lassen sich unterscheiden:
— Strukturänderungen
      — Gehäusebau
      — Netzbau
      — Nestbau
      — Grabbau
— Raumgliederung (Wegsysteme, Territorien usw.)
— Zeitgliederung (Tages- und Jahresmuster in der Raumgliederung).

Die beiden zuletzt genannten Funktionen sind jedoch immer im Zusammenhang mit überindividuellen Systemen zu sehen. Diese schaffen überindividuelle Ordnungsprinzipien. Das kann auch für Strukturänderungen gelten, wie etwa Nestbau in Sozialsystemen, wofür der Wabenbau der Honigbiene (Abb. 4) ein Beispiel ist. Außer den Sozialsystemen kommen noch Populationssysteme und Ökosysteme als Funktionsträger in Betracht, speziell bei der Raumgliederung und der Zeitgliederung.

Die **Raumgliederung** des Umweltsystems als Ergebnis des Individualverhaltens organismischer Systeme führt zu vielfach auch für den menschlichen Beobachter sichtbaren Transformationen von Umweltstrukturen, deren vielleicht auffälligste die „Tierstraßen" sind (vgl. HEDIGER 1967). Sie sind das Ergebnis eines komplexen Zusammenwirkens von Faktoren des Organismus-Umwelt-Systems und können auch zu typischen Territorien führen (neueste Zusammenfassung: RICHARD 1970). Ökologische Ansprüche binden die Art an bestimmte Lebensräume (vgl. S. 216), Verhaltenseigenschaften binden die Individuen einer Art an bestimmte Struktureigenschaften der Umwelt, die über „Sensoren" kontrolliert werden. Die Kontrollwerte können dabei physikalische, chemische, thermische und andere abiotische Daten liefern (Licht, relative Luftfeuchtigkeit).

Außerdem wirken auch Faktoren des Nahrungssystems, Sexualsystems, Pflegesystems, Sozialsystems und **Populationssystems** mit. Sie beeinflussen zusätzlich auch das Zeitmuster, so daß die Raumgliederung sich unterscheiden kann in Abhängigkeit vom jeweiligen Systembezug. Auch das System der Störgrößen hat einen Einfluß, es kann zur Meidung bestimmter Stellen oder Wege usw. führen. Nach EISENBERG scheut eine Maus um so eher zurück,
— je ungewohnter die Situation
— je schlechter ihre früheren Erfahrungen
— je schwächer ihr physiologischer Gesamtzustand
— je bedrohlicher und aggressiver das ortsansässige Tier ist, welchem der Fremdling begegnet.

Schnelle Lernprozesse sind in diesem Zusammenhang kennzeichnend, weil sie die Erhaltungsstrategie optimieren helfen. So können schon wenige positive Erfahrungen, wie CROZE (1970) an Rabenkrähen nachgewiesen hat, zu einer Suchraumeinschränkung führen (s. auch S. 194), so daß die Tiere Nahrung nur noch an ganz bestimmten Stellen ihres Lebensraumes (oder Territoriums) suchen, wobei erfahrungsabhängige „**Suchbilder**" leitend sind. Das gilt ebenso für andere Systembezüge (z. B. Ruheplätze).

Generell setzt eine Raumgliederung nicht nur motorische Ausgangsgrößen (als Verhalten) beim Organismus voraus, sondern ebenso ein selektives Empfangssystem, ein Zusammenspiel von Sensoren (oder Detektoren), die bestimmte Eingangsgrößen aus der Umwelt herausfiltern. Das Verhalten, das im Dienst einer solchen Informationsaufnahme steht, wird „exploratorisches Verhalten" oder **Erkundungsverhalten** genannt. Die gesuchten Eingangsgrößen sind weitgehend vom organismischen System festgelegt und werden dabei auch von der dafür vorgegebenen Motorik mitbestimmt. Die durch die Eigenbewegung erzeugte visuelle Rückkoppelung hat sich als wesentliches Element für die Informationsverarbeitung erwiesen. Sie wird gestört, wenn man das Tier demselben Reizangebot aussetzt, aber die Eigenbewegung verhindert.

Komplexe **Wegsysteme** sind von Ameisen und Termiten bekannt (vgl. SCHMIDT 1967). Hier können unterschieden werden:

a) Im Nest
   — Nestgänge (verbinden Nestkammern)
   — Orientierungswege (führen aus dem Nest hinaus)

b) Vom Nest fortführende Wegsysteme (nach außen verlagerte Bauteile)
   — Kanäle, Gänge (Termiten)
   — Galerien (überbaute Straßen)

c) Wegbildungen im Umweltsystem
   — Wanderstraßen (Volkswanderungen bei Nestwechsel)
   — Wandergänge (oder -kanäle) (dasselbe unterirdisch)
   — Laufstraßen (Laufpfade) (z. B. zu Nahrungsquellen)
   — Laufgänge (dasselbe unterirdisch)
   — Laufgalerien (dasselbe, überbaut)
   — Diebspfade (Wege, die in fremde Nester führen, die „beraubt" werden, bekannt bei der Ameise *Solenopsis*)
   — Verkehrsstraßen (langzeitig benutzte Wege für verschiedene Funktionen, die bekannten „Ameisenstraßen")
   — Verbindungsstraßen (zwischen Nestern einer Kolonie)
   — Fährten (von Einzeltieren chemisch markierte Wege)

Über die Größe von Wohngebieten sozialer Primaten-Verbände gibt es einige Angaben (vgl. KURT und KUMMER 1967):

Art	Größe des Wohnraumes	Größe der sozialen Verbände
Alouatta palliata	0,012 km²	3—17 Tiere
Papio doguera	7,8—40,3 km²	12—87 Tiere
Papio ursinus	21,8—26,7 km²	26—54 Tiere
Papio hamadryas	ca. 120 km²	60—140 Tiere
Macaca fuscata	1,3—12,9 km²	26—260 Tiere
Macaca radiata	0,015 km²	32 Tiere
Colobus guereza	0,15 km²	11 Tiere
Presbytes entellus	1,3—7,8 km²	20—25 Tiere
Hylobates lar	0,01—0,04 km²	2—6 Tiere
Gorilla g. beringei	25,9—38,8 km²	2—30 Tiere
Pan troglodytes	15,5—20,8 km²	2—45 Tiere

Für die Raumgliederung sollten generell zwei Grundsysteme unterschieden werden:

— **Lebensraum,** definiert für eine gegebene Zeit als die Summe aller Räumlichkeiten, die von einem Individuum oder einer Gruppe während dieser Zeit besucht werden.

— **Territorium,** definiert als reserviertes Teilgebiet eines Lebensraumes, in dem sich die Besitzer durch bestimmte Verhaltensweisen oder Signale dem Eindringen anderer Individuen widersetzen.

Wenn in einem Lebensraum Territorien vorliegen, können die nicht „verteidigten" Gebiete als „neutrale Zone" bezeichnet werden.

Die Raumgliederung, die gemäß vorstehender Definition als „Territorium" (oft synonym zu „Revier" gebraucht) bezeichnet wird, setzt bestimmte Eingangsgrößen voraus, die von dem (oder den) Individuum (oder Individuen) stammen, die diesen Teil ihres Lebensraumes in ein Territorium transformiert haben. Diese Eingangsgrößen liefern ein Raum-Zeit-System und können unter dem Begriff **Territorialverhalten** zusammengefaßt werden. Dieses Verhalten liefert die Eingangsgrößen, die eine beliebige Umwelt in ein „Territorium" transformieren. Sie können grundsätzlich in zwei Gruppen unterteilt werden:

— stationäre Eingangsgrößen (stationäres Territorialverhalten)
— nicht-stationäre Eingangsgrößen (nicht-stationäres Territorialverhalten)

Stationäre Eingangsgrößen sind:
— chemische stationäre potentielle Signale („Duftmarken")
— optische stationäre potentielle Signale („Sichtmarken")

Zahlreiche Tierarten „markieren" ihr Territorium durch chemische Substanzen, die über längere Zeit am abgesetzten Ort wirksam bleiben. Es ist potentielle Information, da es dafür potentielle Empfänger gibt: Artgenossen (manchmal nur gleichgeschlechtliche), die diese Nachricht entschlüsseln (und also „verstehen") können und aus ihr entnehmen, daß dieses Gebiet schon „besetzt" ist. Bei Säugetieren können an verschiedensten Körperteilen entsprechende Hautdrüsen auftreten, mit denen das Territorium markiert wird (s. auch S. 104).

Optische stationäre Eingangsgrößen liefern sichtbare Strukturänderungen, wie entrindete Pflanzenteile („Fegebäume" der Cerviden), Gruben, Signalpyramiden (mancher Winkerkrabben), optisch auffällige Kothaufen (Hyänen) und ähnliche „Sichtmarken".

In beiden Fällen liefern bestimmte stationäre Verhaltensweisen die Eingangsgrößen (Absetzen von Duftmarken, bestimmte Bewegungen an Raumstrukturen usw.), die zu einer determinierten Transformation des Umweltsystems führen. Die Ausgangsgrößen sind eben die erwähnten Duft- und Sichtmarken, die wieder Eingangsgrößen für bestimmte vorgegebene organismische Systeme werden können, für die diese Nachrichten bestimmt sind.

Nicht-stationäre Eingangsgrößen sind:
— akustische Signale
— optische Signale
— chemische Signale (mit Ortsveränderung in der Zeit)
— taktil-mechanische Signale (agonistisches Verhalten mit physischem Kontakt).

Sie sind wirklich Eingangsgrößen für das Umweltsystem, und erst über dieses werden sie zu Ausgangsgrößen, die dann wieder Eingangsgrößen für einen anderen Organismus (Empfänger) werden. Das bedeutet, daß sie nur in Verbindung mit speziellen räumlichen Faktoren wirksam werden. Der Empfänger merkt sich daher den Ort, nicht den Kampfpartner (oder zumindest nicht nur den Kampfpartner), den er respektieren wird (falls er nicht von dem Revier Besitz ergriffen hat). Die Revierverteidigung hat eben die Bedeutung, eine Raumgliederung innerhalb von Populationen herzustellen. Das ist für die Arterhaltung lebenswichtig und für die Genverteilung innerhalb einer Population von elementarer Bedeutung.

2.4. Motorik: Eingangsgrößen reagierender Umweltsysteme

2.4.1. Motorik im Dienste der Erhaltungsstrategie

Die **Erhaltungsstrategie** eines Organismus umfaßt im Bereich des Verhaltens alle Zusammenhänge, bei denen potentielle Information ausgenutzt wird. Dies kann geschehen durch Abspeichern von Invarianten (besonders bei nicht-reagierenden Umweltsystemen) oder durch Reaktionsgesetzlichkeiten (speziell bei reagierenden Umweltsystemen). In jedem Falle besteht keine aktuelle Kommunikation mit der Umwelt im Sinne eines echten Nachrichten-Empfanges durch den Organismus. Verhaltensweisen, die im Dienst der Erhaltungsstrategie stehen, können als **Gebrauchshandlungen** zusammengefaßt werden. Sie sind Funktionen von Gebrauchssystemen, die sich aus Gebrauchsstrukturen und Gebrauchshandlungen zusammensetzen (z. B. Flügel, Extremitäten, Mundwerkzeuge).

Zur Erhaltungsstrategie gehören auch die Orientierungsmechanismen in Raum und Zeit sowie die vom Organismus ausgelösten Transformationsprozesse in der nicht-reagierenden Umwelt, die bereits unter (3.2.) behandelt wurden.

Die auch mit ihnen verbundene Motorik der Erhaltungsstrategie ist aber bestimmten Funktionskreisen zugeordnet (z. B. Orientierung im Dienst der Fortpflanzung). Das bestätigt nochmals, daß Gebrauchssysteme über die Stammesgeschichte entstanden sind und damit auch einen arterhaltenden Funktionswert haben, auch wenn sie (gelegentlich) den Organismus, der sie vollzieht, beeinträchtigen oder gar zerstören. Manche Termiten entleeren bei der Verteidigung des Nestes ein Sekret aus riesigen Drüsen, die fast den ganzen Körper ausfüllen, mit solcher Vehemenz, daß sie dabei selbst zugrunde gehen. Auch sterben bei manchen Tierarten die Individuen unmittelbar nach dem Vollzug des Fortpflanzungsverhaltens oder werden Männchen von den Weibchen während oder nach der Kopula getötet und verzehrt (*Mantis*, manche Spinnen). Solche speziellen Anpassungen sind nur stammesgeschichtlich zu erklären und weisen darauf hin, daß die Systemerhaltung im Sinne der Phylogenie nicht ein Individualproblem ist, sondern ein Phänomen der Population.

Gebrauchshandlungen verändern den Informationsstrom für den betreffenden Organismus, der sie ausführt. Sie dienen dazu, einen bestimmten Informationseingang herzustellen, einen Sollwert, nach dessen Erreichen sie beendet werden. Ebenso werden sie eingesetzt, wenn ein Sollwert von innen her oder durch Außenfaktoren gestört bzw. verändert wird. Komfortbewegungen beseitigen unmittelbar „Störgrößen" wie Fremdkörper, die für den Organismus durch bestimmte Informationen (mechanische, chemische oder seltener auch optische) verhaltensauslösend werden (Sichkratzen, Lecken, Reiben, Sandbaden usw.). Gebrauchshandlungen können die Umwelt des Organismus raumzeitlich umstrukturieren, bis sie ein spezifisches Informationsmuster liefert, das als Sollwert für den Vollzug eines neuen Verhaltens erforderlich ist. So werden Bauten und Nester hergestellt, aber auch — unter Zuhilfenahme bestimmter Körperprodukte — Netze und Gewebe, und es entstehen artspezifische Gefüge von oft sehr komplexem Aufbau, wie die Netze der Webspinnen oder die Waben der Honigbienen und Wespen und die Nester der Termiten und Ameisen oder der Vögel. LORENZ nannte solche Produkte „eingefrorenes Verhalten".

Das Repertoire der Gebrauchshandlungen oder ihr Komplexgrad wird jeweils durch die Organisationshöhe des Organismus, die Bewegungsmöglichkeiten, die Leistungsfähigkeit der Rezeptoren und die Zerebralisation bestimmt (Zentralisierung des Nervensystems).

Da Gebrauchshandlungen systemerhaltend sind (System als Individuum oder Population gemeint), ordnen sie sich nach den grundlegenden Prinzipien der Lebensfunktionen. Danach lassen sich drei Elementargruppen („**Funktionskreise**") von Gebrauchshandlungen unterscheiden:

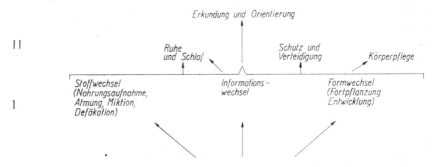

Alle drei Funktionskreise der elementaren Gebrauchssysteme (I) sind an der Entwicklung der abgeleiteten Gebrauchssysteme (II), wenn auch unterschiedlich, beteiligt, wobei besonders das Prinzip der Ortsveränderung bei den heterotrophen (also tierischen) Organismen durch den Nahrungserwerb und die zweigeschlechtliche Fortpflanzung gefördert wurde und damit zugleich speziell in das Verhalten im Dienst der Informationsaufnahme, letztlich also der Erkundung und Orientierung, eingegangen ist. Dabei setzt jedes Verhalten raumzeitliche Ordnungsprinzipien (neben den strukturellen, die solche manifestieren) voraus. In der Evolution kann dabei jeweils bestimmten Gebrauchssystemen eine Schlüsselstellung (Schlüsselcharakter) zukommen und einmal mehr die Struktur, das andere Mal die Bewegung die „Führungsgröße" sein. Das hat H. WEBER in seiner „**Konstruktionsmorphologie**" ausgesprochen. In diesem Sinne sei hier für die Evolution der Arthropoden ein schematisch vereinfachtes Beispiel gegeben, wobei auf die speziellen Entwicklungstendenzen, die sich aus der Evolution der Gebrauchssysteme bei Tieren ergeben, noch besonders hingewiesen sei: zunehmende Raumbeherrschung (Beweglichkeit, weil für fast alle der genannten systemerhaltenden Leistungen positiv), verbunden mit Kephalisation (Kopfbildung) und Zerebralisation (Gehirnbildung), gekoppelt mit der Ausbildung der großen Rezeptorsysteme am Vorderpol des Körpers (Riechorgane, Sehorgane, statoakustische Organe), Schema siehe S. 60:

2.4.1.1. Nahrungssystem

Die Umweltbedingungen, die am Aufbau des Nahrungssystems beteiligt sind, werden durch den Stoffwechsel des betreffenden Organismus und die in seinem Dienst stehenden Verhaltensweisen bestimmt („**stoffwechselbedingtes Verhalten**"). Folgende Bedingungen des Stoffwechsels können zu motorischen Ausgangsgrößen (Verhalten) führen:

59

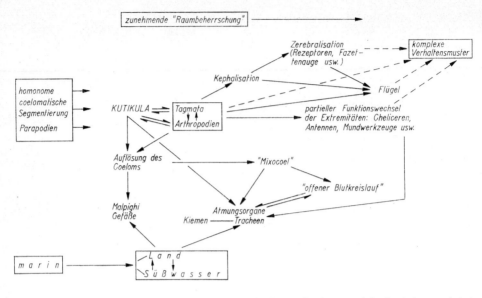

(Die zur Rubrik "komplexe Verhaltensmuster" führenden gestrichelten Linien sollen Steuer- und Regelmechanismen andeuten)

— Nahrungssuche
— Nahrungsbeschaffung (z. B. Strudler im Wasser)
— Nahrungsauswahl
— Nahrungsvorbereitung (z. B. Beuteschlagen, Früchte pflücken)
— Nahrungsaufnahme
— Nahrungsaufbereitung (z. B. Kauen, Wiederkauen)
— Externe Nahrungsspeicherung
— Trinken
— Defäkation (Koten)
— Miktion (Harnen)
— Gaswechsel (Atmung)

Im entsprechenden Umweltsystem sind folgende Kriterien für das Verhalten wichtig:
— Nährmaterialien ohne Eigenverhalten
— Nährmaterialien mit Eigenverhalten
— Räumliche Verbreitung (gilt auch für Atemgase, z. B. Wassertiere, die Luft atmen)
— Zeitliches Auftreten
— Räumliche Anordnung (Struktur)
— Physikalische Eigenschaften (z. B. ,,Härte")
— Chemische Eigenschaften

Die drei letztgenannten Bedingungen liefern für die Nahrungswahl entscheidende Informationen. Diese Auswahl liegt bei solchen Arten, die eine Nahrungsvorbereitung (= Nahrungszubereitung) durchzuführen, vor dieser, bei Arten, die keine solche haben, ist sie mit der Suche oder der Aufnahme der Nahrung funktionell kombiniert. Manche Parasiten stechen ihre Mundwerkzeuge erst in das Substrat ein und ,,probieren"; das Ergebnis entscheidet über eine Fortsetzung des Saugaktes zur eigentlichen Nahrungsaufnahme.

Im Falle des Trinkens kann unterschieden werden zwischen:
— Vorphase
— Trinkeinleitung
— eigentliches Trinken
— Nachphase.

Nicht immer sind alle Phasen ausgebildet. Auf Zellebene vollzieht sich dieser Vorgang durch Einschließen von Flüssigkeitstropfen über besondere Membranbildungen, die „Pinocytose".

2.4.1.2. System der Störgrößen

In diesem Zusammenhang sind drei Systembezüge möglich:

— Das Umweltsystem ist mit dem eigenen Körper identisch, das Verhalten wird auf den eigenen Körper bezogen (**Komfortbewegungen I**):
  — Sichkratzen
  — Sichkämmen (Putzkämmen)
  — Wischen mit den Extremitäten
  — Sichlecken
  — Sichbeknabbern
  — Sichschütteln I (Ordnen von Körperanhängen)
— Elemente der Körper-Umwelt (eigentliches Umweltsystem) werden in das Pflegeverhalten des eigenen Körpers einbezogen (**Komfortbewegungen II**):
  — Sichreiben
  — Sichwälzen
  — Wasserbaden
  — Sandbaden
  — Sichschütteln II (Abschütteln von Fremdkörpern = Umwelt)
— Antworten auf aktive Einwirkungen durch das Umweltsystem („**Schutz und Verteidigung**", „predator-reaction" u. ä.)
  — Kinesen (Angriff, Flucht)
  — Akinesen (Sichdrücken, Bewegungshemmung, „Totstellen" = Thanatose, Kataplexie)
  — Mimetisches Verhalten
  — Verhaltens-Mimikry
  — Schutzverhalten gegen abiotische Faktoren (Temperatur, mechanische Einwirkungen usw.)

2.4.2. Motorik im Dienst der Nachrichtenübertragung (organismische Sende- und Empfangssysteme)

Grundlage der **Biokommunikation**, der Nachrichtenübertragung in organismischen Systemen, ist der Informationswechsel. Die Erforschung dieser Zusammenhänge ist jung. Zusammenfassungen lieferten unter den modernen Gesichtspunkten SEBEOK (als Herausgeber, 1968) und TEMBROCK (1971). SEBEOK hat alle Mittel der Informationsübertragung zwischen Tieren unter dem Begriff „**Zoosemiotik**" (semeion = Zeichen) zusammengefaßt.

Im menschlichen Kommunikationssystem möchte SEBEOK zwei Subsysteme unterscheiden:

— zoosemiotisches Subsystem (nicht artspezifisch, biologisch determiniert)
— anthroposemiotisches Subsystem (artspezifisch, soziologisch determiniert, Hauptträger: die Sprache).

Abb. 23. Der Schmetterling *Nudaurelia arata* (Männchen) ruhend und in zwei Phasen der Abwehrstellung (Zeichn. HORNUFF nach Fotos in BLEST 1957).

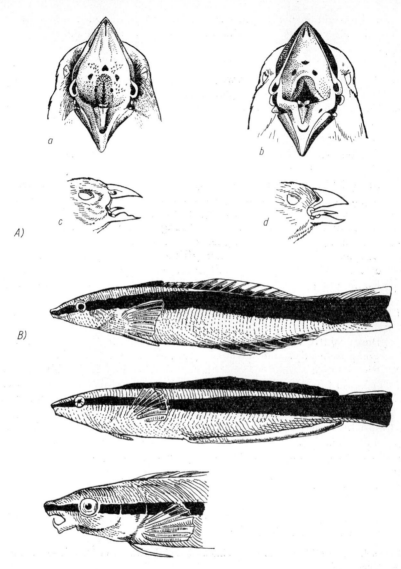

Abb. 24. Mimikry: A. Nachahmung der Rachenzeichnung des Nestlings des Wirtsvogels, *Estrilda* sp., durch den Nestling des parasitierenden Witwenvogels, *Vidua* sp. a) Rachenzeichnung bei *Vidua macroura*, b) Rachenzeichnung bei *Estrilda melpoda*; c) Kopfseitenansicht eines Nestlings von *Vidua macrura* und d) Kopfseitenansicht eines Nestlings von *Estrilda astrild* (dessen Rachenzeichnung mit *E. melpoda* übereinstimmt) (nach STEINER 1965). B. Putzerfisch *Labroides dimidiatus* (oben) und Nachahmer *Aspidontus taeniatus* (unten), dessen Bezahnung vergrößert bei geöffnetem Maul dargestellt ist („Säbelzahnfische"); er nähert sich den zum Putzen auffordernden Fischen nur von hinten und beißt Stücke aus den Flossen heraus, wird aber nicht gejagt, da er dem echten Putzer (Putzsymbiont) zum Verwechseln ähnlich sieht (Zeichnung HORNUFF nach Fotos aus J. und H. RANDALL 1960).

Die **Informationsübertragung** ist die Grundlage des Zustandekommens von Kommunikationssystemen. Die Codierung der Informationen kann analog oder diskret erfolgen.

Wichtige Parameter sind dabei:

1. Begriffe des Übertragungsweges, des gemeinsamen Repertoires, der Redundanz und der Hierarchie des Repertoires.
2. Die Information als Maß der Komplexität des Systems [die Entropie nach der Formel

$$\sum_{i=1}^{N} p(x_i) \log \frac{1}{p(x_i)} .$$

Dabei ist N die Anzahl der Ereignisse x_i mit der Wahrscheinlichkeit $p(x_i)$; der Logarithmus zur Basis 2 (logarithmus dualis) genommen ergibt nach dieser Formel den mittleren Informationsgehalt in bit)].
3. Die Redundanz als das Maß der Häufigkeit und besonders der Verständlichkeit.
4. Der Antagonismus: Genauigkeit contra Kürze.
5. Das dialektische Prinzip Ordnung/Unordnung; Gegenüberstellung von Geräusch und Botschaft. Die Botschaft repräsentiert eine relative Ordnung für die in Kommunikation stehenden Organismen gegenüber der Unordnung in der Umgebung.
6. Die Rangordnung von Gestalten (Mustern) aus komplexen Reizen, dem Maß ihrer Exklusivität entsprechend.
7. Die (evolutiv bedingte) Reihe zunehmender Integration, den Komplexgrad der synaptischen Systeme betreffend (parallel zur Zerebralisation).
8. Die Transinformation, bestimmt durch die Rückschlußwahrscheinlichkeit $(\overleftarrow{p_{xy}})$, mit der von dem empfangenen Zeichen auf das abgesandte zurückgeschlossen werden kann. Transinformation T_{xy} ist derjenige Informationsanteil innerhalb von empfangenen Meldungen (y), der den abgesandten Signalen (x) entspricht. Er entspricht der formalen Gesamtinformation I_x abzüglich eines mathematischen Ausdruckes für die Wahrscheinlichkeit der richtigen Übertragung (Rückschlußwahrscheinlichkeit). Für ein Zeichen gilt:

$$T_{xy} = I_x - \mathrm{ld} \frac{1}{\overleftarrow{p_{xy}}} = \mathrm{ld} \frac{1}{p_x} - \mathrm{ld} \frac{1}{\overleftarrow{p_{xy}}} = \mathrm{ld} \frac{\overleftarrow{p_{xy}}}{p_x} \text{ (bit)}.$$

Das Transinformationsmaß kennzeichnet damit die Leistungsfähigkeit von Übertragungskanälen.

Nach Fano (1966) gehören zu einem Modell des Informations-Übertragungssystems:
— Quelle
— Quellencodierer
— Kanalcodierer
— Kanal
— Kanaldecodierer
— Quellendecodierer
— Empfänger.

Daraus geht hervor, daß zwischen den Eigenschaften der Quelle und des Empfängers einerseits und jenen des Kanals andererseits unterschieden werden muß.

Der Signalsender wird als **Expedient** (auch Emittend) bezeichnet, der Empfänger als **Perzipient** (auch Rezipient). Ein Kanal verbindet die beiden Kommunikanten.

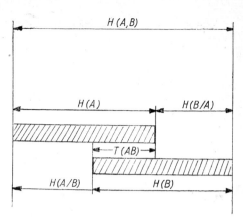

Abb. 25. Grafische Darstellung der verschiedenen Entropieformen.
H(A), H(B) = Entropie der Wahrscheinlichkeitsfelder (A) und (B) (z. B. Sender und
Empfänger); H(A, B) = Verbundentropie; T(AB) = Synentropie (Transinformation);
H(A/B) und H(B/A) = bedingte Entropie; wird von A nach B übertragen, ist
H(A/B) = Aequivokation (Information von A, die B nicht erreicht) und
H(B/A) = Irrelevanzentropie oder Dissipation (Information bei B, die nicht von A stammt)
(nach TIMPE 1970).

Die vom Sender codierte Nachricht muß vom Empfänger decodiert werden. Die
übermittelte Nachricht muß sich auf einen Kontext beziehen, den auch der Empfänger „verstehen" kann. Für Untersuchungen der **Kommunikation** sind drei Grundprinzipien gegeben:

a) Zoopragmatik (Wirkung von Zeichen),
b) Zoosemantik (Bedeutung von Zeichen) und
c) Zoosyntaktik (Zeichenkombinationen als solche).

Die wesentlichen Kanäle der Informationsübertragung sind chemische, optische
und mechanische (taktil-akustische) Systeme. Mögliche Kontexte, die übermittelt
werden können, sind:

Art
Gruppe
Geschlecht   Identität
Alter
Individualität

physiologischer Status
Verhaltensstatus   Status
Kommunikationsstatus

Gegebenheiten im Umfeld
a) Individuum
b) Dinge
Gebiet   Umgebung
Feinde (kann weiter differenziert sein)
Nahrung
Meteorologische Bedingungen

Nach HOCKETT und ALTMANN lassen sich folgende Bestimmungsstücke für die Kommunikation angeben:

1. Phonetisch-akustischer Kanal (Übertragbarkeit von Lauten vokalartigen Charakters).
2. Allseitstrahlen gegenüber gerichtetem Empfangen (Rundfunk-Prinzip).
3. Ansprechen eines einzelnen (z. B. taktil).
4. Ansprechen ganzer Gruppen.
5. Rasches Verklingen (bei chemischer Informationsübertragung länger andauernd als bei akustischer oder optischer).
6. Allaesthetische Übertragung (über weite Flächen alle drei Informationskanäle benutzen).
7. Übertragung über „gebrochene Linien" (Schallwellen gehen auch „um die Ecke").
8. Vertauschbarkeit von Sender und Empfänger (Dialog).
9. Vielfach-Codierung (mehrere Codes verfügbar).
10. Totale Rückkoppelung (Hörkontrolle der Eigenlaute).
11. Spezialisierung (mit der Höherentwicklung im Tierreich differenziertere Informationsübertragung).
12. Triggern (Sendeenergie löst andersartige Energie aus).
13. Semantik (Signal bedeutet Bestimmtes).
   a) arbiträr (Signale, die ihre Bedeutung nicht abbilden)
   b) ikonisch (abbildend; so kann ein Warnruf arbiträr sein, bei Wiederholung ikonisch werden).
14. Digital gegen Analog-Kommunikation (= diskret gegen kontinuierlich, alles oder nichts gegen mehr oder weniger, zählen gegen messen).
15. Deplazierung (Nichtanwesendes mitteilen).
16. Produktivität (Mitteilung von Neuem, z. B. Neukombination von Bekanntem).
17. Zweifache Zusammensetzbarkeit (Cenem = kleinste für sich bedeutungslose Einheit im Code, Plerem = kleinste Kombination von Cenemen, die etwas bedeutet).

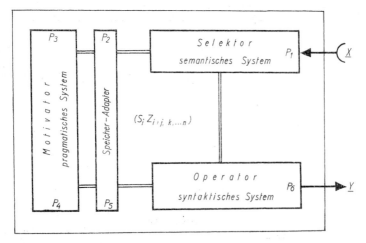

Abb. 26. Strukturbild der Zuordnung der Grundmechanismen des Informationswechsels in organismischen Systemen unter Berücksichtigung der Parameter der Kommunikation.

18. Zweideutigkeit (Botschaft bedeutet mehreres).
19. Repertoire (mehrere Botschaften verfügbar).
20. Signal-Fälschung (nicht Zutreffendes übermitteln, z. B. Mimikry).
21. Übertragung durch Tradition (und Lernbarkeit).

Folgende Bedingungen und Begriffe sollten bei der Kennzeichnung biologischer Kommunikationssysteme berücksichtigt werden:
— Latente Kommunikation (übertragungsfähiges Sende-Empfangs-System)
— Aktuelle Kommunikation (Nachrichtenfluß wird vollzogen)
— Gerichtete Informationsübertragung (auf einen oder mehrere Adressaten unter mehreren potentiellen Empfängern gerichtet)
— Unidirektionale Informationsübertragung (statistische Koppelung zwischen Sender und Empfänger verläuft nur in einer Richtung), die mittlere Information je Zeichen (Symbol) wird durch die Entropie H_x (Sendeseite) und H_y (Empfangsseite) gegeben = Monolog)
— bidirektionale Informationsübertragung (MARKO). Dabei treten Koppelung in beiden Richtungen und damit 2 Transinformationsgrößen auf (T_{xy} und T_{yx}). Das gegenwärtige Symbol wird nicht nur durch die Vergangenheit des eigenen Prozesses (vorangegangene Symbolfolge), sondern auch durch die des fremden Prozesses mitbestimmt ($T = T_{xy} + T_{yx}$): Dialog
— Testsignale überprüfen und optimieren die Nachrichten-Übertragung im Kommunikationssystem.

Nach SCHALTEGGER kann man die Codierungsprinzipien der Informationsübertragung zwischen und in lebenden Systemen in folgendem Schema zusammenfassen:

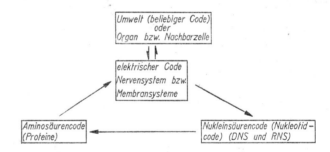

Im Nervensystem stehen dem Impulscode nur zwei Prinzipien der Verschlüsselung zur Verfügung: a) Potential vorhanden oder Potential fehlt (das wäre ein binärer Code), b) Variation der Intervalle zwischen den einzelnen Spikes (Impulsfrequenz-Änderungen). Bei diesem Analog-Verfahren (Mehr-oder-Weniger-Prinzip) sind Informationsverluste im Übertragungsweg unvermeidbar. Berechnungen der Übertragungsleistung in einem Neuron des Nervus opticus der Katze ergaben als durchschnittliche Transinformationsleistung 0,08 bit pro Impuls (= 6,4 bit/sec).

Informationsabgabe erfolgt über Einrichtungen des Tierkörpers, die als Ganzes unter dem Begriff „Signalsysteme" zusammengefaßt werden können. Sie bestehen aus
— Signalstrukturen
— Signalfunktionen [z. B. Bewegungen = Signalhandlungen, Sekretion von bestimmten chemischen Substanzen, Bildung elektrischer Felder (elektrischer Organe), Bildung von Leuchtstoffen (Leuchtorgane)].

In der Ethologie wird der Prozeß der Umwandlung von Gebrauchssystemen in Signalsysteme (speziell solche mit Signalbewegungen als Funktion) im Anschluß an HUXLEY als **Ritualisation** bezeichnet. Diese Ritualisation betrifft drei Komplexe: 1. Das morphologische Substrat, 2. die Motivation und 3. das raumzeitliche Ordnungsprinzip.

Zahlreiche Änderungen im Verhalten sind bereits als Folge der Ritualisation beschrieben werden:

1. Bedeutungswechsel der Außenreize.
2. Änderung der Motivation.
3. Änderung bis Verlust der Orientierungskomponenten.
4. Entstehung zusätzlicher morphologischer Strukturen (Formen, Farben).
5. Schwellenänderungen.
6. Entstehung rhythmischer Wiederholung.
7. Betonung einzelner Komponenten.
8. Ausfall von Komponenten.
9. „Einfrieren" der Bewegung (zur Stellung).
10. Änderung der Bewegungsfolge.
11. Änderung in der Koordination der Komponenten.
12. Änderung in der Intensität, mit der eine Bewegung ausgeführt wird (von LORENZ „mimische Übertreibung" genannt).
13. Ausbildung typischer Intensitäten.
14. Ausbildung typischer Kompromisse (Überlagerung typischer Intensitäten oder mehrerer Aktionen).
15. Ausbildung komplexer Muster („Handlungsgestalten", Strophen).
16. Obligatorischer Einbau von individuellen Informationen (z. B. Gesang vieler Vögel).
17. Überlagerung von Gebrauchs- und Signalhandlungen.
18. Einbau von Elementen aus der Ontogenese (Regression).
19. Einbau phylogenetisch alter Elemente, die als Gebrauchshandlungen nicht mehr vorkommen.
20. Ablösung einer Bewegungsfolge vom ursprünglichen Reizmuster durch zeitliche Vorverlagerung (vorweggenommene Bewegung).

Ritualisation braucht sich nicht auf die somatische Motorik mit den ihr zugeordneten Strukturen zu beschränken, sondern kann auch vegetative Systeme einbeziehen. So können die Federstellungen der Vögel auf zwei Wegen Signalfunktion erhalten:

a) Die Federn werden durch unspezialisierte Stellungen lageverändert,
b) eine blockierende Situation führt zu einer (vegetativen) Kontraktion der innervierenden Muskulatur und sträubt so das Gefieder. Davon wird das Zurschaustellen bestimmter Gefiederpartien abgeleitet.

Häufig kommt es zu einer „Sekundär-Ritualisation", wenn bereits signalsendende Systeme nochmals einen Funktionswechsel im Dienst der Informationsübertragung erfahren. In diesem Sinne ist unsere Sprache das Ergebnis einer solchen Sekundär-Ritualisation, da die hier zugrunde liegende Lautgebung bereits auf einer Primär-Ritualisation beruht.

Die gesamte Ritualisation, auf deren Grundlage fast alle komplexeren Verhaltensmuster im Tierreich entstanden sind, beruht auf Prinzipien der Informationsübertragung. Diese bestimmen die Gestaltungsprinzipien der Sende- und Empfangs-
mechanismen. Ausschlaggebend ist hierbei die allgemeine Fähigkeit zur Ortsveränderung. Sie setzt bei zunehmender „Raumbeherrschung" hochentwickelte Kontrollsysteme (Sinnesorgane) voraus. Je weiter deren Leistungsfähigkeit entwickelt
ist, desto größer wird die Wahrscheinlichkeit (und Möglichkeit), Rezipient für Informationen zu werden, von anderen Individuen ausgehend, die beim Vollzug der
Gebrauchshandlungen in Reichweite dieser Rezeptoren sind.

So kann vermutet werden, daß die Signalwirkung von Gebrauchshandlungen
(und damit einsetzende Ritualisierung) unter solchen Bedingungen dann auftrat,
wenn zwei elementare Rückwirkungen mit der Informationsübertragung zwischen
zwei Individuen (einer Art) verbunden waren: Distanzänderung (durch Bewegung)
und raumzeitliche Orientierung, bezogen auf den Expedienten. Die räumlichen
Einstellmechanismen wären dann Topotaxien, die zeitlichen könnte man als „Chro-
notaxien" bezeichnen. Diese Orientierungsmechanismen sind essentielle Bestandteile aller normalen Bewegungsabläufe; der Expedient geht jedoch nur als „Raumgeber" und „Zeitgeber" in das Bezugssystem ein.

Es wird vermutet, daß dabei primär nur zwei Grundprinzipien wirksam waren:
Distanzvergrößerung und Distanzverminderung. Im ersten Fall liegt ein diffuses
Kommunikationssystem, im zweiten ein affines vor. **Das diffuse Kommunikationssystem** beruht zunächst nur darauf, daß Tier B für A eine Störgröße ist und Tier A
ein Verhalten (evtl. mit Lautgebung) vollzieht, das distanzvergrößernd wirkt. Dieses
Verhalten wird positiv selektioniert, je schneller es zum Erfolg führt. Es entwickelt
eine „releaser"-Wirkung (löst eine Reaktion beim Rezipienten aus). Hier genügt
ein bit als Informationsmenge; die neurophysiologische Grundlage kann daher ein
„on-off-System" sein.

Komplexer ist **das affine Kommunikationssystem.** Distanzverminderung zwischen
Sender und Empfänger bedeutet Überwindung verschiedener ethologischer Schranken (bei beiden); hier kann zugleich auch ein größerer Abstand gegeben sein, so daß
der Sender dann auch „rufen" kann, wenn B für die Herstellung eines Gleichgewichtes
seines Systems zwar erforderlich ist, aber bisher Informationen über seine Nähe noch
gar nicht eingegangen sind. Daher muß dieses System den Faktor Zeit einbeziehen,
es kann „primer"-Wirkung haben (im Rezipienten einen Prozeß in Gang setzen).
Zur Überwindung der ethologischen Schranken sind verschiedene Informationen
erforderlich; affines Verhalten muß daher mehr codieren. Hier werden die neurophysiologischen Prinzipien der Zeitmuster einsatzfähig, rhythmische Wiederholung,
Zeitdehnungen, Stellungen, Lautfolgen, Strophen, komplexe Handlungsstrukturen,
die Status, Motivation und gegebenenfalls auch Umgebung (s. S. 44) codieren können.
So werden im Rahmen der Ritualisation die neurophysiologischen Kanäle mit ihrer
Arbeitsweise in der zwischentierlichen Informationsübertragung eingesetzt. Dies ist
durchaus vergleichbar der chemischen Kommunikation, bei der im Rahmen der
Ritualisation das Prinzip der Hormonwirkung (chemische Informationsüberträger
im Organismus) auf die Pheromone übertragen wurde, die als chemische Botenstoffe
zwischen den Individuen eingesetzt werden.

Diese Form der Informationsübertragung bedient sich der mechanischen und
optischen Kanäle, stellt damit eine Art „Teleneurophysiologie" dar. Ritualisiertes
Verhalten auf der Grundlage der Motorik dient der Übertragung der codierten
Aktionspotentiale vom Expedienten auf den Rezipienten.

Die visuellen **Signalhandlungen** leiten sich von folgenden Gebrauchssystemen ab:

1. Fortpflanzung
2. Stoffwechsel
3. Schutz und Verteidigung
4. Körperpflege
5. Ruhe und Schlaf
6. Erkundung und Orientierung.

Die taktil wirksamen Signalhandlungen leiten sich im wesentlichen ab von den Gebrauchssystemen:

1. Fortpflanzung
2. Körperpflege
3. Erkundung und Orientierung.

Die akustisch wirksamen Signalhandlungen schließlich lassen sich von folgenden Gebrauchssystemen ableiten:

1. Stoffwechsel
2. Fortpflanzung
3. Schutz und Verteidigung
4. Erkundung und Orientierung.

Grundlegend für die Entwicklung von Signalbewegungen aus Gebrauchshandlungen ist nach vorstehenden Darlegungen die Regulation der Distanz zwischen Sender und Empfänger. Im allgemeinen werden bei sich begegnenden Tieren Angriffs- und Flucht-Tendenzen aktiviert, bei wehrhaften Arten auch Abwehrtendenzen. Dabei handelt es sich um Verhaltenssysteme („Grundkoordinationen", s. S. 31, die einander ausschließen, so daß ein **Konflikt** entsteht. Je höher die Bereitschaft zur Ausführung der konträren Verhaltenssysteme ist, desto stärker wird der Konflikt. Das kann zu drei Lösungen im Verhalten führen:

a) Ambivalenz: zwei gleichzeitig aktivierte Erbkoordinationen kombinieren sich zu einem Kompromißverhalten.

b) Umrichten (redirection): Die Handlung wird auf ein inadäquates Objekt gerichtet, das ursprünglich nicht auslösend wirkte. Es kommt zu einem Kompromiß der den beiden gegensätzlichen Erbkoordinationen zugeordneten Taxiskomponenten.

c) Übersprung (deplazierte Bewegung): Es tritt eine nicht situationsgerechte Handlung auf, die unter anderen Bedingungen funktionell ist.

Die These der Triebkonflikte als Grundlage der Ritualisation wird vor allem durch folgende Beobachtungen gestützt:

1. Ähnlichkeit der Signalhandlungen und Gebrauchshandlungen im Dienst der Flucht und des Angriffes (Schutz und Verteidigung).

2. Nachweis eines Angriff/Flucht-Quotienten (A/F-Quotient, Moynihan) oder eines Angriff/Abwehr-Quotienten durch den Wechsel von Signalhandlungen mit Handlungen des Schutzes und der Verteidigung in bestimmten quantifizierbaren Sequenzen.

3. Definierbare Bedingungen, unter denen die Handlungen auftreten.

4. Nachweise in der Ontogenese und Aktualgenese der Signalbewegungen über die Herkunft aus Verhaltensweisen des Schutzes und der Verteidigung.

Wenn diese (zuletzt von Baerends wieder zusammengestellten) Tatsachen und Deutungen zutreffen, dann wäre die ursprüngliche Grundlage der Ritualisation der

Funktionskreis des Schutzes und der Verteidigung. Dieser wird besonders innerartlich dann aktiviert, wenn andere Funktionskreise Individuen in geringen Abstand bringen. Das gilt vor allem für das Fortpflanzungsverhalten, dann auch für den Nahrungserwerb, gelegentlich für Ruhe und Schlaf sowie Erkundung.

Das heutige Wissen über die physiologischen Grundlagen der Verhaltensmotivation kann neben diesen Möglichkeiten wenigstens eine andere nicht ausschließen: Zentrale Erregungsmuster, die nur kurzfristig auftreten, aber auch Rezeptoren als Kontrollsysteme weitgehend (oder ganz) in Anspruch nehmen, können motorische Bereiche („Rahmenkoordinationen"), die von ihnen nicht in Anspruch genommen werden, zu „unkontrollierten" Bewegungen freigeben, die — wenn sie nur in dieser Erregungslage möglich sind — zu Signalen für diese werden können. Es gilt sicher speziell für das Sexualverhalten, das, zeitlich streng gebunden, andere Verhaltensprogramme (Komfortbewegungen, Stoffwechselverhalten), die latent ständig in Bereitschaft stehen, fragmentieren und diese Bruchstücke dann als Signalbewegungen in das eigene ursprünglich eng begrenzte System der Gebrauchshandlungen einbauen kann. Ähnliches gilt natürlich auch für die durch die Erregungslage stark beeinflußten vegetativen Systeme (einschließlich der Atmung), so daß auch in diesem Bereich eine Prädisposition für Signalleistungen gegeben wird (Duftstoffe, Laute, Pilomotorik, Gefäßerweiterung, Federsträuben usw.).

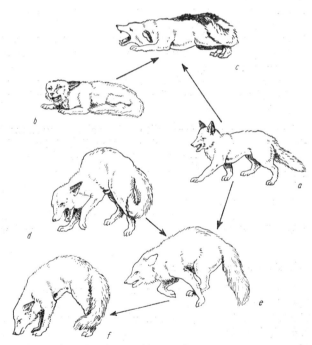

Abb. 27. Verhaltensmotivationen beim Rotfuchs, *Vulpes vulpes* (L.). a) Reine Angriffstendenz; b) völlige Unterlegenheit (Demutstellung), bewegungsgehemmte reine Fluchttendenz; c) Überlagerung von (a) und (b), vorn bereits völlig bewegungsgehemmt; d) Abwehrverhalten gegen einen Beißangriff von hinten (bzw. Hinterteilzukehren gegen den Angreifer); e) Überlagerung von (a) und (d); „Buckellauf" beim Angriff; f) dasselbe wie (e), ritualisiert als Imponiergehaben (Imponierdrohen) (Orig.).

Die Ethologie hat eine Reihe bestimmter Verhaltensabläufe, die sich mehr oder weniger stark von den zugeordneten Reizkonstellationen abgelöst haben oder auch ohne diese auftreten und daher vor allem „Material" für Signalhandlungen liefern, mit bestimmten Termini gekennzeichnet:

a) **Leerlaufreaktionen** (Erbkoordinationen im „Leerlauf", also ohne die adäquate Reizsituation).
b) **Überlaufhandlungen** (overflow activities)
c) **Reaktionen auf unteroptimale Reize**
d) **Übersprungbewegungen** (deplazierte Bewegungen) (Bewegungen außerhalb des situationsspezifischen Zusammenhanges, in dem sie normal vollzogen werden)
e) **Intentionsbewegungen** (Handlungseinleitungen, die nicht vollendet werden)
f) **Fehlgerichtete Bewegungen** (Objektübertragung, Handlungen am inadäquaten Objekt)
g) **Übergangshandlungen** (Bewegungen, die in zwei oder mehr Verhaltenssyndromen auftreten können)
h) **Imponiergehaben** (Ambivalentes Verhalten, Resultante der Überlagerung von zwei Gebrauchshandlungen, z. B. Angriff und Abwehr, oder Angriff und Flucht)
i) **„Demutverhalten"** (aggressionshemmendes intraspezifisches Verhalten unterlegener Individuen)
k) **„Beschwichtigungsgebärden"** (aggressionshemmendes intraspezifisches Verhalten etwa gleichrangiger Individuen)
l) **Superposition** (Überlagerung von zwei Signalsystemen bzw. -handlungen)
m) **Überlagerungsphänomen** (Überlagerung von einer Signalhandlung über eine Gebrauchshandlung)
n) **Vorweggenommene Bewegungen** (vollständige Bewegungsabläufe in raumzeitlicher Ablösung von der adäquaten Reizkonstellation, bei der sie normal ablaufen).

Das hier zusammengestellte Material ist durchaus heterogen und teilweise nur phänomenologisch oder auch funktionell definiert. Wahrscheinlich sind es nur besonders „augenfällige" Sonderfälle der zahlreichen Möglichkeiten, die meist erst dann gut erfaßbar sind, wenn sie wiederum funktionell geworden sind, was gewöhnlich im Dienst der Informationsübertragung geschieht.

Da sich die weitaus überwiegende Mehrzahl aller ethologischen Untersuchungen auf Signalsysteme bezieht, soll im folgenden eine kurze Übersicht über die wesentlichen Prinzipien der Informationsübertragung gegeben werden.

2.4.2.1. Der optische Kanal

Optische Informationsübertragung tritt besonders bei solchen Tiergruppen auf, die über eine komplexe Motorik verfügen. Auf dieser Grundlage können sie leicht Umkoordinationen und rhythmische Abwandlungen ausbilden, die gegenüber den signalfreien Gebrauchshandlungen einen Reizkontrast liefern, der auf einen potentiellen Rezeptor optisch wirksam werden kann. Dabei wird die Manifestierung und stammesgeschichtliche Fortentwicklung derartiger Signalbewegungen von dem Vorhandensein und den Leistungsprinzipien der Lichtsinnesorgane (Augen) bestimmt. Außerdem ist wesentlich, unter welchen funktionellen Bedingungen sie ausgestaltet werden, ob sie als affines oder als diffuses Kommunikationssystem entwickelt werden. So können bei Schmetterlingen Verhaltensweisen des Schutzes auftreten, die von Fluchtintentionen abzuleiten sind. Bei diesen muß das Tier die Flügel zunächst aus der Ruhelage in die Flughaltung bringen, ehe es abfliegt. Diese Bewegung könnte auf einen potentiellen Feind distanzvergrößernd wirken und damit ein „feedback"-Prinzip entwickeln, das dann, weil positiv selektionierend, weiter ausgestaltet wird, etwa durch auffällige Farbmuster, die durch diese Bewegung sichtbar werden („protective displays"). Bewegungen, die im Dienst der Signalübertragung optisch besonders auffällige Farbmuster zeigen, werden als **„Demonstrationsbewegungen"** bezeichnet. Informationstheoretisch können auf diesem Wege erst arbiträre Zeichen entstehen, die zwar Signale sind, aber noch keine spezielle Bedeutung abbilden. Sie fokussieren den Blick des Rezipienten, so daß sich in ihrem

Abb. 28. Schematische Darstellung der Überlagerung von Angriffs- und Abwehrmotivation bei der Hauskatze. Oben links jeweils die indifferente Haltung. Rechts oben stärkste Angriffsdrohung, links unten stärkste Abwehrbereitschaft, rechts unten Überlagerung beider; restliche Felder zeigen Zwischenstufen (nach LEYHAUSEN 1956).

Bereich dann weitere optisch wirksame Signalsysteme entwickeln können, da die Möglichkeit weiterer Rückkoppelungen zwischen Expedienten und Rezipienten gegeben ist. Bei der Kephalisation und der Ausgestaltung oraler Gebrauchshandlungen (z. B. Biß beim Nahrungserwerb und bei der Verteidigung) wird der Kopf in besonderem Maße zum „Blickfang", so daß dann in seinem Bereich die Entwicklung von Signalbewegungen besonders begünstigt wird (Mimik im engeren Sinne). Da hier mehrere Gebrauchssysteme mit der Kephalisation konzentriert werden (Mund, Nase, Augen, Ohren), ergeben sich Möglichkeiten zu Neukoordinationen dieser, so daß komplexe „Gestalten" entstehen können. Das kann sich auch auf die Körperdecke selbst ausweiten, etwa durch Farb- oder Zeichnungsmuster. Beim Guppy liefert die mittlere Körperregion während der Fortpflanzung den Blickfang durch Farbmusteränderungen bei den Männchen. So sind hier besonders lange Flossenumbildungen der Männchen (Gonopodien) in diesen Bereich verlagert und können damit weitere Signale senden.

Die als Gebrauchssysteme im Dienst der Fortbewegung rhythmisch bewegten Extremitäten der Arthropoden und Vertebraten können durch Koordinationsänderungen oder abgewandelte Rhythmik von besonderer Prägnanz Reizkontraste zu den normalen Gebrauchsbewegungen im Dienst der Ortsveränderung liefern. Sie können aber auch so eingesetzt werden, daß eine Bewegung am Ort vollzogen wird, wenn sich Motivationen der Ortsveränderung mit solchen des Verbleibens etwa im Dienst weiterer Informationsaufnahme überlagern.

So ist das „Treteln" bei vielen Eidechsen eine typische Signalbewegung im Rahmen des Fortpflanzungsverhaltens. Auch rhythmische Rumpf- und Kopfbewegungen (z. B. „Kopfnystagmus") während der Fortbewegung können sich „emanzipieren" und zu Signalbewegungen werden, wie etwa bei manchen Waranen und anderen Reptilien im Rahmen von intraspezifischen Begegnungen (agonistisches Verhalten). Das gleiche gilt für bestimmte Kopfhaltungen; bei vielen Vögeln und Säugetieren haben spezielle Haltungen des Kopfes Signalfunktion; gelegentlich wird auch der Rumpf (und Schwanz) in solche Haltungen mit einbezogen. Eine weitere Möglichkeit ist dann die Kombination solcher Haltungselemente mit einer (dadurch modifizierten) Fortbewegung; so kann ein Fuchs mit hochgewölbtem Rücken und tief gesenktem Kopf auf einen Gegner zulaufen. Solche Signalsyndrome werden dann noch mit Neukoordinationen der Taxiskomponenten verbunden; ein solcher Fuchs würde sich in einem bestimmten Abstand vom Gegner so wenden, daß er quer steht („Lateral-Imponieren"). Dadurch werden die durch die Haltung gegebenen optischen Signale (Buckel, Kopfsenken) optimal wirksam.

Das Gebrauchssystem der Flügel ist in mannigfacher Weise bei den Insekten und Vögeln in den Dienst der Signalübertragung getreten, bei den Insekten evtl. sogar bereits sekundär (s. S. 221). Da hier Flächen gegenüber dem Körper bewegt werden, bieten sich besonders solche optischen Signalsysteme an, die Farb- und Zeichnungsmuster mit Bewegung koppeln. Zugleich liefern die Flügel als Gebrauchssysteme ihren Trägern eine erhöhte Beweglichkeit und „Raumbeherrschung" und damit auch das Ausweichen vor potentiellen Feinden, die ja auch durch die optischen Signalbewegungen angelockt werden können.

Generell lassen sich etwa folgende Grundprinzipien bei der optischen Informationsübertragung ableiten:
1. Änderungen der Bewegung
2. Änderungen der Haltung
3. Änderungen der Färbung (und Musterbildung)
4. Änderungen der Orientierung (räumlich und zeitlich)

Abb. 29. Star *(Sturnus vulgaris)*, Schnellflug (1—8) und gebremster Flug (9—15). Abstand zwischen den einzelnen Flügelstellungen 1/80 sec. (nach Oehme 1963).

5. Änderungen der Kontur
6. Änderungen von Umgebungsstrukturen (Konstruktion und Einbeziehen von optisch wirksamen Gebilden wie Nestern, Netzen, Sandhaufen oder auffälligen Gegenständen in das Verhalten).

Diese Prinzipien sind allerdings in vielen Fällen kombiniert. Bei den Bewegungsänderungen werden rhythmische und zeitlich sehr prägnante Abläufe herausgebildet. Informationsübertragung erfordert auch im optischen Bereich analoge oder digitale Systeme, wobei die Transinformation voraussetzt, daß die Codierung der Nachrichten beim Sender einen hinreichenden Signal-Geräuschabstand aufweist. „Geräusch" sind hier die allgemeine Motorik wie die optisch wirksamen Bewegungen und Strukturen (sowie Farben) im Umfeld des Organismus. Vielfach ist er diesen Eigenschaften aus Gründen des Schutzes angepaßt (Zoo- und Phytomimese); dann müssen die Signalbewegungen durch spezielle raumzeitliche Eigenschaften entsprechend kontrastreich sein. Die hohe Prägnanz ritualisierter und optisch wirksamer Bewegungen erfordert genaue Messungen, die erst in relativ wenigen Fällen durchgeführt sind. Bei der Schellente *(Bucephala clangula)* hat das „Stoßwerfen" des Kopfes während der Balz eine mittlere Dauer von 1,29 sec mit einer Standard-Abweichung von ± 0,08 sec. Rhythmisch sehr prägnant und dabei artlich verschieden (auch in der räumlichen Ordnung der Bewegung) sind die Scherenbewegungen der Winkerkrabben *(Uca)*. Sie können bei Männchen einmal als Spontanwinken auftreten; dabei dient dieses der Anlockung und Orientierung von Weibchen. Bei seiner Annäherung an das Männchen überschreitet das Weibchen bestimmte „Balzzonen" des Männchens, damit korreliert sind speziell Bewegungsstufen des Winkverhaltens. Bei *Uca tangeri* löst offenbar die weiße Scherenfarbe, die nur den Männchen zukommt, Drohverhalten aus, ihr Fehlen Balzverhalten. Bei *Goniopsis cruentata* dauert der einzelne Winkschlag (mit beiden Scheren gleichzeitig ausgeführt) 0,63 bis 0,75 sec. 3 bis 6 Winkschläge sind dann zu einer Serie zusammengefaßt.

Diesen Krabben ist die Reiterkrabbe *(Ocypode aegyptiaca)* verwandt, die Signalpyramiden am Strand errichtet, etwa 40 cm von ihrem Höhleneingang entfernt. Damit wird eine optische Markierung des Kopulationsplatzes vollzogen, die den Weibchen zur Orientierung zu den Kopulationsplätzen dient, während sie Männchen zum Rivalenkampf herausfordern kann. Schwächere Männchen werden dadurch zur Auswanderung gezwungen; manche dieser Männchen versuchen es bis zu zwanzigmal bei verschiedenen Pyramidenbauten, ehe sie eine eigene Kopulationshöhle mit Signalpyramide errichten.

Analoge Verhaltensweisen wie bei den Winkerkrabben sind auch bei manchen Springspinnen (Salticidae) bekannt, deren Balzverhalten vorwiegend über optische Signale gesteuert und synchronisiert wird. Bei *Corythalia xanthopa* haben die Attrappenversuche von CRANE eindrucksvolle Beispiele für die Wirksamkeit bestimmter visueller Signale geliefert, die Balz- und Kampfverhalten auslösen.

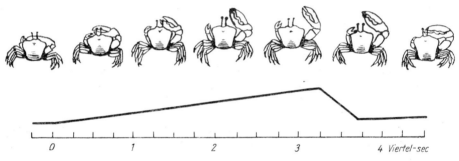

Abb. 30. Artspezifisches Winken der Winkerkrabbe *Uca marionis* (nach ALTEVOGT 1957).

Die Beziehung auffälliger Farbmuster mit der selektiven Empfindlichkeit der Rezeptoren kann das Zusammenwirken beider Systeme bei der Ritualisation eindrucksvoll belegen, wie das für verschiedene Vögel nachgewiesen ist. Wellensittiche *(Melopsittacus undulatus)* haben Optimalbereiche des Farbunterscheidungsvermögens bei Gelb bis Gelbgrün sowie Violettblau. Das adäquate optisch wirksame Signal für den zweiten Empfindlichkeitsbereich ist die blaue Schnabelwachshaut der Männchen. Auch bei dem Blaukehlchen *(Luscinia suecica)* ist eine zweigipfelige Farbenpräferenz nachgewiesen: der höhere Gipfel der Empfindlichkeit liegt bei Blau, der zweite bei Gelborange, während beim Rotkehlchen *(Erithacus rubecula)* der höhere Gipfel bei Orange, der niedrigere bei Blau liegt. Die Männchen der Schafstelze *(Motacilla flava)* zeigen für Gelb eine erhöhte Empfindlichkeit. PEIPONEN konnte wahrscheinlich machen, daß die bei den einzelnen Arten unterschiedliche Verteilung bestimmter Zapfenölkugeln in der Retina die Hauptmaxima mitbestimmt. Die spezifische Empfindlichkeit gegenüber bestimmten Farben ist verbunden mit besonderen Verhaltensmechanismen. Während der Brutzeit sind die gelben Männchen des Pirols

Abb. 31. Imponier- und Drohstellungen von (a) Rotkehlchen *(Erithacus rubecula)*, die große rote Brust demonstrierend; b) Blaukehlchen *(Luscinia suecica)*, den Kopf hochreckend, wodurch der blaue Brustfleck und der orangefarbige Stern hervorgehoben werden; (c) Schafstelze *(Motacilla flava)*, die gelben Brustfedern sträubend nach (LACK 1953, PEIPONEN 1960, SMITH 1950 aus PEIPONEN 1963).

(Oriolus oriolus) aggressiv gegenüber Objekten gelber Farbe; ebenso üben die arteigenen Farben bei Blaukehlchen, Rotkehlchen und Schafstelze aversive oder attraktive Wirkung aus, wobei bestimmte Verhaltensweisen während der Balz und der Territorialanzeige maximale Farbdemonstrationen ermöglichen (Abb. 31).

Rhythmische Darbietung optischer Signale wird bei einigen dunkelaktiven Arten durch Biolumineszenz erreicht. Ihre Leuchtorgane können nicht nur räumlich artspezifisch angeordnet sein, sondern auch durch bestimmte Zeitmuster Informationen übertragen. Dabei stellen jene südostasiatischen Arten einen Sonderfall dar, die in Gruppen leuchten und die Impulsmuster streng synchronisieren, wie es etwa von der Käfer-Gattung *Pteroptyx* bekannt ist.

Diesem Prinzip vergleichbar sind hormonal gesteuerte **Farbänderungen,** die dadurch zu Signalen für den physiologischen Status des Senders werden können (Abb. 32). Bei dem Guppy *(Lebistes reticulatus)* kann aus dem Farbmuster der Männchen auf den „Aktualspiegel" der Motivationen geschlossen werden, was sich auch darin bestätigt, daß bestimmte Färbungsmuster mit speziellen Balzbewegungen gekoppelt sind. Für das Männchen des Dreistacheligen Stichlings *(Gasterosteus aculeatus)* ist rot das Signal für aggressives Verhalten, wenn es ein Territorium besetzt hält und ein Nest errichtet hat. Die das Balzverhalten auslösenden Signale werden durch die optisch wirksame Kontur, wie sie laichreife Weibchen aufweisen, geliefert. Bei *Colisa lalia* sind die blauen Farben an Brust und Kehle Signale der Geschlechtskennzeichnung, auf die beide Geschlechter ansprechen (Männchen mit aggressivem Verhalten, laichreife Weibchen mit Annäherung). Auch die roten Vertikalstreifen scheinen Signalwirkung zu haben, während bei *Colisa fasciata* die dunklen Dorsal- und Analflossen wichtige Signale der Kennzeichnung der Männchen sind. Für derartige optisch wirksame Systeme an der Körperoberfläche liefern gerade

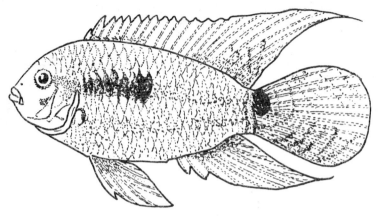

Abb. 32a. Kampffärbung bei *Aequidens portalegrensis.*

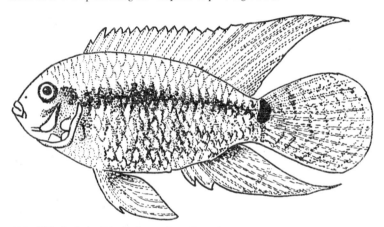

Abb. 32b. Inferioritätsfärbung derselben Art.

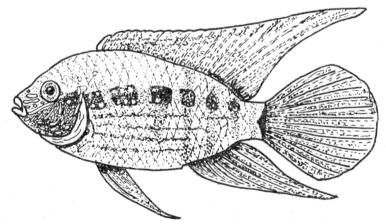

Abb. 32c. Kampffärbung bei *Aequidens latifrons.*

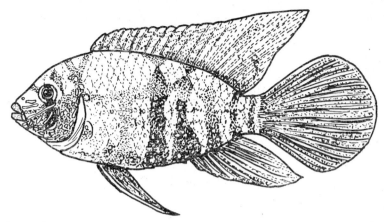

Abb. 32d. Inferioritätsfärbung derselben Art (nach Ohm 1960).

die Fische zahlreiche Beispiele, aber sie sind auch bei manchen Amphibien und stärker dann natürlich wieder bei den **Reptilien** wirksam, die in ihrer Phylogenie vornehmlich den optischen Kanal zur Informationsübertragung entwickelt haben. Hier sind daher neben Farbmustern auch sehr stark differenzierte motorische Muster ausgebildet, oft durch besondere Strukturen der Körperoberfläche und durch Körperstellungen in ihrer Prägnanz verstärkt. Rhythmische Bewegungsabläufe, wie feinschlägiges Kopfzittern oder Treteln, werden im Rahmen des agonistischen Verhaltens dargeboten. *Anolis*-Männchen spreizen rhythmisch die Kehlhaut, wenn sie einander begegnen; das kann Angriffs- oder Fluchtverhalten auslösen, während das Balzverhalten gegenüber paarungswilligen Weibchen mit Kopfnicken eingeleitet wird.

Wichtige Elemente optisch wirksamer Signalübertragung sind bei den **Singvögeln**:

1. Schnabelanheben
2. Schnabelsenken
3. Nestbau-Bewegungen
4. Flügelzittern
5. Federsträuben
6. Vorwärtsdrohen
7. Kopfhoch-Drohen
8. Bettelhaltung
9. Laterale Asymmetrie
10. Schreiten
11. Schwanzbewegungen
12. Flügelanheben (einzeln oder beide)

Dabei gibt es (besonders bei den vom Flug abgeleiteten Verhaltensweisen) zahlreiche Abwandlungen.

Die Ableitung solcher Signalsysteme ist oft schwierig. Bei den besonders bekannten und optisch sehr auffälligen Balzbewegungen der Phasianiden und Tetraoniden, die ja zumeist extrem sexualdimorph ausgestattet sind, hat Schenkel eine Herleitung vom „Zeremoniell der Futtervermittlung" versucht. Für die Pfauenbalz gibt er folgenden Ablauf an:

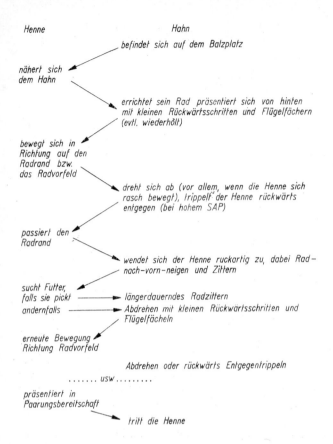

Henne   Hahn

befindet sich auf dem Balzplatz

*nähert sich
dem Hahn*

*errichtet sein Rad präsentiert sich von hinten
mit kleinen Rückwärtsschritten und Flügelfächern
(evtl. wiederhölt)*

*bewegt sich in
Richtung auf den
Radrand bzw.
das Radvorfeld*

*dreht sich ab (vor allem, wenn die Henne sich
rasch bewegt), trippelt der Henne rückwärts
entgegen (bei hohem SAP)*

*passiert den
Radrand*

*wendet sich der Henne ruckartig zu, dabei Rad –
nach–vorn–neigen und Zittern*

*sucht Futter,
falls sie pickt*   *längerdauerndes Radzittern*

andernfalls   *Abdrehen mit kleinen Rückwärtsschritten und
Flügelfächeln*

*erneute Bewegung
Richtung Radvorfeld*

Abdrehen oder rückwärts Entgegentrippeln

.... *usw* ....

*präsentiert in
Paarungsbereitschaft*

tritt die Henne

Die visuelle Signalübertragung hat bei den **Säugetieren** erst im Verlauf der Stammesgeschichte an Bedeutung gewonnen. Sie läßt sich am besten in drei optisch wirksame Grundsysteme unterteilen:

1. Somatomotorik, Koordination im Bereich des Rumpfes, der Extremitäten, des Schwanzes und der oberflächlichen Hautmuskulatur
2. Visceromotorik, Kopfschulter-Region (,,Mimik")
3. Vegetative Systeme, Vasomotorik, Pilomotorik, Iris (M. sphincter und M. dilatator).

Abb. 33. Motivations-spezifische Körperstellungen beim Feldsperling *(Passer montanus* L.). a) und b) Verschiedene Phasen des Kopfhochdrohens des Männchens gegen Rivalen: c) Männchen: ,,aufgeplusterte Paradebalz"; d) Männchen in ,,aufgeplusterter Balzhaltung"; e) Männchen: ,,Paradebalz" mit rhythmischer Lautfolge, hier ein ,,Kaspar-Hauser"; f) Männchen: ,,Paradebalz" vom Weibchen abgewandt, Fuß erhoben, Augenblinckern, Schwanzfächern; g) Männchen: Flügelzucken während der Balz, Flügel werden kurz über den Rücken erhoben, dann wird der entgegengesetzte Fuß angehoben: h) Weibchen in Paarungsaufforderung; i) Kopulation; k) Verteidigung des Ruheplatzes (geringe Intensität); l) Erhöhte Aggressivität (Zeichnungen HORNUFF nach Fotos aus G. DECKERT 1962 und 1968).

Visuell auffällige Strukturen oder Farben (z. B. auch Irispigmente) fördern die Wirksamkeit dieser Systeme. Die Zusammenhänge werden von sehr unterschiedlichen Faktoren mitbestimmt. Vorrangig ist dabei die „Rangordnung" der großen Kommunikationskanäle oder auch ihr Zusammenwirken. Ferner ist für das visuelle System der jeweilige Funktionszusammenhang wesentlich. So können manche Arten

Abb. 34. Territorialverhalten beim Trauerschnäpper *(Ficedula hypoleuca)*.
A) a: Imponierender Kaspar-Hauser. b: Einander animponierende Reviernachbarn.
c: Dasselbe wie b, nur wendet der untere dem oberen Gegner den Rücken zu.
B) Drohimponieren mit Kopfvorwärtshaltung (Abstand zeichnerisch verkürzt).
C) Die dem Anflug auf den Gegner voraufgehende Kopfvorwärtshaltung. D) a: Der
schnurgerade „Daanje-Flug" (Imponierflug nach LÖHRL) des angreifenden
Männchens. b: Der arteigene kurzbogige (Bögen zeichnerisch verkürzt) Flug des
Trauerschnäppers als „Gebrauchshandlung" (Fortbewegungsflug) (nach CURIO 1959).

in bestimmten Situationen (agonistisches Verhalten z. B.) durch Querstehen bestimmte Farb- und Zeichnungsmuster an den Körperseiten wirksam werden lassen,
während andere Situationen wieder Frontalstellungen erfordern, wobei Augen und
Mund spezielle Zentren der optischen Signale liefern, weil sie in besonderem Maße
zum „Blickfang" werden als Indikatoren für nachfolgendes Verhalten. Andererseits
kann eine verfeinerte Mimik durch starke Farb- und Zeichnungsmuster verdeckt
werden, so daß hier eine negative Korrelation zu bestehen scheint. Andere Verhaltensbezüge haben richtende und auslösende Funktionen, die auf den Hinterkörper
bezogen sind: so das Pflegeverhalten im Rahmen der Jungenaufzucht, das Fortpflanzungsverhalten oder das Fluchtverhalten bei gesellig lebenden Arten. So können

hier optisch effektive Bildungen entwickelt werden, die vielfach ihre Wirksamkeit durch rhythmische Darbietung erhöhen: weiße Afterfelder, die durch periodisches Schwanzanheben sichtbar werden, ebenso helle Schwanzunterseiten, aber auch helle Rückenfelder, die erst durch Aufrichten der Haare wirksam werden. Die Rangordnung optischer Signalsysteme wird aber auch durch die Lage der Rezeptoren am Empfänger bestimmt (Augen seitwärts stehend oder mit sich stärker überschneidenden Sehbereichen).

Von der **Somatomotorik** lassen sich wichtige visuelle Signalgeber von Gebrauchssystemen im Bereich des Nahrungserwerbes, der Komfortbewegungen, des **Schutzes** und der Verteidigung ableiten, gelegentlich auch vom Verhalten „Ruhe und Schlaf", Miktion und Defäkation sowie dem Fortpflanzungsverhalten. Vom Nahrungserwerb lassen sich vor allem ritualisierte Koordinationen des Bewegungsapparates ableiten (besonders Vorderextremitäten: Schlagen nach Beute, Ergreifen von Nahrung usw.). Von den Komfortbewegungen sind Verhaltensweisen wie das ritualisierte „Krallenschärfen", Wälzen, Schütteln einzelner Körperteile oder Kontaktreiben an vertikalen Strukturen herzuleiten, die bei verschiedenen Säugetieren als Signalhandlungen weiterentwickelt sind; hierher gehört auch das Halsdarbieten als Auslöser für das Fremdputzen (Abb. 12). Schutz und Verteidigung liefern die Ausgangsmotorik für andere Signalbewegungen, wie ritualisiertes Fluchtverhalten, Ducken, Rücken-

Abb. 35. Drohverhalten (Imponieren) bei (a) Nilgau *(Boselaphus indicus)*, (b) Hirschziegen-Antilope *(Antilope cervicapra)* und (c) Dybowski-Hirsch *(Cervus (Sika) nippon dybowskii)* (nach WALTHER 1964).

krümmen und andere Koordinationen, die bei verschiedenen Arten im agonistischen Verhalten auftreten. Gelegentlich können wohl auch Ruhe- und Schlafstellungen oder die sie einleitenden Verhaltensweisen (speziell das Niederlegen) ritualisiert und als optische Signalsysteme wirksam werden. Bei den Caniden kann das (vielleicht) auch optisch effektive Beinheben von der Miktion abgeleitet werden, während be-

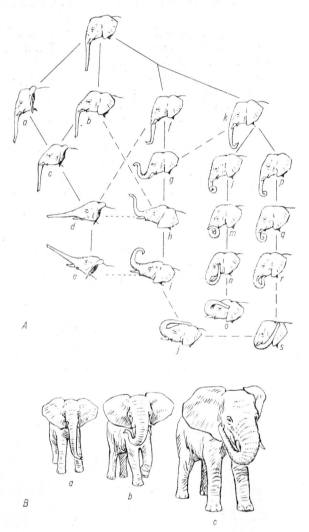

Abb. 36. A: Ausdrucksverhalten des Afrikanischen Elefanten *(Loxodonta africana)*: oben normale (konfliktfreie) Kopfhaltung. a: erregt, b: gespannt, f: offensiv, k: defensiv; die Pfeile deuten davon ableitbare Kombinationen an (d, e ist reine Aggression; r, s extreme Hemmung). B: Der sich dem Beobachter aggressiv nähernde Bulle hebt den Kopf und klappt die Ohren ab (a), kommt dann den Rüssel schwenkend näher, wobei er dessen Ende immer häufiger zum Kopf führt (b), bis er direkt vor dem (unerreichbaren) Beobachter damit an eine Schläfendrüse tastet (c) (nach KÜHME 1961).

Abb. 37. Ausdrucksformen bei Primaten. a) Zwergmeerkatze *(Miopithecus talapoin)*: Drohreaktion des Männchens zur Verteidigung der Familie. b) Schweinsaffe *(Macaca memestrina)*; adultes Männchen beim Erkennen eines Bekannten, das „Schweinsaffengesicht" machend. c) Santaram-Pinseläffchen *(Hapale humeralifer)*; Furchtreaktion mit schnellem Zungenvorstrecken bei einem adulten Weibchen. d) Tiefland-Gorilla *(Gorilla gorilla gorilla)*: Adultes Männchen beim Brusttrommeln. (Zeichnungen HORNUFF nach Fotos aus HILL in RENSCH 1968).

stimmte Schwanzhaltungen wohl von der Defäkation herzuleiten sind. Von den Gebrauchshandlungen des Fortpflanzungsverhaltens kann beispielsweise das „demonstrative" Aufreiten als ranganzeigendes Verhalten bei Caniden abgeleitet werden.

Die **Visceromotorik** liefert vor allem im Zusammenhang mit dem Nahrungserwerb die Grundlagen optisch wirksamer Signalsysteme, nur die äußeren Ohren dienen primär der Schall-Ortung, aber auch hier wohl in der Stammesgeschichte der Säugetiere anfangs vor allem im Dienst des Nahrungserwerbes. Der Nahrungserwerb erfordert zugleich im Bereich der Kopf-Hals-Region bestimmte Schutzbewegungen, die eine der entscheidenden Ursachen der Evolution der mimischen Signalbewegungen gewesen sein dürften. Die wichtigsten Muskelsysteme in diesem Bereich sind (Abb. 38): M. auriculo-labialis, M. frontalis, M. maxillo-naso-labialis, M. naso-labialis, M. orbicularis oculi, M. orbicularis, M. palpebralis, Platysma und M. zygomaticus. Auch bestimmte Kopfbewegungen im Zusammenhang mit dem Fressen wurden ritualisiert, so das seitliche Schütteln zum Abschleudern von Fremdkörpern von der Nahrung und damit diffug tendierend. Vertikale Kopfbewegungen (Abschlucken) haben vielfach affine Funktionen erhalten. Ähnliches gilt für die Ohrstellungen, deren Zuwendungen im Dienst optimaler Schall-Aufnahme (Beute) leicht ritualisiert mit entsprechendem feedback affine Funktionen im Informationsaustausch zwischen Artgenossen haben können, während das Anlegen der Ohren als Schutzverhalten

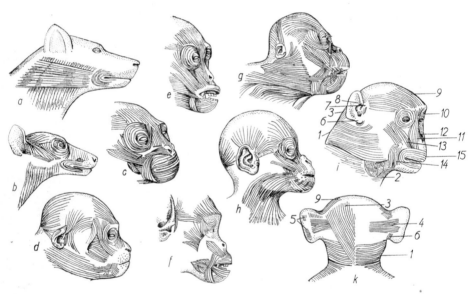

Abb. 38. a) Schema der beiden Hauptmuskel, aus denen sich die Gesichtsmuskulatur entwickelt hat: Sphincter colli (verticale Striche) und Platysma (horizontale Striche). b) bis h) Gesichtsmuskulatur von (b) *Lemur*, (c) *Ateles*, (d) *Hylobates*, (e) *Pan troglodytes* (oberes Lager), (f) *Pan troglodytes* (tieferes Lager), (g) *Pongo pygmaeus*, (h) *Gorilla* (nach HUBER 1931 aus LENNEBERG 1967): und (i) und (k): *Macaca mulatta*. Mimische Muskulatur: 1 Platysma myoides, 2 M. buccinator, 3 M. occipitalis, 4 M. auricularis posterior, 5 M. auricularis proprius, 6 M. tragoantitragicus, M 7. depressor helicis, 8 M. helicis, 9 M. frontalis, 10 M. orbicularis oculi, 11 M. naso-labialis, 12 M. procerus, 13 M. zygomaticus, 14 M. triangularis, 15 M. orbicularis oris (nach HÄNEL und TABBERT 1963).

bei der Nahrungsaufnahme durch diese Zuordnung im Gebrauchssystem auch in ritualisierter Form für ein diffuges Signal vorgeeignet ist. Ein langer Lippenspalt (M. zygomaticus, M. naso-labialis, Platysma) fördert den Einsatz des Gebisses beim Nahrungserwerb, auch hier ist dieses System präadaptiert zur Ritualisation in Richtung diffuger Wirkung („Zähnefletschen" bei Carnivoren, bei Cerviden auch nach Rückbildung der Eckzähne noch erhalten). Kurzer Lippenspalt (M. orbicularis oris) und verdeckte Zähne können im Reizkontrast affin werden, während der lange Lippenspalt mit verdeckten Zähnen eine typische Überlagerung beider Prinzipien darstellt, eine z. B. bei vielen Caniden, aber auch Equiden typische „Unterwerfungsgeste", ein ambivalentes Verhalten, bei dem sich affine und diffuge Motivationen superponieren. Solche Superpositionen können zu komplexen Mustern der Mimik mit vielen Abstufungen führen.

Auch im Bereich des Auges lassen sich ähnliche Prinzipien nachweisen, wobei zugleich optische Leistungen wie auch Funktionen des Schutzes dieses Rezeptors zusammenwirken. Schutzfunktionen bei Nahrungserwerb bedingen das Verengen des Lidspaltes bis zum völligen Schließen der Augen; das könnte affine Ritualisationstendenzen fördern, weil es sich mit extremer Annäherung an den Reizsender verbindet. Daneben sind aber noch verschiedene andere — noch unzureichend untersuchte — Bedingungen mitbestimmend, die vornehmlich in der Stellung des Bulbus wie auch in Änderungen der Pupillenweite ihren Ausdruck finden, wobei letztgenannte ja auch nur im Nahkontakt als optische Signale wirksam werden können.

Zu den vegetativen Syndromen mit optischer Signalwirkung gehören die schon erwähnten Veränderungen der Iris; vasomotorische Funktionen können über Durchblutungsänderungen bei bestimmten unbehaarten Körperstellen (Anogenitalregion bei Primaten z. B.) optisch wirksame Signale liefern. Weit verbreitet sind die Änderungen der Haarstellungen als optische Signale.

2.4.2.2. Der akustische Kanal

Akustische Signalsysteme leiten sich ab (1) von der Somatomotorik und (2) von vegetativen Systemen. Viele Bewegungen sind als Gebrauchshandlungen von Geräuschen begleitet. Das gilt besonders für die Arthropoden, deren Kutikula (s. S. 60) durch die zunehmende Härtung unter Einlagerung von „Sklerotin" (Tyrosinstoffwechsel: Arthropodin, mit Chinonen „gegerbt") oder auch von Kalksalzen hierfür günstige Voraussetzungen liefert. Diese Kutikula bildet ein Außenskelett, das der Muskulatur die Ansatzpunkte bietet. Durch verschiedenartige Gelenkkonstruktionen werden besonders die Artikulationen der Extremitäten festgelegt. Diese können Reibegeräusche erzeugen, die auch durch den Bewegungskontakt der Beine mit dem Körperstamm oder mit den Flügeln entstehen können. Teile des Körperstammes, in dem die Segmente freibeweglich bleiben, berühren sich bewegungsabhängig. Schließlich kommen auch die Verschmelzungsprodukte von Segmenten (Tagmata), wie Kopf, Prosoma, Thorax, Pereion (Krebse) und Hinterleib (Abdomen) bzw. Opisthosoma-Bildungen (Spinnentiere) untereinander bei der Fortbewegung in Kontakt und können dabei Geräusche erzeugen. Ferner können die Extremitäten, die mit der Bildung der Tagmata einen Funktionswechsel erfahren haben, wie Antennen, Cheliceren, Palpen, Mundwerkzeuge, beim Vollzug ihrer Gebrauchsfunktionen Begleitgeräusche erzeugen. Und endlich ergeben sich auch Geräusche bei der Bewegung auf bestimmten Substraten.

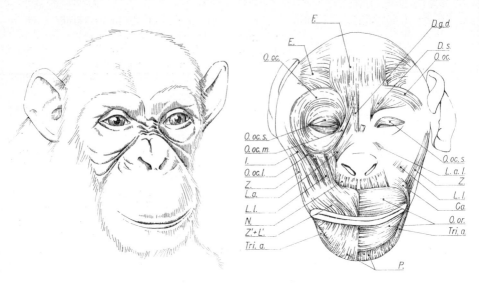

Abb. 39. a) Schimpanse *(Pan troglodytes)*, neutraler Gesichtsausdruck und Darstellung
der wichtigsten mimischen Muskelelemente. Ca = Caninus, D. g. d. = rechter Depressor
glabellae, D. s. = Depressor capitis supercilii, E = Epicranius temporo-parietalis,
F = Frontalis, I = Zwischenbündel zwischen Orbicularis oculi und Zygomaticus,
L. a. = Levator alae nasi, L. a. l. = Laterales Bündel des Levator alae nasi, L. l. =
Levator labii superioris, N = Nasalis, O. oc. = Orbieularis oculi, O. oc. m. = Mediales
Randbündel des Orbicularis oculi, O. oc. s. = Orbicularisbündel des oberen Lides,
O. or. = Orbicularis oris, P = Platysma, Tri. a. = Triangularis, vordere Portion,
Z = Zygomaticus, Z' + L' = Oberflächliche, aus dem Zygomaticus, den Zwischenbündeln
und dem Levator labii superioris gebildete Schicht, welche den Orbicularis der
Oberlippe bedeckt (Zeichnung Thorwardt, Orig. und nach Virchow 1915). b) Ausdrucks-
formen der Augenregion des Schimpansen, in (c) sind die wichtigsten motorischen
Elemente angedeutet; d) Ausdrucksform der Mundregion des Schimpansen, in (e) sind die
wichtigsten motorischen Elemente angedeutet. Bei beiden Funktionsgruppen wurde eine
„syntaktische Anordnung" versucht (Originalzeichnungen von Thorwardt nach Foto-
Vorlagen). In einer Korrelationsmatrix wurde bestimmt, welche orbitalen mit welchen
oralen Ausdrucksformen kombiniert auftreten (in dem vorliegenden Material). Wählt
man als Klassenindex die Summe der Anzahl der oralen Ausdrucksformen, die mit den
einzelnen orbicularen Ausdrucksformen kombiniert werden können + Anzahl der
orbicularen, die mit den einzelnen oralen kombiniert auftreten, kann man vier Klassen
unterscheiden: a = 1—4, b = 5—8, c = 9—12, d = 13—16, womit die zunehmende
Streubreite ausgedrückt wird. Ein niedriger Klassenwert kann also nur erreicht werden,
wenn eine Mundstellung nur mit einer (oder wenigen) Augenstellungen kombiniert
auftritt, die ihrerseits auch nicht mit mehr als einer (oder wenigen) Mundstellungen kombiniert
werden, so daß die Summe aller Kombinationsmöglichkeiten maximal 4 beträgt. Extrem
niedrige Werte haben die Mundstellungen I und XXI sowie die Augenstellungen 11 und 14
(wobei 14 und XXI die einzige Kombination zwischen den Ausdrucksbereichen
darstellen). Extrem variabel (Klasse e) sind unter den oralen Ausdrucksformen IV
und VII sowie auch VI (also geringer Informationsgehalt = große Streubreite) und
unter den orbicularen Ausdrucksformen 5, 2 und 4 (abnehmende Reihenfolge). Damit
wäre die Kombination IV/5 annähernd ein Neutralausdruck mit dem geringsten Informationsgehalt. Unter den oralen Ausdrucksformen (Mundstellungen) ist bei 42,8%
a+b > c+d, bei 14,4% ist a+b = c+d, und bei 42,8% a+b < c+d. Bei den

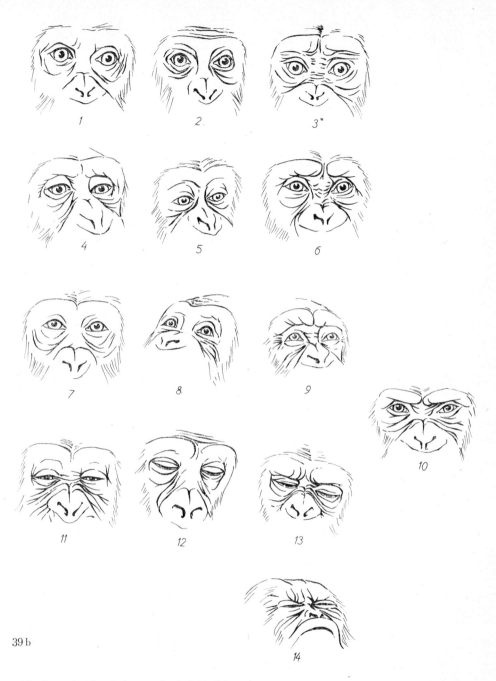

39 b

orbicularen Ausdrucksformen ist bei 71,4 % a + b > c + d, und bei 28,6 % a + b < c + d. Das bedeutet, daß bei den Augenstellungen die Klassen mit höherem Informationsgehalt stärker vertreten sind als bei den oralen Ausdrucksformen.

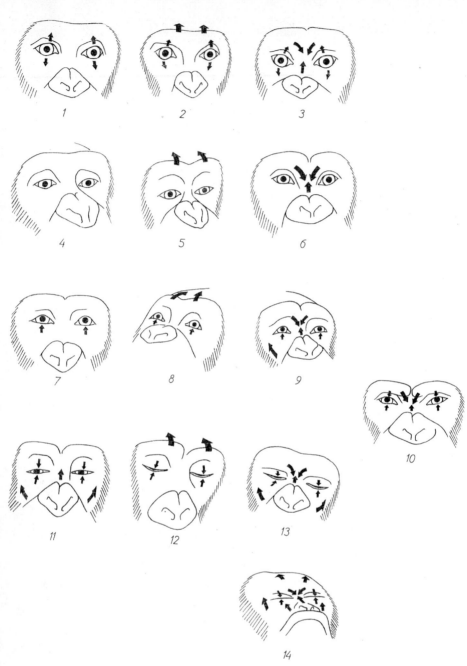

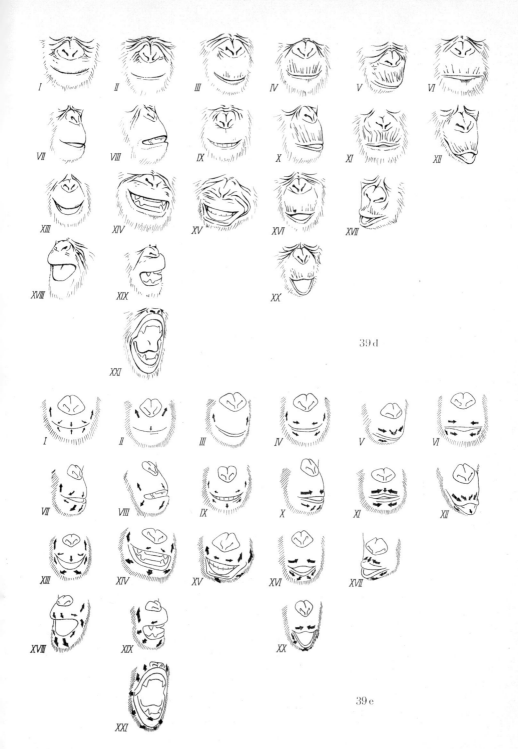

39 d

39 e

Auch bei Wirbeltieren, deren Körperdecke härtere Einlagerungen oder Abkömmlinge (Schuppen, Federn, Stacheln usw). aufweist, können in ähnlicher Weise bewegungsbedingte Begleitgeräusche entstehen. Diese sind jeweils von der Art der Motorik abhängig, und wenn diese wiederum bestimmten Erregungslagen des Nervensystems (also Verhaltensweisen) zugeordnet ist, dann können solche essentiellen Begleitgeräusche relativ leicht Signalcharakter erhalten, falls das Verhalten, das sie begleiten, eine spezielle Beziehung zu einem oder mehreren anderen Tieren herstellt. Das wiederum gestattet nach den bereits angedeuteten Prinzipien die Unterstützung distanzregulierender Verhaltensweisen im Komment durch Geräusche oder schließlich Laute auf Grund eines feedback-Mechanismus mit entsprechendem (positiv selektionierendem) Vorzeichen.

So sind tatsächlich bei den Arthropoden an annähernd allen Körperstellen, die durch Kontakt bei der Fortbewegung Begleitgeräusche erzeugen können, Organe entstanden, die diese Funktion verbessert haben. Sie arbeiten fast immer als „Stridulationsorgane", bei der eine Pars stridens (meist kammartig) über ein Plektrum (meist kantenartig) reibt.

Aber auch Bodenberührungen (Kopf oder Hinterleib oder Beine, seltener Mundwerkzeuge) sind rhythmisiert worden bis zu „Trommelwirbeln", wie sie etwa die Winkerkrabben mit ihren Scheren ausführen.

Ähnliches ist auch von Wirbeltieren bekannt, hier aber ungleich seltener, weil schon frühzeitig andere akustische Systeme entstanden sind. Rasseln, ja selbst Stridulation mit Schuppen, ist von Reptilien bekannt, aber auch bei Stachelschweinen (als diffuges System) ausgebildet. Trommeln oder Stampfen auf dem Substrat kommen ebenfalls bei Reptilien, vor allem aber bei verschiedenen Säugetieren vor.

Bei wenigen Gruppen ist noch ein anderes Prinzip der akustischen Informationsübertragung aus der **Somatomotorik** hervorgegangen. Hier handelt es sich um Begleitgeräusche, die im Körperinneren durch Muskelkontraktionen, oft auch unter Mitwirkung der zugeordneten Skelettelemente, entstehen. So erzeugen Honigbienen, Fliegen, Schmetterlinge und andere Insekten mit der komplizierten Flugmuskulatur Geräusche, die im Thorax entstehen, auch dann, wenn die Flügel noch gar nicht in Funktion sind. Schwingungen bestimmter Stellen der Körperwand, die schließlich zu schwingenden Membranen (Tymbal) umgewandelt wurden, erzeugen die Geräusche der Zikaden („Trommelorgane"). Vergleichbare Prinzipien sind auch von manchen Fischen bekannt, wobei die Schwimmblasenwand daran beteiligt ist. Hier können im komplizierten Kopf-Kiemenapparat, der sehr viele Einzelknochen enthält, auch Reibegeräusche entstehen, die bei manchen Gruppen funktionell geworden sind. Das gleiche gilt auch für verschiedenste Formen von Kaugeräuschen (bei Wirbeltieren speziell Zahngeräusche), die ihre Herkunft aus Gebrauchshandlungen im Dienst der Ernährung noch unschwer erkennen lassen.

Das leitet bereits zu den **vegetativen Systemen** über, bei denen vor allem die Atmung Begleitgeräusche erzeugen kann, die in Rhythmus und Intensität maßgeblich von der Systemlage des Nervensystems bestimmt werden und daher wiederum bestimmte Verhaltenssyndrome begleiten können. Damit ist auch hier der Weg zur Ritualisation gebahnt. Gerade auch in diesem Bereich ist das Prinzip der affinen und diffugen Grundfunktionen der Signalübertragung besonders deutlich. Vornehmlich die Wirbeltiere haben auf dieser Grundlage komplizierte Mechanismen der Lautgebung herausgebildet, wobei die Reptilien und Säugetiere vor allem den Larynx, die Vögel die Syrinx als Stimmapparat einsetzen; beides sind Differenzierungen der Luftröhre. Zahlreiche akzessorische Einrichtungen können als Schallverstärker, Resonanzsysteme und Modulatoren hinzukommen; sie alle stammen wiederum von Gebrauchssystemen ab und sind erst sekundär unter entsprechenden Umbildungen in den Dienst der akustischen Informationsübertragung getreten.

Die Prinzipien der akustischen Informationsübertragung werden durch folgende Faktoren bestimmt:

1. Distanzregulation zwischen Expedient und Rezipient.
2. Die anatomischen und physiologischen Eigenschaften der schallerzeugenden Systeme.
3. Die anatomischen und physiologischen Eigenschaften der schallaufnehmenden Systeme (Rezeptoren und zugeordnete neurale Mechanismen).
4. Funktionsbezug im Gesamtverhalten.
5. Die Schallausbreitung, -leitung und -reflektion beeinflussenden Eigenschaften des Lebensraumes.
6. Die allgemeine „Geräuschkulisse" (Rauschen) des natürlichen Lebensraumes.
7. Die Beschränkung der Wirksamkeit anderer Kommunikationsmittel.

Das **affine** System der akustischen Informationsübertragung dient a) der Regulation einer Nahdistanz und b) der Verminderung einer Ferndistanz. Die erste Gruppe liefert Kontaktlaute, die zweite Distanzlaute. Diese Lautformen zeigen eine Tendenz zur Stimmhaftigkeit, soweit sie unter Einsatz eines Atemstromes (Wirbeltiere) gebildet werden. Kontaktlaute sind arbiträr und redundant (ursprünglich neben anderen Kommunikationsprinzipien entstanden), ihre einzige Information dürfte zunächst die Kennzeichnung der Artzugehörigkeit gewesen sein. Sie sind „ungerichtet". Es sind kurze Laute (ein- bis mehrsilbig), oft wiederholt und relativ leise. Aus diesen Lauten haben sich die Distanzlaute entwickelt, die vor allem dann eingesetzt werden, wenn andere Kommunikationsmittel versagen. Hier geht der Faktor „Zeit" mit ein, die Spanne zwischen der Schallausstrahlung und dem ersten Effekt. Distanzverminderung erfordert Überwindung ethologischer Schranken und setzt oft eine „Umstimmung" voraus, so daß diese Laute eine „Primer"-Wirkung haben können. Die Wirksamkeit der Laute erfordert eine Zunahme des Informationsgehaltes, Artzugehörigkeit, Alter, Geschlecht, Individualstatus, physiologischen Status und vielleicht auch Umgebungs-Status betreffend. Die Wahrscheinlichkeit der Wirksamkeit dieser Distanzlaute ist mit dem mittleren Informationsgehalt korreliert. Der Faktor Zeit gibt die Möglichkeit, anstelle eines Parallelsystems (vgl. FLECHTNER) ein Seriensystem zu entwickeln, bei dem aufeinanderfolgende Signale die Nachricht codieren. Dies kann durch Lautdehnung, Nuancierung, Strophenbildung, Frequenzmodulation, Einbau einzelner Laute (damit Bildung heterotyper Rufreihen bis zu „Gesängen") erreicht werden.

Bei zahlreichen Tierarten gehören zum affinen System der akustischen Kommunikation **Informationen über den individuellen Status** („persönliches Kennen"). Hierfür gibt es verschiedene Hinweise und auch einige exakte Untersuchungen. Unter diesen lassen sich zwei methodische Ansätze unterscheiden. In einem wird nachgewiesen, daß sich Individuen einer Art signifikant in bestimmten Lautformen unterschieden. Damit wäre eine Voraussetzung für das individuelle Erkennen gegeben. Bei dem anderen Versuchsansatz wird über Attrappen nachgewiesen, daß bestimmte Individuen auf Laute anderer selektiv ansprechen. So konnte TSCHANZ (1968) zeigen, daß die Jungen der Trottellummen *(Uria aalge)* als Küken bereits im Ei lernen, individuelle akustische Merkmale der Elternlaute zu erkennen (obligatorisches Lernen) und ihre Reaktionen an diese zu binden. Durch experimentelles Abwandeln der angebotenen Lautattrappen zeigte sich, daß Impulslänge und Impulskadenz wohl die wichtigsten Informationen enthalten, die der Individualkennzeichnung dienen. TSCHANZ spricht von einer „Rufgestalt". Bei der amerikanischen Stahlmantelmöwe *(Larus atricilla)* fand BEER (1969) ähnliches. Hier konnten 6 Tage alte Küken ihre Eltern auf Grund des Rufes sicher von anderen Individuen der Kolonie unterscheiden.

Abb. 40 zeigt die „Gesänge" von zwei Exemplaren des Schopfgibbons *Hylobates (Nomascus) concolor*, die zwar den gleichen arttypischen Grundaufbau zeigen, sich aber eindeutig individuell unterscheiden, vor allem durch unterschiedliche Frequenzanteile, die es dem einen Individuum ermöglichen, über einen starken Tonhöhewechsel hinweg (mit sehr hohen Anteilen = Grundton steigt über 4000 Hz an) den zweiten und dritten Laut miteinander zu verbinden.

Das distanzvergrößernde Lautsystem nennen wir **diffug**. Hier stellt der Rezipient die Störgröße für den Expedienten dar, hier steht „Genauigkeit gegen Kürze": die Lautäußerung muß Releaser-Wirkung haben; positiv selektionierend sind daher solche Lautäußerungen, die sofort einen effektiven Rückzug des Rezipienten hervorrufen. Dazu müssen sie einen eindeutigen Reizkontrast zu den affinen Lauten aufweisen sowie Eigenschaften, die Adaptationen verhindern. Solche Defensivlaute haben Geräuschcharakter, sind kurz und werden „explosiv" geäußert, wenn sie voll ausgebildet sind. Hierbei lassen sich ebenfalls zwei Gruppen unterscheiden: a) diffuse Kontaktlaute und b) diffuse Distanzlaute. Die diffugen Kontaktlaute treten im agonistischen Verhalten **auf** und werden vom unterlegenen Individuum geäußert. Da hier der Partner sich in unmittelbarer Nähe befindet und der Verhaltensbezug nicht sofort zu seiner Entfernung führt, werden diese Laute oft wiederholt, doch unregelmäßig, um Adaptationen zu verhindern. Es sind wiederholte Stoßlaute („Keckern"), wie sie ebenso zwischen Meerkatzen wie Mäusen oder Füchsen auftreten, also parallel bei den verschiedensten Gruppen entwickelt werden (bei Orthopteren entspricht dem funktionell der „Schleuderzick" als Abwehrlaut und -bewegung bei nicht kopulationsbereiten Weibchen oder Männchen untereinander). Die diffugen Distanzlaute werden in Situationen geäußert, bei denen sich der Rezipient als Störgröße nähert, sobald er eine kritische Distanz unterschritten hat; sie werden nicht wiederholt (oder nur in großen Abständen) und sind meist mit vorstoßenden Bewegungen verbunden [beim Fuchs das „Stoßkeckern", entsprechende Stoßlaute (Explosivlaute) bei Tiger oder Gepard, bei diesen Raubtieren mit einem ritualisierten Beißdrohen kombiniert].

Eine Sonderstellung im diffugen System nehmen die „Warngeräusche" ein; sie sind wahrscheinlich ursprünglich dem Ruheverhalten zentralnervös zugeordnet und haben sich dann durch Ritualisation emanzipiert. Sie sind wieder arbiträr und haben die Funktion, die Unterschreitung einer bestimmten Distanz zu verhindern. Dementsprechend sind sie langgezogen und werden so lange geäußert, bis der Effekt erreicht ist; anderenfalls folgen die diffugen Distanzlaute. Zu der Gruppe dieser Warngeräusche gehören Lautformen wie das Zischen, Fauchen und Knurren.

Eine höhere Differenzierung ist funktionell in den **ambivalenten** Lautäußerungen gegeben; sie wirken auf bestimmte Individuen distanzvermindernd, auf andere distanzvergrößernd (Weibchen, Rivalen). Das wird entweder erreicht a) durch Parallelsysteme: Mischlaute, in denen sich affine und diffuge Lautsysteme überlagern, oder b) durch Seriensysteme, in denen solche Lautformen aufeinanderfolgen (Lautfolgen, Strophen, Gesänge, dann immer heterotyp, z. B. Lang- und Kurzlaute kom-

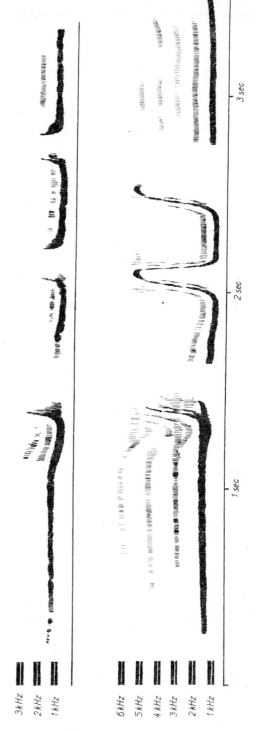

3 kHz
2 kHz
1 kHz

6 kHz
5 kHz
4 kHz
3 kHz
2 kHz
1 kHz

1 sec   2 sec   3 sec

Abb. 40. Sonagramme von Rufreihen zweier Männchen (Tierpark Berlin, Zoo Leipzig) vom Schopfgibbon (*Nomascus concolor*). Die Sonagramme zeigen individualtypische Ausprägungen der Lautsequenzen bei gleicher (artspezifischer) Grundstruktur.

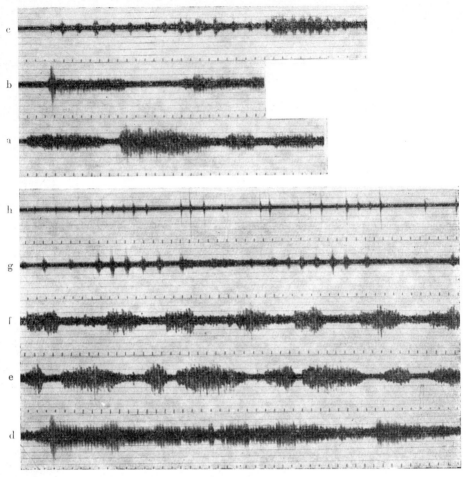

Abb. 41. Oszillogramme von Defensivlauten verschiedener Rodentia, Insectivora und Primates.
a) Goldhamster *(Mesocricetus auratus)*, b) Baumstachelschwein *(Erethizon dorsatus)*, c) Weißschwanzstachelschwein *(Hystrix leucura)*, d—f) Europäischer Igel *(Erinaceus europaeus)*, g) Afrikanischer Igel *(Aethechinus frontalis)*, h) Weißnasenmeerkatze *(Cercopithecus nicticans)* (nach Tembrock 1966).

biniert). Auch affine Kontakt- und Distanzlaute können in dieser Weise kombiniert werden, ebenso diffuse Kontakt-, Distanz- oder Warnsysteme. Hierfür ist das „Knurrbellen" (Bell-Laute von Knurren überlagert) bei Caniden ein Beispiel.

Bei den **Stridulations**geräuschen könnten folgende strukturbildende Systeme unterschieden werden:

1. Elementarschwingungen: sie werden durch die Resonanzfrequenz der stridulierenden Organe selbst bedingt.
2. Impulse: Sie entstehen durch Phasenwechsel oder kleine Pausen.

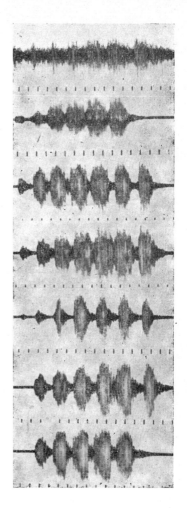

Abb. 42. Bellstrophe eines Fuchsrüden *(Vulpes vulpes)* vom ersten Lebensjahr bis zum letzten Lebensjahr (1954—1963). Oszillogramme, 1 Teilstrich = 0,1 s, Ablauf von l. nach r. (nach Tembrock 1965).

3. Silben: Sie sind eine Folge von Impulsen.
4. Verse: Sie sind eine Folge von Silben.
5. Strophe: Sie wird durch eine Folge von Versen gebildet.

Für die **Lautgebung der Wirbeltiere** lassen sich folgende wesentliche strukturbildende Komponenten unterscheiden:

1. Kurzlaute (im Gesang auch Elemente genannt) (unter 0,5 s)
2. Langlaute (über 0,5 s)
3. Kurzfolge (im Gesang auch Phrase oder Motiv genannt) (höchstens 5—6 Laute)
4. Langfolge (im Gesang auch Sentenzen genannt) (mehr als 5—6 Laute)
5. Strophe (sowohl Kurz- oder Langfolge möglich, aber immer als „Struktur" = „Zeitgestalt" festgelegt und von weiteren Strophen oder Lautfolgen durch Pausen getrennt)
6. Sequenz (mehr als eine Strophe; Strophenfolgen oder Kombinationen verschiedener höherer Einheiten, eine Einheit in gesetzmäßiger Folge bildend)

7. Gesang (Gesamtheit aller Lautkombinationen, die zusammenhängend geäußert werden)
   (Bei den Singvögeln werden hier noch unterschieden: a) Jugendgesang, b) Reviergesang, c) Herbstgesang und d) Wintergesang, wobei manche Autoren a allein oder auch a, c und d zusammen als „subsong" bezeichnen, während b auch Motivgesang (full song) genannt wird).

Eine pragmatische **Klassifikation der Vogelstimmen**, soweit sie kommunikative Funktionen haben, wurde kürzlich von THIELCKE (1970) vorgeschlagen:

— Laute oder Rufe
   a) Stimmfühlung
      1. Synchronisation der Küken in den Eiern
      2. Küken im Ei beeinflußt brütende Eltern
      3. Küken lernen ihre Eltern persönlich kennen
      4. Kükenrufe als Erkennungsmerkmal
      5. Zusammenhalt der Familie bei Nestflüchtern
      6. Zusammenhalt der Familie bei Platz- und Nesthockern
      7. Paar- und Schwarmzusammenhalt
      8. Laute vor Rast, Schlafen und Hudern
      9. Laute, die eine Nahrungsquelle anzeigen
   b) Aggressives Verhalten gegenüber Artgenossen
   c) Paarinterne Laute
   d) Füttern der Jungen
      1. Auslösen der Annahmebereitschaft
      2. Auslösen des Fütterns
   e) Bedrohung durch Feinde
      1. Gefahr für die Nachkommenschaft
      2. Gefahr für Altvögel
      3. Artgenosse in Gewalt des Räubers (distress-calls = Notrufe)
      4. Interspezifische Reaktionen auf Alarmrufe
      5. Entwarnung
— Gesang
   a) Revierverteidigung
   b) Weibchen-Anlocken
   c) Zusammenhalt der Paare
   d) Stimulation
   e) Synchronisation.

Über das Vorkommen von **Lautäußerungen im Tierreich** läßt sich zur Zeit folgendes sagen:

1. **Mollusca**: Bei Cephalopoden Lautstöße mit Frequenzen zwischen 1000 und 4000 Hz, Erzeugung noch unbekannt.

2. **Arthropoda**:
   a) Chelicerata: Trommeln (auf einem Substrat mit den Pedipalpen oder dem Opisthosoma) Stridulation, bisher sechs verschiedene Typen von Stridulationsorganen bekannt.
   b) Crustacea: Geräuscherzeugung ist bei den Cirripediern und Malacostracen bekannt. Ungefähr 50 Gattungen wurden bisher als Geräuscherzeuger beschrieben, die meisten davon sind Decapoden.
   c) Hexapoda: Geräuscherzeugung ist möglich durch (I) Begleitgeräusche bei der Bewegung, speziell der Thoraxmuskulatur, (II) Klopfgeräusche, (III)

Stridulation, (IV) Trommelorgane (Tymbalorgane) und (V) mit Hilfe eines Luftstromes. Diese fünf Typen verteilen sich wie folgt auf einzelne Gruppen: Odonata (III); Plecoptera (II); Orthoptera (I, II, III, V); Dictyoptera (II, III); Isoptera (II); Coleoptera (II, III, V); Hymenoptera (I, II, III, V?); Lepidoptera (I, II, III, IV, V); Diptera (I, III, V?); Psocoptera (II, III?); Thysanoptera (III); Homoptera (III, IV); Heteroptera (III). Insgesamt wurden etwa 23 verschiedene Typen von Stridulationsorganen beschrieben.

3. **Vertebrata**:

a) Teleostei: Generell können zwei Typen von Lauterzeugung unterschieden werden: (I) durch Stridulationsorgane (Reiben von Schlundzähnen, Zahngeräusche, Kiefergeräusche, Flossengeräusche und Kopf- und Wirbelsäulenbewegungen), (II) Schwimmblasenmechanismen. Die Stridulationsgeräusche liegen meist zwischen 50 Hz und 8 kHz, die Schwimmblasengeräusche zwischen 50 Hz und 1500 bis 2000 Hz (Hauptfrequenzen bei 100 bis 400 Hz). Bisher wurde Geräuscherzeugung bei etwa 27 Familien der Teleostei gefunden.

b) Amphibia: Die Lautgebung ist bei Urodelen selten, bei den Anura fast generell verbreitet. Sie kommt hier auf zwei Wegen zustande: (I) durch schwingende Knorpelstäbe und (II) durch den Larynx (Stimmlippen). Häufig sind Schallblasen vorhanden.

c) Reptilien: Folgende Typen der Lauterzeugung sind bislang bekannt geworden (I) Stridulation, mechanische Geräusche (Schuppen speziell am Schwanz); (II) Lautäußerungen vermittels des Darmkanals; (III) Lautäußerungen vermittels des Atemapparates, hier wären noch zu unterscheiden (1) Zischen und Fauchen, (2) Pfeifen, (3) Brummen und ähnliche Laute, (4) Piepen und Quietschen und (5) echte Stimmen.

d) Aves: Hier lassen sich ebenfalls mehrere Typen der Lauterzeugung unterscheiden: (I) Stridulationsgeräusche (Reiben von Federn gegeneinander); (II) Fluggeräusche; (III) Klopfgeräusche (auf dem Substrat, speziell mit dem Schnabel); (IV) Schnabelgeräusche (und Geräusche vermittels des Zungenbeines); (V) Laryngealgeräusche (meist Zischen und ähnliche Laute); (VI) Syringeallaute (echte Stimme). Generell können Rufe und Lautfolgen (hierher auch die Gesänge) unterschieden werden. Wichtige Situationen, in denen spezifische Rufe geäußert werden können, sind: Betteln bei Nesthockern, Störung, Revieranzeige (oder -verteidigung), Flucht, Nahrung, Nest, Schwarm, Angriff, allgemeiner Alarm oder spezieller Alarm (z. B. Luftfeind, Bodenfeind). Sonderfälle sind die Imitationen.

c) Mammalia: Die hier ebenfalls weit verbreitete Lauterzeugung kommt in verschiedenen Typen vor: (I) Klopfgeräusche (Stampfen, Trommeln am Boden usw.); (II) Kiefer- (Zahn-) Geräusche; (III) Stachel-Geräusche (Rasseln; (IV) Darmgeräusche; (V) Atemgeräusche; (VI) Laryngeallaute (echte Stimme). Akzessorische Einrichtungen im „Ansatzrohr" sowie Schallblasen und Luftsäcke können hinzukommen.

Einen Sonderfall der akustischen Informationsübertragung stellt die **Echo-Orientierung** (akustische Orientierung) dar, da hier Sender und Empfänger identisch sind. Bei den Teleostei gibt es gewisse Hinweise auf eine mögliche Orientierung im Schallfeld mittels des Seitenlinienorgans. Unter den Vögeln ist die akustische Echo-Peilung wohl nur ausnahmsweise entwickelt, so bei *Steatornis* und *Collocalia*. Unter den Säugetieren dagegen wurde bei sehr verschiedenen Gruppen diese Fähigkeit nachgewiesen: Insectivora (speziell Soricidae und Tenrecidae), Microchiroptera, einige Megachiroptera (Flughunde), einige Cetacea (speziell Delphine) und einige Pinnipedia *(Zalophus californianus)*. In den meisten Fällen handelt es sich um Ultraschall-Laute, die für die Echo-Peilung eingesetzt werden. Fledermäuse besitzen eine extrem hohe Empfindlichkeit für diese Laute, sie wurden für *Plecotus* und *Myotis* in der Hörbahn (über elektrische Potentiale) mit 2×10^{-4} dyn als Schwellenwert bestimmt. Besondere efferente Systeme (Ohrmuschel-Deformationen, Musculus stapedius) schützen dieses hochempfindliche System vor Überbelastungen. Spezielle Filtereinrichtungen ermöglichen die Ortung auch bei starkem Rauschpegel noch über den theoretisch zu erwartenden Wert hinaus. Elektrophysiologische Untersuchungen erbrachten zudem den Nachweis, daß reizspezifische Sensibilitätsänderungen nach Eintreffen des ersten Signals (im Sinne einer Optimierung) auftreten. In den akustischen Projektionsfeldern der Hirnrinde wurden Neurone nachgewiesen, die in sechs verschiedenen Typen auf frequenzmodulierte Signale ansprechen. Ebenso dürfte der bei den Fledermäusen sehr stark entwickelte Colliculus inferior die Selektivität für Frequenzen erhöhen.

2.4.2.3. Der taktil-mechanische Kanal

Informationsübertragung durch Berührungsreize ist vielfach verknüpft mit anderen Kanälen, speziell über chemische Reize, da ein unmittelbarer Kontakt zwischen zwei Tieren nur unter Überwindung starker Verhaltensschranken möglich ist. Es müssen also sehr genaue Informationen eine solche Kontaktnahme absichern, da sie bei Signaltäuschungen höchste Gefährdung für den Rezipienten bedeuten kann. Im wesentlichen sind diese Schranken nur im Rahmen des Fortpflanzungsverhaltens zu überwinden, soweit es sich um zweigeschlechtliche Fortpflanzung mit direkter Samenübertragung handelt. Zwischen solchen Partnern kann dann aber auch in anderen Funktionskreisen Körperkontakt auftreten, wie etwa beim Ruhen oder im Komfortverhalten („soziale Hautpflege").

Im Rahmen des Fortpflanzungsverhaltens haben die taktilen Signalsysteme wohl zwei Grundfunktionen:

1. Sie hemmen die normalerweise bestehenden Abwehrmechanismen, die bei Körperkontakt außerhalb des Fortpflanzungsverhaltens aktiviert werden,
2. sie steuern das Begattungsverhalten raumzeitlich.

Vielfach sind durch Bau und Lage der Kopulationsorgane komplizierte Begattungsstellungen erforderlich, deren Einregelung vor allem taktil gesteuert wird. So sind bestimmte **Mechanorezeptoren** entsprechend angeordnet, und ihre Leistungsprinzipien gestatten nicht nur gegebenenfalls die Information über das Geschlecht des Partners, sondern ordnen auch den Bewegungsablauf im Wechselspiel der Partner. Auch können bestimmte Körpervibrationen (z. B. bei Schwanzlurchen, Urodela) den Männchen den physiologischen Status des Weibchens anzeigen. Bei manchen Libellenarten ist der Zangengriff der Männchen, durch den das Weibchen in der Nacken-Thorax-Region gefaßt wird (im einzelnen unterschiedlich), das „Schlüsselverhalten", durch welches über den weiteren Ablauf entschieden wird. Bei einzelnen Arten ergreifen die Männchen sogar Männchen anderer Arten, so daß erst mit diesem Verhalten die Informationen über Art und Geschlecht des Partners gewonnen werden. Skorpion-Männchen, denen man die eigenartigen am Hinterleib (Opisthosoma) liegenden „Kämme" (Mechanorezeptoren) entfernt hat, balzen zwar noch, kopulieren aber nicht mehr. Hier liegen phasische Rezeptoren, die auf Frequenzen bis über 100 Hz ansprechen. Bei Insekten sind die entsprechenden Rezeptoren vor allem Haarsensillen. Das sind Hautsinnesorgane, denen ein kutikulares Haar zugeordnet ist, das mit einer oder mehreren Sinneszellen in Verbindung steht, wobei diese Sinneszellen noch besondere terminale Hilfseinrichtungen aufweisen können. Bei manchen Arten ließ sich nachweisen, daß eine Ausbiegung von etwa 2° schon genügt, um ein Rezeptorpotential auszulösen. Auch die Geschwindigkeit und der Grad der Ausbiegung können spezielle Informationen vermitteln (durch Änderung des Potentials).

Auch die spezifischen **Propriorezeptoren** können durch Kontrolle bestimmter Bewegungsmuster Berührungsreize mit den Antennen, Mundwerkzeugen oder Beinen steuern und regeln. Die Propriorezeptoren werden bei den Arthropoden meist in zwei Gruppen unterteilt: (1) Chordotonal-Sensillen, (2) multipolare Neurone. Bei der Vogelspinne *Eurypelma hentzi* fand RATHMEIER vier Leistungen der Gelenkrezeptoren bei der Vermittlung von Informationen für:

a) Einsetzen einer Beinbewegung
b) Richtung dieser Bewegung
c) Geschwindigkeit dieser Bewegung
d) Dauerstellung im Anschluß an diese Bewegung.

Es wird vermutet, daß dieser Informationsfluß für bestimmte Verhaltensweisen im Zusammenhang mit der Balz und dem Drohen wesentlich ist.

In der Haut der Wirbeltiere liegen zahlreiche Typen von Mechanorezeptoren: freie Nervenendigungen, Endkörperchen mit Bindegewebskapseln, sog. Pacinische Tastkörper, sensible marklose „C-Fasern", diese bei den Säugetieren besonders in den Haarfollikeln. Es werden Haar- sowie Berührungs- (Druck-) Rezeptoren unterschieden. Es gibt Elemente, die bereits bei einem Druck von 0,025 g auf 0,25 mm^2 Hautfläche ansprechen. Außerdem sind markhaltige „A-Fasern" beschrieben. Auch bei den Schnurrhaaren (Vibrissen) kann die Einwirkungsrichtung auf die Ausbiegung der Haare bestimmt werden; es geschieht zentralnervös in bestimmten Rindenfeldern unter Verrechnung der Intensitätsdifferenzen.

Einen Sonderfall stellen die **Vibrationen des Untergrundes** dar, die ebenfalls über Mechanorezeptoren registriert werden können. Dafür haben Insekten besondere Organe, die unterhalb des Gelenkes zwischen Femur und Tibia liegen (Subgenualorgane). In der Kommunikation sind daher gerade bei Insekten auch Verhaltensmuster nicht selten, durch die Untergrundschwingungen entstehen (Honigbiene, Termiten, Staubläuse, manche Käfer, Schaben). Bei den Spinnen können über die Netze derartige Informationen von Tier zu Tier übermittelt werden.

2.4.2.4. Der chemische Kanal

Die chemische Informationsübertragung ist im Tierreich außerordentlich weit verbreitet. Ein wesentlicher Grund hierfür besteht darin, daß viele Tierarten bei Gebrauchshandlungen im Dienst des Nahrungserwerbes chemische Informationen auswerten und dazu geeignete Rezeptoren entwickelt haben, der „Geruchssinn" also sehr elementar ist. Daher ist relativ leicht die Möglichkeit gegeben, daß chemische Informationen auch in den Dienst der Kommunikation treten, also zu Signalen werden. WILSON und BOSSERT bezeichnen im Anschluß an KARLSON und LÜSCHER chemische Substanzen im Dienst der Kommunikation als Pheromone und geben folgendes Schema der Wirkungsprinzipien:

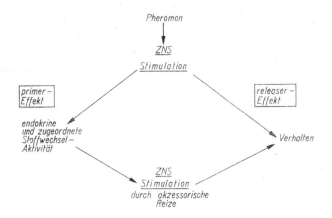

Das Pheromon kann der Primärreiz sein, durch den eine sofortige Veränderung des Verhaltens hervorgerufen wird (releaser-effect), oder es wirkt langsamer und indirekt über eine physiologische Änderung des Status (primer-effect). In diesem Fall wird das Verhalten gewöhnlich nicht durch das Pheromon beeinflußt, sondern durch zusätzliche äußere Reize, etwa während der Paarung oder der Jungenaufzucht. Das Pheromon kann demnach den Hormonspiegel verändern und damit für die Rezeptoren die spezielle „Bereichseinstellung" bestimmen, durch die sie für bestimmte Kennreize oder Reizmuster besonders empfindlich werden und damit spezifische Verhaltensmuster in Gang setzen können.

Die **Codierung** chemischer Informationen kann generell auf vier Wegen erfolgen:
1. Chemische Konstitution
2. Molekulare Oszillationen
3. Räumliche Verteilung der Informationsträger
4. Zeitliche Verteilung der Informationsträger.

Ohne einen zusätzlichen Transport über bewegte Luft kann ein frei abgegebenes Pheromon als Zeitmuster auf Entfernungen von mehr als einem Meter nach Bossert weniger als 0,1 bit/s übertragen. Der Grenzwert für bei Luftströmung (also in Windrichtung) möglicher Informationsübertragung über mehrere Meter wird mit mehr als 100 bit/s veranschlagt. Beim Schwammspinner *(Porthetria dispar)* wird die maximale Emission auf 10^{13} Moleküle geschätzt. Untersuchungen über Elektroantennogramme (EAG) bei diesen Schmetterlingen haben ergeben, daß im allgemeinen 100 Treffer/s die Reizschwelle pro Sinneszelle angeben.

Die **Releaser-Wirkung** chemischer Informationen läßt sich in Anlehnung an Dethier folgendermaßen einteilen:
1. Echte Attraktivstoffe, die Bewegungen auf den Expedienten hin auslösen (affine Systeme).
2. Repellents, die Bewegungen vom Expedienten weg auslösen (diffuge Systeme).
3. Bewegungs-Stimulationen, die eine ungerichtete Zunahme der Bewegungen auslösen.
4. Auslöser (Kennreize liefernd), die spezifische Erbkoordinationen auslösen.
5. Hemmstoffe, die bestimmte Verhaltensweisen hemmen.
6. Bewegungs-Hemmstoffe (arrestants), die eine Einstellung der Bewegung hervorrufen.

Die Wege, auf denen chemische Substanzen zwischen den Kommunikanten wirksam werden, sind bei verschiedenen Tiergruppen sehr unterschiedlich und weitgehend in der Stammesgeschichte durch Lebensraum und Lebensweise jeweils bestimmt. Neben der Ausbreitung auf dem Luftwege besteht die Möglichkeit zur Markierung bestimmter Strukturteile im Lebensraum durch „Duftmarken" oder durch Absetzen von Geruchsstoffen auf bestimmten Wegstrecken (Duftspur-Legen). Schließlich können Pheromone auch unmittelbar von Tier zu Tier übertragen werden. Dabei werden sie entweder durch Geruchs- oder Geschmacksrezeptoren aufgenommen oder aber auch über die Körperoberfläche bzw. bestimmte Regionen der Haut. Sie können dann über die Blutbahn im Körper an die Wirkstätten gelangen oder auch direkt auf das Nervensystem einwirken. In vielen Fällen fehlen genauere Kenntnisse hierzu, auch sind erst wenige **Pheromone** chemisch bekannt. Das gilt besonders für die Sexualpheromone. Bei diesen werden die im Körperkontakt aktiven auch als Aphrodisiaka bezeichnet.

Die vom Seidenspinner *Bombyx mori* abgesonderte Substanz, das Bombykol, hat folgende Summenformel:

$$CH_3-(CH_2)_2-CH=CH-CH=CH-(CH_2)_8-CH_2-OH$$

Beim Schwammspinner *Porthetria dispar* handelt es sich um das Gyplur:

$$CH_3-(CH_2)_5-CH-CH_2-CH=CH-(CH_2)_5-CH_2-OH$$
$$|$$
$$O-C-CH_3$$
$$\qquad \quad O$$

Die „Queensubstance" der Honigbiene *(Apis mellifera):*

$$\quad O \qquad\qquad O$$
$$CH_3-C-(CH_2)_5-CH=CH-C-OH$$

Folgende Alarmsubstanzen wurden bisher von Ameisen beschrieben:

$$CH-C-CH_2-CH_2-CH=C-CH_2-CH_2-CH=C-CH_3$$
$$|\quad\quad\quad\quad\quad\quad\quad\;|\quad\quad\quad\quad\quad\quad\quad\;|$$
$$CH\;\;\;CH\quad\quad\quad\quad\quad CH_3\quad\quad\quad\quad\quad CH_3$$
$$\;\;\;\backslash\;/$$
$$\quad O$$

Dendrolasin
(Dendrolasius fuliginosus)

$$CH_3\qquad\qquad\qquad CH_3$$
$$\;\;\backslash\qquad\qquad\qquad\quad |$$
$$\quad C=CH-CH_2-CH_2-C=C-CHO$$
$$\;/$$
$$CH_3$$

Citral
(Atta rubropilosa, Acanthomyops claviger)

$$CH_3\qquad\qquad\qquad O$$
$$\;\;\backslash$$
$$\quad C=CH-CH_2-CH_2-C-CH_3$$
$$\;/$$
$$CH_3$$

Methylheptanon
(Dolichoderinae)

$$CH_3\qquad\qquad\qquad O$$
$$\;\;\backslash$$
$$\quad CH-CH_2-C-CH_2-CH_2-CH_3$$
$$\;/$$
$$CH_2$$

Propylisobutylketon
(Tapinoma)

$$CH_3 \diagdown$$
$$C{=}CH{-}CH_2{-}CH_2{-}CH{-}CH_2{-}CHO$$
$$CH_3 \diagup \qquad\qquad \underset{|}{CH_3}$$

Citronellal
(Acanthomyops claviger)

$$CH_3{-}CH_2{-}CH_2{-}CH_2{-}CH_2{-}\overset{O}{\underset{}{C}}{-}CH_3$$

2—Heptanon
(Iridomyrmex pruinosus)

Für die Zibethkatze *(Viverra zibetha)* wird folgende Substanz (das Civeton) angegeben:

$$CH{-}(CH_2)_7$$
$$\qquad\qquad \diagdown CO$$
$$CH{-}(CH_2)_7$$

Und für das Moschustier *(Moschus moschiferus)* das Muskon:

$$CH_3$$
$$|$$
$$CH{-}\!\!-\!\!-\!\!-CH_2$$
$$|\qquad\qquad |$$
$$(CH_2)_{12}{-}CO$$

Bei den Säugetieren lassen sich die chemischen Kommunikationsprinzipien (nach SCHULZE-WESTRUM) wie folgt zusammenfassen:

Kommunikation durch

individuell differenzierte Düfte		Artdüfte	
innerartlich	zwischenartlich	innerartlich	zwischenartlich
1. Persönliches Erkennen	1. Persönliches Erkennen eines Artfremden	1. Erkennen eines Artgenossen	1. Erkennen eines Artfremden
2. Anonymes Erkennen der Sippen- oder Gruppen- zugehörigkeit	2. Anonymes Erkennen einer artfremden Gruppe	2. Geschlechts- unterscheiden und sexuelle Stimulation	2. Erkennen als Beuteobjekt
3. Aggression gegen sippen- oder gruppenfremde Artgenossen		3. Anonyme Rivalenabwehr	3. Erkennen als Feind
4. Aufbau und Einhalten einer Rangordnung		4. Altersunter- scheiden	4. Feindabwehr
		5. Anonyme Mutter-Kind- Beziehung	

Die Lage der **Drüsen** ist bei den einzelnen Tiergruppen sehr unterschiedlich. Sie ist teilweise bedingt durch das „Ausgangsmaterial", aus dem die Signalsysteme hervorgegangen sind, zum anderen mitbestimmt von der speziellen Leistung und dem Übertragungsweg der jeweils abgegebenen Substanz. Für die Ameisen (und einige andere Hymenopteren) lassen sich folgende Drüsen angeben, die aber nicht alle gleichzeitig bei einer Art entwickelt sind:

Mandibulardrüsen (bei Ameisen Alarmsubstanzen)
Labialdrüsen (Futtersubstanzen für Larven und „Königin")
Rektaldrüsen (vielleicht Substanzen zum Spurenlegen)
Analdrüsen (Alarmsubstanzen)
Pavan-Drüsen (Spur-Substanzen, nur bei den Dolichoderinae)
„Echte" Giftdrüsen
Dufoursche Drüsen (Spur-Substanzen).

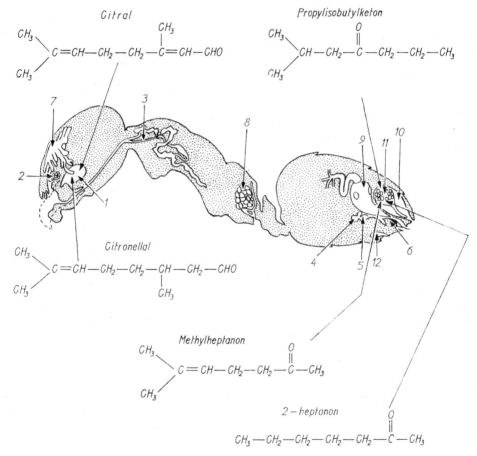

Abb. 43. Schema einiger Pheromon-Drüsen bei Ameisen.
1 = Mandibulardrüse, 2 = Hypopharyngealdrüse, 3 = thorakale Labialdrüse,
4 = Giftdrüse, 5 = Reservoir der Giftdrüse, 6 = Dufoursche Drüse,
7 = Postpharyngealdrüse, 8 = Metapleuraldrüse, 9 = Rektalblase (als Pheromondrüse nicht sicher), 10 = Analdrüse, 11 = Reservoir der Analdrüse (nach WILSON 1965, verändert aus MARLER und HAMILTON 1966), 12 = Pavansche Drüse.

Bei der Honigbiene ist noch die Nassanovsche Drüse wichtiger Pheromonproduzent, deren Produkte wohl als sog. „Oberflächen-Pheromone" wirksam werden. Die Königin der Honigbiene scheint in den Mandibulardrüsen neben zahlreichen anderen Substanzen auch eine Fettsäure zu produzieren, die offenbar Schwarmtrauben stabilisiert. Gerade die hochkomplexen sozialen Strukturen dieser und der anderen „staatenbildenden" Insekten werden durch ein Zusammenspiel verschiedener Pheromone entscheidend raumzeitlich gesteuert, wobei auch Entwicklungs- und Reifungsprozesse beeinflußt, gehemmt oder synchronisiert werden können. Auch die Hemmung der Gonadenreifung bei Arbeiterinnen geht auf Pheromon-Wirkungen seitens der Königin zurück.

Bei den Säugetieren können ebenfalls zahlreiche Drüsen Pheromone absondern, die wichtige chemische Informationen übermitteln, so die Präputialdrüsen, Analdrüsen, Perinealdrüsen, Schweißdrüsen, gewisse apokrine Drüsen (z. B. in den Achselhöhlen des Menschen), Anteorbitaldrüsen, Suborbitaldrüsen, Interdigitaldrüsen, Plantardrüsen. Letztere können durch ihre Anordnung Muster am Substrat liefern, die einem Artgenossen auch über die Bewegungsrichtung Auskunft geben. Vielfach werden auch bei der Miktion und Defäkation besondere Stoffe abgegeben, etwa Steroidhormone. Bei Ratten ließ sich nachweisen, daß die Männchen den Harn östrischer Weibchen noch in einer Verdünnung von 1 Teil Harn auf 100000 Teile desodoriertes Wasser perzipieren können (als niedrigste Schwelle).

2.4.2.5. Das Sexualsystem

Der organismische Systembezug im Sexualsystem erfordert eine Unterteilung in zwei Subsysteme:

— Partnersystem
— Rivalensystem

Beide stehen unter einem grundsätzlich verschiedenen Vorzeichen: Das **Partnersystem** ist affin, es erfordert extreme Distanzverminderung zwischen den Fortpflanzungspartnern bis zur Kontaktkommunikation, wenn Kopulationsverhalten im Dienst der Gametenübertragung erforderlich ist. Das **Rivalensystem** ist diffug, es ist funktionell auf Distanzvergrößerung eingestellt, auch wenn es über eine Kontaktkommunikation (als Initialphase) gehen kann, die sich hier als agonistisches Verhalten (Aggression, Kampf usw.) vollzieht. Bei vielen Tierarten kommt es zu einer Interferenz beider Subsysteme. Das beruht darauf, daß es bei ihnen generell eine Distanzverminderung bis zur Kontaktnahme, wie sie die Kopulation erfordert, Verhaltensweisen auslöst, die dem entgegen stehen, weil bei diesen Arten sonst kein physischer Kontakt zwischen erwachsenen Tieren vorkommt. Die „sexuelle Appetenz", die beiden Subsystemen unterlagert ist, erzwingt aber diese Kontaktnahme; so können komplexe Verhaltensmuster auftreten, wie etwa bei manchen Raubtieren (z. B. Katzen), bei denen zusätzlich bei der Kopulation seitens des Männchens Verhaltenselemente (z. B. Nackenbiß) eingesetzt werden, die in anderen Funktionsbezügen (Kontext) zum agonistischen Verhalten gehören. Daraus erklärt sich, daß im Partnersystem häufig Verhaltensmuster als Signalhandlungen auftreten, die sich aus einer Überlagerung von affinen und diffugen Elementen ableiten, wobei die affinen im Dienst der Gebrauchshandlung der Gametenübertragung stehen, während die diffugen der passiven (Ausweichen, Flucht) oder aktiven (Aggression) Distanzvergrößerung dienen.

Das Rivalensystem ist ein Populations-Phänomen, das Partnersystem dient letztlich der **Gametenübertragung**. Diese wird durch bestimmte Gebrauchshandlungen vollzogen, die an spezielle Gebrauchsstrukturen (Begattungsorgane) gebunden, sind. Dabei lassen sich folgende prinzipiellen Möglichkeiten unterscheiden:

— Beide Geschlechter geben Gameten an das Medium (Wasser) ab, die Gametenkopulation erfolgt über chemische Informationen.

— Ein Geschlecht (gewöhnlich das männliche) gibt seine Gameten an das Wasser ab. Diese gelangen in den Körper des weiblichen Gametenträgers und suchen hier die Gameten auf.

— Ein Geschlecht (gewöhnlich das männliche) gibt die Gameten mit einem Gametenträger (z. B. abgelöste Körperteile) an das Medium (Wasser) ab, und dieser sucht das Weibchen auf.

— Die Gameten werden am Substrat (Boden) abgesetzt und vom anderen Partner aufgenommen (sog. indirekte Spermaübertragung).

— Die Gameten (oder Gametophoren, hier immer Spermatophoren = Behälter mit zahlreichen Spermien) werden an einer beliebigen Stelle außen am Fortpflanzungspartner abgesetzt und dringen aktiv durch die Körperwand ein.

— Es bestehen besondere Einrichtungen zur Gametenübertragung an morphologisch differenzierten Stellen des Körpers.

Im allgemeinen weist der Gametenträger erst bei den drei zuletzt genannten Prinzipien der Gametenübertragung besondere Gebrauchshandlungen auf. Das Partnersystem hat eine für die Evolution hervorragende Bedeutung in Hinblick auf die Gen-Verteilung in Populationen. Daher werden die Gebrauchshandlungen von zusätzlichen Signalhandlungen umrahmt, so daß in diesem Kontext vielseitige Leistungen der Kommunikation entwickelt worden sind. Mögliche Informationen, die im Zusammenhang mit der Fortpflanzung übermittelt werden können, sind:

— Geschlechtsspezifität
— Altersspezifität
— Artspezifität
— Individualspezifität
— Motivationsspezifität (physiologischer Status)
— Umgebungsspezifität

Alle großen Informationsübertragungs-Kanäle werden benutzt, der chemische ist in diesem Kontext der älteste (Gametenkopulation). Oft sind verschiedene Wege kombiniert.

Bei der chemischen Informationsübertragung werden in diesem Zusammenhang vorrangig unterschieden:

— Gamone, Fertilisine (Befruchtungsstoffe)
— Aphrodisiaka (Stimulatoren für die Kopulation)
— Sex-Attraktants (auch Geschlechts-Pheromone, Geschlechts-Attraktivsubstanzen oder Sex-Appellants genannt).

Wichtige Leistungen der Signalsysteme sind

— **Synlokalisation** der Sexualpartner (Zusammenführen an einem Ort)
— **Synchronisation** der Sexualpartner (physiologische und ethologische Abstimmung)

Ein Beispiel hierfür sei das Schema der Balzhandlungen bei Molchen *(Triturus)* (vgl. PRECHT 1951):

Männchen	Weibchen
	Duftstoff, den ein brünstiges Weibchen in das Wasser abgibt
Auslösung der Suchappetenz, Witterungsstellung	
	Signalbewegungen, Vibrationen Sichtsignale
Aufsuchen des Weibchens (Vibrationssinn, optischer Sinn) (aktiver affiner Status)	
	Abgabe von Duftstoffen
Einstellung zum Weibchen, „Wittern" (Empfang der chemischen Signale)	
Schwanzwedeln, zuweilen auch Schwanzschlag	Orientierung zum Männchen (rheotaktisch = Vibrationen, optisch)
optische Signalbewegungen (sekundäre Geschlechtsmerkmale)	Bewegung zum Männchen (aktiver affiner Status)
Wendung am Ort (stationärer Status), Absetzen der Spermatophore	Folgt dem Männchen, nimmt Spermatophore auf.

2.4.2.6. Das Pflegesystem

Das Pflegesystem umfaßt alle verhaltensgesteuerten Vorgänge zwischen „Donator-Individuen" (den Pflegenden) und „Akzeptor-Individuen" (den Gepflegten) im Zusammenhang mit der Generationsfolge. Damit sind Phänomene angesprochen, die mit den „klassischen" Begriffen Brutfürsorge, Brutpflege, Jungenaufzucht und ähnlichen Kennzeichnungen umschrieben werden. Es handelt sich um ein System mit gerichteten, nicht umkehrbaren (irreversiblen) Transformationsprozessen, die im Normalfall vom erwachsenen (adulten) Individuum zum sich entwickelnden (infantilen) Individuum verlaufen. Informationsfluß und Verhaltensabläufe werden dabei wesentlich durch folgende Bedingungen mitbestimmt:

— Isomorphie zwischen Donator- und Akzeptor-Individuen (Übereinstimmung in den Grundlagen der Strukturordnung; trifft für die meisten Wirbeltiere zu, deren Junge während der Pflegezeit kontinuierlich „heranwachsen")

— Anisomorphie zwischen Donator- und Akzeptor-Individuen (prinzipielle Unterschiede in den Grundlagen der Strukturordnung; die Jugendstadien werden dann meist als „Larven" bezeichnet, das gilt besonders für Insekten)

— Statussystem (vgl. S. 163); z. B. Akzeptor-Individuen im stationären Status („Nesthocker", aber auch Eistadien)

— Nahrungssystem, speziell Stoffwechselanforderungen der Akzeptor-Individuen (z. B. „einmalige Verproviantierung" oder „laufende Versorgung" durch Donator-Individuen)

— Störsystem (Schutzmaßnahmen = Präventivverhalten bzw. aktuelle Beseitigung von Störgrößen, z. B. Defensivverhalten, auch Körperpflege am Jungtier = Fremdputzen (Allopreening)

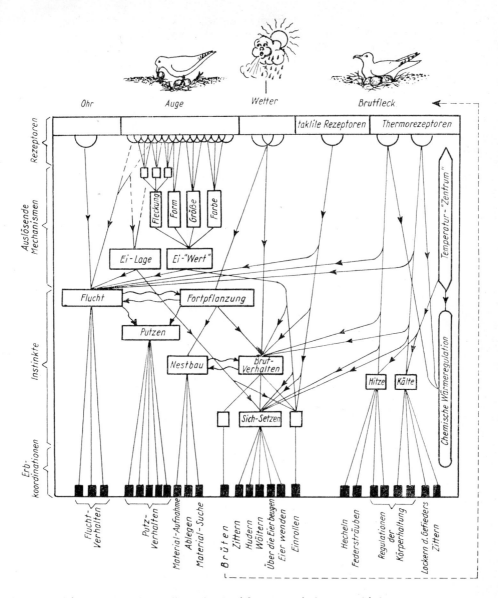

Abb. 44. Diagramm zur Darstellung der Beziehungen zwischen verschiedenen funktionellen Mechanismen, die an der Regulation der Eitemperatur beteiligt sind, abgeleitet von der Verhaltensanalyse. Gerade Pfeile bezeichnen Stimulation, gewellte Hemmung (nach BAERENDS 1959).

Zusätzlich haben natürlich die Bedingungen des jeweiligen Ökosystems und seiner Subsysteme (Populationssystem, evtl. Sozialsystem usw.) Einfluß auf das Pflegesystem und bestimmen vor allem die stammesgeschichtlich entwickelten Anpassungen, wie Art des Nestbaus, Jahreszeit der Jungenaufzucht, Tageszeit der Pflegehandlungen, spezielle Ernährungsformen und andere Teilkomponenten der Transformationsprozesse im Pflegesystem. Pragmatisch dient letztlich das Pflegesystem dem schrittweisen Aufbau des Organismus-Umwelt-Systems für die neue Generation. Informations- und Stoffwechsel laufen zunächst noch über das pflegende Individuum (solange sich der Embryo im mütterlichen Körper befindet fast ausschließlich). Dadurch wird die Adaptationsfähigkeit erhöht, da individuelle Anpassungen weitergegeben werden können (Tradition).

Der hier angedeutete Zusammenhang macht verständlich, daß Störungen im Pflegesystem nachhaltige Folgen für das spätere Organismus-Umwelt-System bei der aus dem Pflegesystem hervorgehenden Generation haben können. Die bekannten Versuche mit kindlichem **Erfahrungsentzug** (deprivation) an Affen (HARLOW und Mitarbeiter) haben dafür eindrucksvolle Belege geliefert. Dabei erweisen sich (in diesem Falle) zwei Kommunikationsmechanismen als von besonderer Bedeutung:
— Mutter-Kind-Kommunikation
— Kind-Kind-Kommunikation.

Sie sind tatsächlich eine entscheidende Voraussetzung für die späteren Umweltbeziehungen. Affenkinder, die an leblosen „Ammen" aufgezogen wurden, zeigen später in einer ihnen unbekannten Umwelt extrem gestörtes Verhalten und keinerlei Erkundungs- und Spieltendenzen, ganz im Gegensatz zu normal aufwachsenden Jungen. Dabei sind wohl zwei Ursachenkomplexe vorrangig beteiligt:
— gestörte Verhaltensentwicklung auf Grund des Ausfalls der Kommunikationsmechanismen (sensorisch und motorisch, speziell auch der Kontaktkommunikation) mit der Mutter (und altersgleichen Artgenossen)
— Fehlen von tradierter Information (über die Mutter).

Auch das spätere Sozialverhalten sowie die Sexualbeziehungen sind weitestgehend gestört, wenn Erfahrungsentzug unter den oben genannten Bedingungen vorliegt, defensive Aggressionsbereitschaft ist extrem gesteigert und verhindert echte soziale Kontakte. Zeitlich begrenzte Deprivation-Experimente können zu den verschiedensten Abstufungen der „Kontaktscheu" und der Umwelteinstellung führen, wobei sicher für die einzelnen Bezugsformen differenzierte Wirkungen auftreten können. Dieser Fragenkomplex wird auch zunehmend in der Entwicklung des menschlichen Verhaltens untersucht (z. B. „Hospitalismus"). H. D. SCHMIDT (1970) hat das Problem der Entwicklungspsychologie des Menschen umfassend dargestellt.

2.4.2.7. Das Sozialsystem

Bereits bei Einzellern sind raum-zeitliche Verteilungsmuster nachgewiesen, die Kommunikationsmechanismen voraussetzen. So können sich gewisse Sonnentierchen (Heliozoa: *Actinophrys*) zu „Freßgemeinschaften" vorübergehend zusammenschließen, wodurch in der gemeinsam gebildeten Nahrungsvakuole größere Beutetiere verdaut werden können, als es jede Einzelzelle allein könnte (Abb. 45). Hier wird zugleich ein evolutives Grundprinzip bei der Entstehung mehrzelliger tierischer Organismen sichtbar: Die Bildung zentraler (extrazellulärer) Verdauungsräume. Manche Einzeller können **„Schwimm-Muster"** bilden („Pattern swimming", GITTLESON und JAHN 1968):

Phänomen	Tetrahymena pyriformis	Euglena gracilis	Polytomella agilis
Horizontale Muster-konfiguration	Sich berührende Polygonale	Etwa gleichseitige Dreiecke (in runden und vier-eckigen Behältern)	Die entstandenen Muster entspre-chen etwa dem Umriß des Behälters
Populationsdichte, die zur Musterbildung führt	150 000—1 300 000 Zellen/ml	500 000—1 000 000 Zellen/ml	200 000—1 500 000 Zellen/ml
Zeit bis zur Musterbildung	Innerhalb von 12 s von 260 000—1 300 000 Zellen/ml	20—50 s	Hängt von der Populationsdichte ab: Minimum 600 000 Zellen/ml
pH	4,5—8,2: kein Effekt auf Zeit und Muster	normal bei pH 2,5; bei 6,0 keine Muster	In alkalischen und sauren Medien er-scheinen Muster
Licht	kein Effekt	Zur Musterbildung nicht erforderlich, starkes Licht hemmt	invers zum Licht, Muster bilden sich im Dunkeln
Temperatur-abnahme	Abnahme der Rate von Musterentste-hungen und der Konturschärfe	entsprechend wie Tetrahymena	Muster bilden sich zwischen 7,5 und 26 °C
Alter	bei hohem Alter Abnahme	1. u. 2. Tag: kein Muster, 4. Tag optimal bis zu einem Monat beobachtet	maximale Muster-bildung nimmt erst zu, dann mit dem Alter ab

Sozialsysteme werden auch „essentielle Vergesellschaftungen" (DEEGENER) oder „Sozietäten" genannt. Dieser Begriff ist als Gegensatz zu den „akzidentellen Ver-gesellschaftungen" oder „Assoziationen" definiert, die durch äußere Bedingungen zu Ansammlungen von Individuen einer Art führen. Diese zuletzt genannte Er-scheinung ist ein Phänomen des Ökosystems.

In der ältesten zusammenfassenden Darstellung tierischer Vergesellschaftungen von ESPI-NAS (1879) heißt es: „Wir nennen solche Gesellschaften normale, deren Glieder strenggenom-men ohne die Hilfe der anderen nicht existieren können. Das Zusammenwirken ist hier ein wechselseitiges, insofern die sich vereinigenden Wesen in Wahrheit ein einziges Leben in mehreren entfalten." Und an anderer Stelle sagt ESPINAS:„ Das Zusammenwirken, die Grund-bedingung jeder Gesellschaft, setzt die organische Verwandtschaft voraus, während unvoll-kommene Gesellschaften sich gelegentlich zwischen mehr oder minder unähnlichen Wesen bilden können." ESPINAS hat bemerkenswerte „Gesetze der sozialen Tatsachen in der Tier-heit" abgeleitet:

— Unterschied der

a) gleichzeitigen Teile (räumlicher Aspekt)
b) der successiven Teile (zeitliches Aspekt)

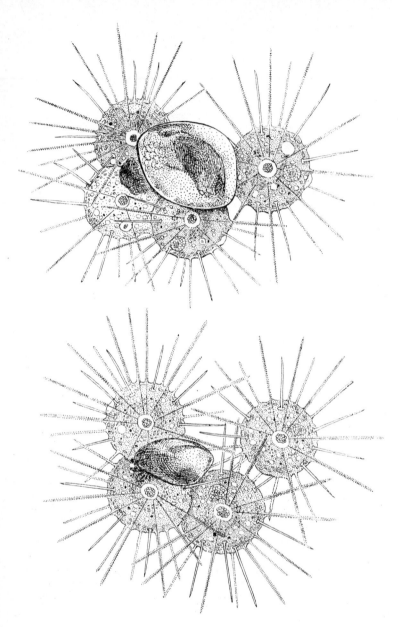

Abb. 45. Vorübergehende funktionelle Zellaggregation bei Sonnentierchen (Heliozoa:
Actinophrys sol). Oben: Vier Tiere haben sich zur Bildung einer gemeinsamen Nahrungsvakuole, die ein großes Ciliat enthält, zusammengeschlossen (Aufnahme 15⁰⁰ Uhr).
Unten: Das Ciliat ist weitgehend verdaut, die Trennung der Heliozoen hat begonnen
(18⁵⁵ Uhr) (Zeichnung: HORNUFF nach Aufnahmen von TEMBROCK).

- Bildung durch Epigenese (spontanes, allmähliches Wachstum)
- Arbeitsteilung
- Anziehung der ähnlichen Teile und Koordination
- Übertragung der Funktionen und Subordination
- Spontaneität der leitenden Impulse
- Organischer Charakter der Kunsttriebe oder der Arbeiten
- Fortschritt des sozialen Typus
- Anzahl der Elemente
- Allgemeinheit der sozialen Tatsache
- Phasen des Lebens
- Determinismus der Tatsachen.

Es ist beeindruckend, welche interessanten Gesichtspunkte hier bereits vor fast 100 Jahren erkannt worden sind; sie lassen sich leicht in die moderne Terminologie übertragen und haben dann an Aktualität als Parameter sozialer Strukturen nichts verloren.

In der modernen Analyse tierischen Zusammenlebens wurde deutlich, daß es zahlreiche Integrationsmechanismen gibt, und — extrem gesprochen — kein Tier wirklich solitär lebt. Das soziale Phänomen kann in seinen verschiedenen Abstufungen nur durch den Informationsfluß innerhalb eines sozialen Systems angemessen beschrieben werden. LE MASNE hat **soziale Strukturen** als Gruppierungen mit wechselseitiger intraspezifischer nicht-sexueller Attraktion bezeichnet. Damit ist ein objektives Kriterium gegeben, das beispielsweise über die Distanzregulation zwischen den Individuen (= Elementen) einer sozialen Struktur meßbar wird. Allgemeiner formuliert: Eine soziale Struktur besteht aus einer Menge von Individuen, auf denen eine Relationsmenge liegt. Diese Relationen bestimmen die Transformationsprozesse innerhalb des Systems und damit gegebenenfalls Struktur- und Verhaltensänderungen in Raum und Zeit. Die in einem Sozialsystem sich vollziehenden Prozesse weisen bestimmte Übergangswahrscheinlichkeiten auf und erfordern einen Informationsfluß als Voraussetzung für die Übergangsfunktionen im System. Es müssen Nachrichten zwischen den Elementen des Systems übertragen werden, die hier ja Individuen sind. Nur auf diesem Wege können Speicherungsprozesse auftreten, können Funktionswerte unverändert weitergeleitet werden, können quantitative wie qualitative Wandlungen auftreten. Kurz, wir können auch auf das Sozialsystem die Grundprinzipien der Systemeigenschaften und des Verhaltens von Systemen übertragen. Erst wenn alle dabei zu stellenden Bedingungen erfüllt sind, sollten wir von Sozietäten oder essentiellen Vergesellschaftungen sprechen.

Die Elemente eines solchen Systems können homomorph sein (alle gleichgestaltet) oder heteromorph (verschieden gestaltet), wie es etwa die „Kasten" der sog. „Insektenstaaten" sind. Homomorphe Individuen können verhaltensgleich oder verhaltensverschieden sein. Heteromorphe Individuen sind immer verhaltensverschieden. Qualitative Wandlung als Veränderungsklasse einer Übergangsfunktion setzt im Sozialsystem Verhaltensverschiedenheit der Elemente (Individuen) voraus.

Damit hat Verhaltensverschiedenheit einen positiven Selektionsvorteil in der Genese tierischer Vergesellschaftungen. Daher scheint besonders heterosexuelle Zusammensetzung (abgeleitet aus der Sexual-Partnerschaft), oft in Kombination mit Jungen, als Ausgangsbasis zur Entwicklung von Sozialstrukturen vorzuliegen. Außerdem wird unter diesen Bedingungen die Tendenz zur individualspezifischen Verhaltensausprägung (und damit Verhaltensverschiedenheit der Elemente) in Sozialsystemen gefördert. Sie ist eine Optimalisierungsfunktion, wenn sie systemgerecht erfolgt.

Die soziale Integration (auch „**Interaktion**" genannt) beruht auf einer Anzahl kommunikativer Verhaltenssyndrome, die eine raum-zeitliche Ordnung zwischen den Angehörigen einer Sozietät herstellen. Es bestehen bestimmte Relationen zwischen den Einzelindividuen (Elementen) des Sozialsystems. Sie bestimmen die Übergangsfunktionen der Transformationsprozesse im System unter Einwirkung bestimmter Außenbedingungen (Eingangsgrößen). Zu den Mechanismen, die solche Relationen zwischen Individuen einer Sozietät bestimmen können, gehören:

— Gleichsinniges Verhalten (identisch, „symmetrisch")
— Gegensinniges Verhalten (komplementär, „asymmetrisch")
— Handlungs-Angleichung (motorische Korrektur nach individuellem Vorbild)
— Allelomimetisches Verhalten (Gleichhandlung)
— Soziale Imitation (Übernahme individueller Verhaltensmuster einschließlich des Funktionsbezuges: Tradition)
— Verstärker-Effekt (Reaktionsübertragung auf Empfänger unterschwelliger Reize)
— Artgenossen-Effekt (soziale Stimulation, z. B. verstärkte Nahrungsaufnahme)
— Epimeletisches Verhalten (Hilfeleistung)
— Arbeitsteilung
— Dominanzverhalten
— Subdominanzverhalten
— Leitverhalten (bei Ortsveränderungen)

Alle diese Verhaltenssyndrome sind schon durch ihre Definition als sozial gekennzeichnet, da sie nur als Beziehung zwischen wenigstens zwei Individuen auftreten können. Sie sind Funktionen der Kommunikation, die sich im Verlauf der Stammesgeschichte der jeweiligen sozialen Struktur herausgebildet haben als Anpassung an die Umweltbedingungen, also zur Optimierung des Systems. Eine soziale Gruppe entwickelt eine eigene **überindividuelle Erhaltungsstrategie,** zu deren Mitteln die hier zusammengestellten Leistungen gehören. Dabei werden in gewissen Grenzen Grundprinzipien auf der Ebene der Individuen wirksam, die bereits in früherer Stufe der Stammesgeschichte auf der Zell-Ebene zu Integrationen höherer Ordnung geführt haben, deren Endergebnis die mehrzelligen Organismen als neue Systemqualität waren. Man hat daher gelegentlich besonders die in dieser Richtung hoch integrierten Insektenstaaten als „Superorganismen" bezeichnet. Hier haben beispielsweise „Sozialhormone" eine ähnliche Aufgabe wie im Körper eines Mehrzellers die über die Blutbahn verteilten Hormone. Sie wirken in der Sozietät als Pheromone von Tier zu Tier. Der Anteil der hier erwähnten Mechanismen, die zu einer **Gruppenstrukturierung** führen, ist unterschiedlich und hat auch stammesgeschichtlich zu verschiedenen Organisationsebenen geführt, wobei man etwa folgende vier Stufen unterscheiden kann:

— Unkoordinierte Gruppierungen, der (temporär-)stationäre Status mit bestimmten Raumansprüchen führt die Individuen zusammen, ohne daß echte Koordinationen auftreten. Diese Struktur deckt sich etwa mit dem Begriff „Assoziationen" oder „akzidentelle Vergesellschaftungen".
— Elementar-koordinierte Gruppierungen, bei denen elementare Bewegungsformen (allgemeine Ortsveränderungen) gemeinsam erfolgen („Aggregationen").
— Anonyme offene Sozietäten, es bestehen Integrationsmechanismen, doch sind die Einzelindividuen beliebig austauschbar (sog. Schwärme, Herden). Vorwiegend nicht stationär.
— Nicht anonyme offene Sozietäten; auch hier ist Austausch möglich, doch kennen sich räumlich benachbarte Individuen persönlich (z. B. in Brutkolonien).

— Anonyme geschlossene Sozietäten; die Angehörigen erkennen sich an überindividuellen „Abzeichen" (z. B. Stockduft bei Bienen) und greifen Fremde an. Sippen, „Staaten".

— Nicht anonyme geschlossene Sozietäten; die Mitglieder kennen sich individuell und sind daher nicht ohne weiteres austauschbar; hier bestehen meist individualspezifische Strukturen auf Grund von Dominanz- und Subdominanzverhalten („Rangordnung").

2.5. Die Eingangsgrößen organismischer Systeme

Verhaltensrelevante Eingangsgrößen der organismischen Systeme nennt die klassische Physiologie „Reize". Es sind die Größen, deren Transformation unter Verwendung der verschiedenen Übergangsfunktionen letztlich zu den Ausgangsgrößen führt, die wir Verhalten nennen. Dabei ist zu berücksichtigen, daß die Einzelindividuen Glieder eines Formwechsels in der Zeit sind, zu dem als lebenserhaltendes Element die Generationsfolge (Fortpflanzung) gehört. Die Kontinuität dieser hologenetischen Formwechselreihen (Hologenese = Ontogenese und Phylogenese) bietet die Möglichkeit zu **langzeitigen Transformationsprozessen** über Informationsspeicher hinweg. Bleiben die gespeicherten Informationen über Generationen erhalten, sind sie also nicht individualspezifisch, nennen wir sie genetisch fixiert. Diesen Zusammenhang müssen alle Informationsfluß-Diagramme berücksichtigen. Wie diese genetische Fixierung erfolgt, ist noch weitgehend unbekannt, wie sie abgerufen wird, haben die molekulargenetischen Forschungen der letzten Jahrzehnte in wesentlichen Grundzügen aufgeklärt (s. S. 134). Dieser hier angedeutete Zusammenhang ist in Abb. 52 dargestellt. Er hat zwei grundlegende Konsequenzen:

— Es gibt Ausgangsgrößen, die sich nicht über einen einfachen Transformationsprozeß aus Eingangsgrößen des untersuchten organismischen Systems ableiten lassen, weil sie auf genetischen Transformationen beruhen.

— Es gibt Eingangsgrößen, die sich keinen bestimmten Ausgangsgrößen zuordnen lassen, weil sie im System gespeichert werden.

Aus diesen beiden Grundfolgerungen lassen sich weitere Feststellungen ableiten:

— Eingangsgrößen können in Ausgangsgrößen transformiert werden. Erfolgt dies unter Abruf genetisch fixierter Information (z. B. genetisch programmierter motorischer Muster), können sie im Anschluß an SCHLEIDT als Kennreize bezeichnet werden (syn. „Schlüsselreize", LORENZ): Releaser-Effekt.

— Eingangsgrößen ändern die Übertragungseigenschaften (den Status) des Systems: Primer-Effekt

— Eingangsgrößen werden gespeichert: Adaptation, Lernen (Kontext-Erweiterung).

Die verhaltensrelevanten Eingangsgrößen werden durch die **Rezeptoren** bestimmt, die GRANIT „private Meßinstrumente des Organismus" genannt hat. Sie sind (meist) Meßwandler und liefern die Meßwerte in Form von fortgeleiteten elektrischen Potentialen (Erregungsmuster). Der Meßfühler ist ein empfindliches Endorgan. Als Energiewandler (Transduktor) kann das Endorgan aus einer Vielzahl möglicher Energieeinwirkungen eine bestimmte Energieform aufnehmen und in elektrische Energie umwandeln.

Wie das im einzelnen geschieht, ist heute noch weitgehend unbekannt, und es wird sicher zu den wichtigsten Ergebnissen künftiger biologisch-physiologischer Forschung gehören, diese Vorgänge aufzuklären. Es handelt sich um physikochemische Membran-Prozesse, die mit einer Eigenverstärkung verbunden sind, die durch den Energiehaushalt der Zellen (vor allem das Adenosintriphosphat) ermöglicht wird. Die klassische Einteilung der Rezeptoren geht von der Energieform aus, unterscheidet also z. B. Mechanorezeptoren (als einen Sonderfall dieser: Phonorezeptoren), Photorezeptoren, Thermorezeptoren, Osmorezeptoren, Chemorezeptoren, Elektrorezeptoren. Zwischen den biologischen und technischen Meßfühlern gibt es gewisse Analogien, und die Bionik ist bemüht, biologische Prinzipien auf technische Systeme zu übertragen. So kann man zwischen den Photorezeptoren und Photoelementen, zwischen Dehnungsrezeptoren und Dehnungsmeßstreifen sowie auch zwischen Berührungsrezeptoren und piezoelektrischen Kristallen gewisse Analogien nachweisen.

Für die Informationsaufnahme sind **Adaptationsvorgänge** wesentlich; sie können allerdings nicht isoliert von nachgeschalteten Systemen betrachtet werden, also der Informationsverarbeitung, da die Leistungen der Meßwandler im Organismus durch efferente (also vom Zentrum zur Peripherie laufende) Bahnen beeinflußt werden. Dabei können die statische wie die dynamische Empfindlichkeit verändert werden (vgl. KEIDEL), wobei ein progressiver Impulsrückgang das Kriterium der Adaptation ist. Seine Ursachen können sein:

— Minderung des Nutzreizes (= die das Endorgan erreichende Endgröße)
— Rückgang des Generatorpotentials nach anfänglichem Überschwung
— Zunehmende Inaktivierung des Natrium-Einstromes (vgl. Abb. 46)
— Efferente Einflüsse (von RANKE als „Bereichseinstellungen" bezeichnet).

Erfolgt die Adaptation sehr schnell, ergibt sich eine phasische Antwort. Der Meßfühler hat eine dynamische bzw. Differentialquotienten-Empfindlichkeit, er registriert zeitliche Steilheitsänderungen. Bei tonischen Antworten liegen Meßfühler mit einer statischen bzw. Proportional- oder Absolutempfindlichkeit vor. Bei „On-Rezeptoren" erfolgt eine verstärkte Depolarisation nach Reizbeginn („Ein-Effekt"), bei „Off-Rezeptoren" dagegen führt der Reiz zu einer verstärkten Hyperpolarisation (Hemmung), die Aktivität (Depolarisation) beginnt erst nach Reizende („Aus-Effekt"). Bei manchen Rezeptoren kommt es zu einer Kombination von phasischer (kurzfristiger Antwort auf länger anhaltenden Reiz) und tonischer (für die Dauer des Reizes anhaltende Antwort) Reaktion; sie werden als Proportional-Differential-Meßfühler (= PD-Meßfühler) bezeichnet.

Die Informationsaufnahme wird entscheidend vom organismischen System bestimmt. Unabhängig von der potentiellen Leistungsfähigkeit der Rezeptoren wird der aktuelle Arbeitsbereich von zahlreichen Bedingungen beeinflußt, die durch den jeweiligen Informationsbedarf und zusätzliche Randbedingungen (besondere Umweltkonstellation) bestimmt werden.

Es gehört zu den großen Entdeckungen der Sinnesphysiologie und Ethologie (v. UEXKÜLL, LORENZ, TINBERGEN), daß sich über Attrappen bestimmte Verhaltensweisen auslösen lassen. Diese Attrappen bieten Reize oder Reizkonstellationen an, die arteigene motorische Programme zum Vollzug bringen, wenn der Status des Tieres entsprechend vorgegeben ist.

Die dabei wirksamen Signale, für die der Kontext bereits im Genom vorhanden sein muß (die damit erfahrungslos wirksam werden können), werden mit SCHLEIDT als **Kennreize** (= Schlüsselreize, LORENZ) bezeichnet. CURIO, BLAICH und RIEDER (1969) haben Messungen zum Reizwert von Kennreizen vorgenommen und daraus „Kennlinien" abgeleitet. Diese Messungen können über den „Erregungswert" vor-

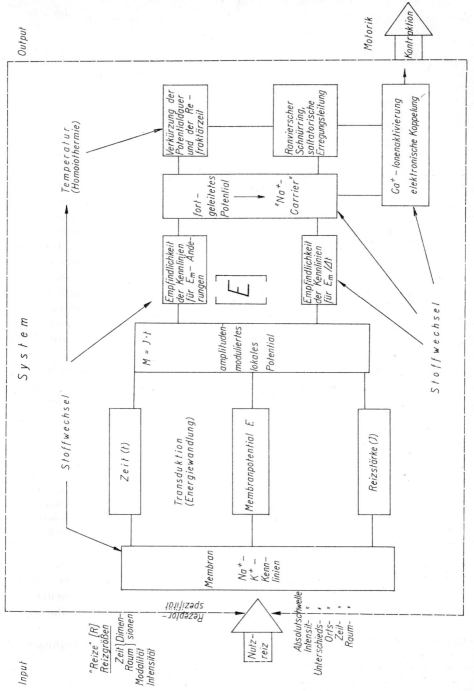

Abb. 46. Strukturbild zur Darstellung der physiologischen Zusammenhänge, die am Informationswechsel beteiligt sind.

117

genommen werden. Daran sind beteiligt: Die Motivation, die Antwortbereitschaft (Ausdruck für die Wahrscheinlichkeiten des Auftretens einer bestimmten Antwort bei konstantem Reiz) sowie die Antwortstärke (quantitatives Maß für eine Handlung = SAP oder spezifisches Aktionspotential). Der Kennreiz selbst wird dabei definiert als quantitativ von anderen auslösenden Eigenschaften abhebbares Merkmal einer Reizsituation, dessen Veränderung eine quantitative und/oder qualitative Änderung der angesprochenen Antwort zur Folge hat. Solche Meßverfahren werden (mit JANDER) als Ethometrie bezeichnet.

Die drei oben erwähnten Autoren untersuchten die Attrappen-ausgelösten Alarmrufe bei einem Singvogel (Trauerschnäpper, *Ficedula hypoleuca*) und fanden, daß eine Antwortsteigerung von 50 auf 60 Rufe/min dasselbe bedeutet wie eine Steigerung von 90 auf 100/min. Damit ist die zunächst beobachtete Stufenleiter relativer Antwortstärken in eine Skala absoluter Erregungswerte übersetzt. Zusätzlich hängt die Antwortstärke von Innenfaktoren ab, sie steigt nach dem Schlüpfen der Jungen um 44 R/min (veränderte Antwortbereitschaft).

Farbmuster können vielfach Kennreize liefern. So fand LEONG (1969) beim Buntbarsch *Haplochromis burtoni*, daß nur zwei Farbkomponenten das aggressive Verhalten der Männchen auslösen: ein vertikaler Strich in der Kopfzeichnung und ein orangefarbener Fleck über der Brustflosse.

Auch generelle Prinzipien der Informationsaufnahme und -verarbeitung der Rezeptoren können einen Einfluß auf die Antwortstärke haben. Außerdem sind für die bei Attrappenversuchen allein für die Gültigkeit der Reizwirksamkeit geprüften Reaktionen eines Tieres auch prinzipielle Arbeitsweisen der beteiligten Rezeptoren mit verantwortlich. Wenn beispielsweise ein Möwenküken auf bestimmte Kennreize des Schnabels der Eltern mit Bettelbewegungen anspricht, auf „unnatürliche" Reizkontraste aber stärker als auf die normale Attrappe, dann kann das damit zusammenhängen, daß im optischen Bereich Reizkontraste ein stärkeres Erregungsmuster im Rezeptor und den zugeordneten Zentren hervorrufen und damit auch auf das Verhalten, das durch den eigentlichen Kennreiz ausgelöst wird, quantitativ einwirken können. Außerdem kann ein Auslöser mehrere Kennreize aufweisen (Farbe, Größe, Kontrast usw.), die, wie SEITZ zuerst an Buntbarschen (Cichliden) feststellte, summativ wirken. Daraus wurde die „Reiz-Summen-Regel" abgeleitet. Sie besagt, daß Kennreize auf das zugeordnete Verhalten rein additiv zusammenwirken.

Die neuere Experimentalforschung kann diese Regel nicht generell bestätigen. Die Informationsverarbeitung wird durch systemeigene Verrechnungsarten sowie auch durch unterschiedliche Detektor-Mechanismen beeinflußt. Für einen (auf ein Dreieck dressierten) Fisch bilden die isoliert angebotenen Eckwinkel eines Dreiecks keine Inzidenzbeziehung (das ist in der Graphentheorie die Verbindung zwischen zwei Elementen) und damit keine Relation (als Voraussetzung einer Struktur = „Dreieck").Für ein Säugetier (z. B. einen Fuchs) dagegen, dem ein Dreieck etwa über Dressur „bekannt" ist, genügen auch die drei Eckpunkte allein noch (wenn ein bestimmter Abstand nicht überschritten wird), das „Dreieck" wiederzuerkennen. Solche Prinzipien können auch bei Bedeutungträgern, auf die ohne vorangegangene individuelle Erfahrung angesprochen wird, wirksam werden.

Manche Kennreize haben Eigenschaften, die in einer Richtung nicht begrenzt sind (z. B. „größer" gegen „kleiner" oder „schneller" gegen „langsamer"), so daß übernormale Konstellationen (bei Attrappenversuchen) möglich sind. KOEHLER und ZAGARUS haben dieses Phänomen erstmals gefunden: ein Sandregenpfeifer zog ein kontrastreicher geflecktes Ei dem eigenen zum Brüten vor.

Ergebnisse der Attrappenversuche zur Auslösung von Bettelbewegungen bei Silbermöwenküken sind in Abb. 49 zusammengestellt.

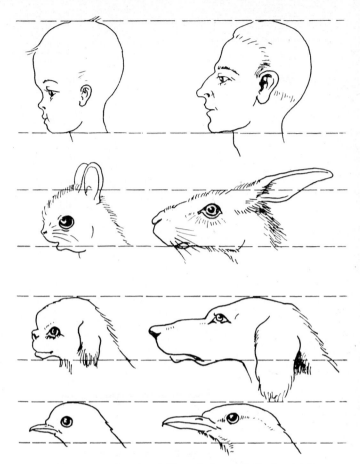

Abb. 47. Gegenüberstellungen zur Demonstration der Schlüsselreize, auf die der AAM des Menschen für das Brutpflegeverhalten anspricht („Kindchen-Schema"). Links die wirksamen Kopfproportionen (Kind, Wüstenspringmaus, Pekineser, Rotkehlchen); rechts die nicht auslösenden Proportionstypen (Mann, Hase, Jagdhund, Pirol) (nach LORENZ 1943).

Innerhalb der Kennreize lassen sich zwei Gruppen unterscheiden:

1. Auslösende Kennreize
2. Richtende Kennreize.

FRANK hat an der Pickreaktion bei jungen Möwen (Laridae) Attrappen im Sukzessiv- und im Simultanversuch getestet. Im Sukzessivtest wurden die auslösenden, im Simultantest die richtenden Kennreize geprüft. Dabei bestimmen die auslösenden Reize das SAP (Spezifisches Aktions-Potential) der Gesamtreaktion (Taxis und Erbkoordination), während die richtenden Reize die Ausrichtung auf das Objekt festlegen. Bei der Pickreaktion haben die Farbreize richtende und auslösende Funktion.

Eine Analyse des Beutefangverhaltens der Larven der Libelle *Aeschna cyanea* durch VOGT erbrachte Aufschlüsse über die entscheidenden Kennreize. Die Larven richten zunächst in der Fixierreaktion die Mediane des Körpers auf die Beute, ehe sie sich ihr annähern. Dieses

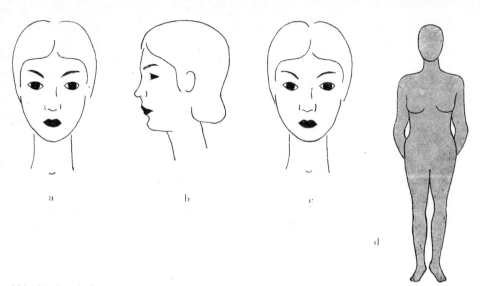

Abb. 48. Ergebnisse von Attrappenversuchen über menschliche „Auslöser-Merkmale"
a) Bevorzugte Lippenbreite (bei sonst gleichen Kopfattrappen). b) Bevorzugtes
Nasenprofil (bei sonst gleichen Attrappen). c) Bevorzugte Augengröße (bei sonst gleichen
Attrappen). d) Bevorzugte Silhouette (bei Auswahl zwischen verschiedenen Schlankheits-
graden (nach RENSCH 1963).

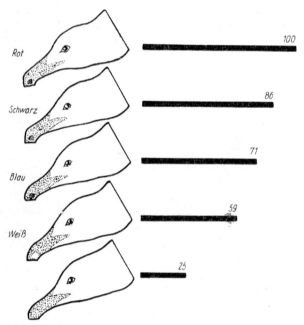

Abb. 49. Modelle des Kopfes der Silbermöwe *(Larus argentatus)*, um die Wirksamkeit
des (beim Vogel roten) Schnabelfleckes auf das Futterbetteln der Jungen zu prüfen.
Rechts die prozentuale Häufigkeit der Bettelreaktionen (nach TINBERGEN 1953).

Verhalten ließ sich durch simulierte Bewegungen des Beuteobjektes ebenso auslösen wie durch Lichtwechsel. Bei Bewegungsreizen begann im Mittel die Einstellbewegung nach 7,1 s, bei Lichtwechselreizen nach 15,7 s. Dabei wurden die Bewegungsreize durch abwechselndes Aufleuchten, die Lichtwechselreize durch simultanes Aufleuchten zweier Lichtflecke erreicht. Bei Bewegungsreizen nähern sich die Larven in 78%, bei Lichtwechselreizen in nur 33% der Versuche bis zur Reichweite des Labiums (mit dem die Beute ergriffen wird) an. Nur sehr selten können Lichtwechselreize das Zuschnappen auslösen. Mit zunehmender Phasenverschiebung der beiden Lichtreize nimmt die Reaktionshäufigkeit graduell zu. Daraus wird auf eine zunehmende Spezifität des AAM geschlossen in Abhängigkeit von der Handlungsfolge: Fixieren — Annähern — Zuschnappen.

Viele Tierarten reagieren auf spezifische Reizkonstellationen mit einer bestimmten Bewegung oder Bewegungsfolge. Wenn nachgewiesen ist, daß eine definierbare Reizsituation unter bestimmbaren raum-zeitlichen Bedingungen bei einer bestimmten Tierart (bzw. einem Geschlecht) zu einer voraussagbaren Handlung führt, dann kann für die Aktivierung dieses Verhaltens ein Auslösemechanismus angenommen werden. Seine Eigenschaften sind durch die Reize bestimmbar, die unbedingt notwendig sind, das Verhalten auszulösen. Das Prinzip erinnert in seiner Spezifität an die Antigen-Antikörper-Reaktion. Unklar ist in vielen Fällen, ob das reizspezifische Speichersystem genetisch fixiert ist oder in der Ontogenese erworben wurde.

Als **Angeborener Auslösemechanismus (AAM)** soll nach SCHLEIDT daher bezeichnet werden ein im Genom fixiertes Speichersystem, das erfahrungslos auf die adäquaten Reize anspricht. Wird das System in der Ontogenese erworben, soll es als Erworbener Auslösemechanismus (EAM) bezeichnet werden. Wird in einen AAM hineingelernt, entsteht ein EAAM.

Die Untersuchungen der letzten Jahre haben erste Hinweise über die Arbeitsweise Kennreiz-selektionierender Mechanismen gegeben. Im optischen Bereich konnten Klassen von informationsverarbeitenden Systemen nachgewiesen werden, die bestimmte Operationen vollziehen und damit den Prozeß der Informationsaufnahme mitbestimmen. Das Tectum opticum im Mittelhirn zeigt einen Aufbau, der zu einer gesetzmäßigen Abbildung des Gesichtsfeldes auf verschiedenen Schichten führt. Bei Katzen mit nach vorn gerichteten Augen („Frontalaugen") umfaßt das Abbildungsschema nicht mehr das ganze Gesichtsfeld eines Auges, sondern vorwiegend eine binokulare Gesichtsfeldhälfte. Für die Nervenzellen dieser Station der Sehbahn sind folgende Antwortklassen nachgewiesen:

— Bewegungsspezifität
— Richtungsspezifität
— Habituation (Empfindlichkeitsänderung)
— weitgehende Invarianz gegenüber Größe und Raumorientierung des Reizes und der Hintergrundbeleuchtung.

Im Bereich der visuellen Projektionsfelder der Katze sind spezifische Neuronen nachgewiesen, die beispielsweise nur auf Winkel, Abzweigungen oder schräge Kanten ansprechen; hier besteht eine eindeutige „neuronale Invarianten-Bildung" (GRÜSSER). JANDER konnte bei Stabheuschrecken *(Carausius)* die Erkennung bestimmter visueller Muster (die einer Strauchstruktur entsprechen) nachweisen (Abb. 50).

Untersuchungen von VOSS an Ameisen *(Formica rufa*-Gruppe*)* lassen auf vier Detektormechanismen schließen: Dunkeldetektor, Helldetektor, Vertikaldetektor und Gliederungsdetektor. Waldameisen sprechen spontan auf „Weiße Fläche", „Schwarze Fläche" und „vertikale Schwarz-Weiß-Grenze" an. Vertikale Streifen-

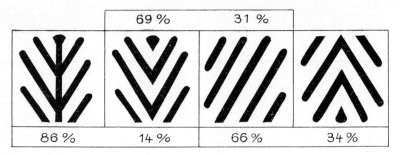

Abb. 50. Spontanwahlversuche (optische Musterwahl) bei der Stabheuschrecke *(Carausius morosus)*: Wahlergebnisse zwischen Winkelstreifen mit und ohne senkrechten Mittelstreifen, zwischen Winkelstreifen und einfachen Schrägstreifen gleicher Schwarzfläche, die sich entweder nach oben oder nach unten öffnen (kombiniert nach Jander 1970).

muster lösen ebenfalls stärker aus als horizontale. Bei Drehungen kann ein kontinuierlicher Reaktionsabfall auftreten. Hier sind also offenbar „angeborene Mechanismen" gegeben, die auf Struktur-Eigenschaften der Reizmuster ansprechen. Geschlossene Figuren werden von den Ameisen stets gegenüber offenen bevorzugt. Das Lernvermögen erwies sich als merkmalsspezifisch begrenzt. Erste Unterscheidungen zwischen gegliederten und ungegliederten Figuren waren invariant gegenüber räumlichen Änderungen der Konturen.

Auch bei der Honigbiene *(Apis mellifera)* wurden Detektor-Einheiten nachgewiesen (Kaiser, Bishop 1970). Im Lobus opticus gibt es vier Neuronen-Klassen, die auf folgende Parameter ansprechen:

— Wechsel der Lichtintensität
— Bewegung von Objekten
— Bewegungsrichtung

Die Bewegungs-Detektoren zeigen selektive Empfindlichkeit, dabei sind jeweils zwei Typen von Neuronen aktiv, zwei gehemmt.

Für die **Muster-Erkennung** lassen sich nach v. Seelen (1970) folgende Grundvoraussetzungen angeben:

— Ermittlung der kennzeichnenden Merkmale, die die Muster möglichst gut beschreiben
— Zuordnung des Musters auf Grund seiner Merkmalswerte zu einer bestimmten Klasse.

Dabei bestehen drei Möglichkeiten, das Problem der **Invarianzklassenbildung** zu lösen:

— Abbildungsverfahren zentrieren Muster und normieren sie bezüglich Größe und Rotationslage, bevor Merkmalsbildung und Klassifikation stattfinden
— Auswahl derjenigen Klassifikationsmerkmale, die gegenüber Transformationen invariant sind
— Vervielfachung des merkmalextrahierenden Systems für sämtliche möglichen Lagen und Größen der Muster.

Bei Fröschen *(Rana)* sind folgende Klassen nachgewiesen worden:

— Fortdauernde Entdeckung von Rand, wobei der Kontrast die entscheidende Größe darstellt

— Entdeckung von konvexem Rand, weitgehend unabhängig von der Helligkeit;
eine Fliege wirkt dann in Ruhe als Reiz weiter, wenn sie vorher in Bewegung
gesehen wurde
— Entdeckung wechselnden Kontrastes (allgemeiner Bewegungsempfänger)
— Entdeckung von Helligkeitsminderung (Antwort ist phasisch)
— Messung von Dunkelheit (Dauerentladungen sind im Dunkeln am größten und
sinken mit steigender Lichtintensität).

Diese Antwortklassen sind bereits als Leistung der Informationsverarbeitung anzusehen, sie werden hier erwähnt, weil sie die Prinzipien der Informationsaufnahme
weitgehend festlegen. Reiz bzw. Information können ja nur vom Empfänger her
bestimmt werden.

Er schafft eine „vitale Programmierung" (vgl. STACHOWIAK 1969), die vor allem durch
Erhaltungsstrategie (biologische Bauplanmuster und Dauerbefehle) bestimmt wird sowie
durch die „motivationale Programmierung" (Motive als Führungsgrößen). Sie setzen Ord-
nungsformen und Grundpostulate aller perzeptiven Prozesse voraus:
— Zeit
— Raum
— Existenz einer Objektwelt
— Eindeutigkeit der Objektwelt
— Geordnetheit der Objektwelt

Hinzu kommen die „semantischen Grundpostulate":
— Eindeutigkeit der semantischen Belegungen
— Ökonomie der semantischen Belegungen

Eine semantische Belegung ist nach STACHOWIAK die auf Grund von Korrespondenzregeln
erfolgte Bezeichnung materieller Information (das sind die Trägerelemente und Trägerelement-
aggregate) durch Zeichen und Zeichenaggregate. Die (semantische) Zeichenfunktion ergibt
sich aus einem Kontext des Perzipienten („Vorwissen" = Zeichen werden „verstanden").
COUFFIGNAL hat vorgeschlagen, von einer „deskriptiven Information" zu sprechen, wenn der
Perzipient jeder Valenz (im Empfindungsraum) genau eines der Zeichen seines Inventars
zuordnet. Liegen jedoch Äquivalenzklassen vor (werden also sensorisch unterscheidbare Valenzen semantisch äquivalent erlebt), liegen „interpretationssynonyme Valenzen" (MEYER-
EPPLER) vor. Das Erkennungsvermögen des Rezipienten läßt sich wie folgt beschreiben:

$$R = H\,(u') - H\,u\,(u') \text{ (bit/Valenz)}$$

Dabei ist $H(u')$ die „Entscheidungsnegentropie" und $H\,u(u')$ die „Störungsnegentropie"
(= Valenzdissipation). Die kommunikativen Aspekte dieser Zusammenhänge wurden bereits
an anderer Stelle behandelt (s. S. 65).

TEMBROCK hat die Vermutung geäußert, daß die Stammesgeschichte in Verbindung mit bestimmten motorischen Programmen (Problemlösungen als Suchraumeinschränkung und/oder -erweiterung durch Verhaltensalgorithmen, die genetisch
fixiert sind) zugeordnete Strukturierungsmechanismen für den Merkmalsraum in
seiner internen Modellierung entwickelt hat, die er „Angeborene Gestaltbildende
Mechanismen" (AGM) nannte. Dabei ist der Gestaltbegriff synonym zum Struktur-
begriff gemeint. Der heuristische Wert eines solchen Postulates wäre noch zu prüfen, obwohl es zahlreiche experimentelle Hinweise auf diese internen Strukturie-
rungsprozesse gibt, die art- und verhaltensspezifische Abhängigkeiten aufweisen.
Es ist bekannt, daß eine Zunahme im Informationsangebot (in bit) in bestimmten
Grenzen keine veränderten Reaktionszeiten erfordert, diese sich aber sofort ver-
größern, wenn der Strukturgehalt des Signalangebotes (Dimensionszahl des Vektors
im Repräsentationsraum) erhöht wird.

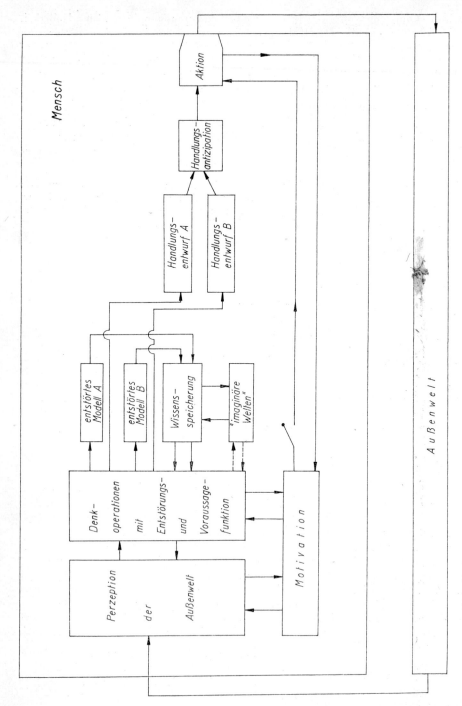

Abb. 51. Grundschema eines funktionalen Modells des operanten Denkens (nach STACHOWIAK 1969).

124

Wesentlich für die Leistungen der Auslösemechanismen sind reizspezifische **Empfindlichkeitsänderungen.** Hier werden meist drei Vorgänge unterschieden.

a) Habituation; diese reizspezifische Empfindlichkeitsminderung gehört zu den Vorgängen am Organismus, die phänomenologisch als „Gewöhnung" umschrieben werden. Auch die Vorgänge der „afferenten Drosselung" und der „Reizsättigung" gehören hierher.

b) Sensibilisierung (Pseudo-Konditionierung); diese reizspezifische Empfindlichkeitssteigerung ist ebenfalls phänomenologisch ein Gewöhnungsprozeß, sie hat Beziehungen zu der „Anfangsreibung" und dem „warming up" der Ethologen.

c) Afferente Umstimmung; veränderte Empfindlichkeitseinstellung.

In allen Fällen dürfte es sich um zentralnervöse Vorgänge handeln, die keiner Bekräftigung bedürfen. Wahrscheinlich hat bei den Säugetieren die Formatio reticularis wesentlichen Anteil an der Empfindlichkeitseinstellung für die einzelnen Rezeptoren. Katzen, bei denen man Potentiale vom Nucleus cochlearis (der Hörbahn) ableitete, zeigten nach einem Geräusch nur dann eine Potentialschwankung, wenn die Tiere nicht gleichzeitig durch andere Reizmodalitäten (etwa chemische oder optische) in Anspruch genommen waren.

Das Zusammenwirken der zahlreichen Faktoren, die verhaltensauslösend wirken, kann vielleicht nach folgenden Gesichtspunkten geordnet werden:

I. Summation der gesamten effektiven Reizwirkung, die eine Reaktion (oder Aktion) auslöst. Dabei ist die Zeitspanne relativ kurz.
   a) Positiv (additiv):
      1. Intrasensorische zeitliche Summierung
      2. Intersensorische räumliche (simultan) und/oder zeitliche Summierung
   b) Negativ (subtrahierend):
      1. Intrasensorisch, Phänomen der „Refraktär-Zeit"
      2. Intersensorisch, Interferenz oder Hemmungs-Effekt durch einen Reiz auf ein Verhalten, das einer anderen Reizmodalität zugeordnet ist
         α) Sensorische oder zentrale Hemmung
         β) Interferenz mit einer zweiten unvereinbaren Reaktion

II. Wirkungen vorangegangener Reizung. Zeit relativ länger.
   a) Positiv. Intrasensorisch oder intersensorisch
      1. Akklimatisation
      2. Sensibilisierung; zunehmende Empfindlichkeit, gesteigerte Geschwindigkeit und/oder Stärke der Reaktion
   b) Negativ.
      1. Akklimatisation
      2. Sensorische oder motorische „Ermüdung"
      3. Adaptation. Ein Gradient abnehmender Ansprechbarkeit auf die Intensität oder Qualität dauernder oder wiederholter Reizung.

Auch endogene Vorgänge der Motivationslage können reizspezifische Empfindlichkeitsänderungen hervorrufen. So ändert sich die Sensibilität des Auges bei manchen Tieren im Tagesgang. Das kann sich sowohl auf die Helligkeitsempfindlichkeit als auch auf spektrale Empfindlichkeit beziehen (z. B. Schmetterlinge). Bei Schmetterlingen ist auch bekannt, daß die Motivationslage die spektrale Empfindlichkeit des Rezeptors beeinflußt. Bei Satyriden treten Farbpräferenzen nur beim Nahrungserwerb auf, nicht aber beim Fortpflanzungsverhalten.

Spontanversuche können über bestimmte **Präferenzen** Auskunft geben. Fische scheinen unregelmäßige Muster gegenüber regelmäßigen zu bevorzugen, Ratten wählen vorzugsweise vertikale Streifen gegenüber horizontalen. Werden sie auf solche Muster dressiert, gleichviel, welches positiv ist, dann bevorzugen sie in weiteren Versuchen Quadrate gegenüber Kreisen. Krähen, Dohlen, Meerkatzen, Kapuziner und Schimpansen ziehen symmetrische gegenüber unregelmäßigen Mustern vor. Schimpansen bot man auch Sichtfenster zur Wahl an, von denen eines das Bild verzerrte; sie zogen das nicht verzerrende Fenster vor. Die letztgenannten Wirbeltiere gaben bunt gegen unbunt den Vorzug, reinen Farben gegenüber Mischfarben. Orang-Utans wählen häufiger hellere Muster gegenüber dunkleren, gelb gegenüber hellgrau, rot gegenüber schwarz, während beim Weißhandgibbon eine Bevorzugung von gelb gegenüber orange nachgewiesen wurde. Doch zeigen derartige Versuche bei den Affen erhebliche individuelle Unterschiede im Spontanverhalten gegenüber solchen Reizkombinationen.

Bei der Schmeißfliege *Calliphora* werden bei Spontan-Anflügen rot, blau und violett (in dieser Reihenfolge) gegenüber gelb und grün bevorzugt. Hier hat die Temperatur einen Einfluß auf die reizspezifische Empfindlichkeit; bei zunehmenden Temperaturen nehmen Anflüge auf dunkle Farben zu. Bei legereifen Weibchen wirken chemische Reize, welche die Eiablage mit auslösen (Fleischköder), im Sinne einer zunehmenden Rot-Präferenz.*)

Auslösemechanismen, an denen Lernvorgänge beteiligt sind, können sich mit bestimmten „Wertigkeiten" oder Reizkonstellationen verbinden. So haben bereits die klassischen Untersuchungen in der Schule von YERKES an Schimpansen gezeigt, daß Marken, mit denen bestimmte Belohnung eingelöst werden kann, nach ihrer „Wertigkeit" unterschieden werden können. Auch eine Rhesusäffin lernte, insgesamt 6 Wertabstufungen zu unterscheiden („averbale Begriffsbildung einer Wertabstufung"), wie KAPUNE unlängst nachweisen konnte.

---

*) Es handelt sich hierbei um unveröffentlichte Untersuchungen von G. ULBRICHT.

3. Die Transformationen in organismischen Systemen

Zwischen den motorischen Ausgangsgrößen und den sensorischen Eingangsgrößen liegt ein komplizierter Transformationsvorgang. Nennen wir den Gesamtprozeß Informationswechsel (in Analogie zu „Stoffwechsel"), so ergeben sich grundsätzliche Zusammenhänge zwischen den drei Elementarkriterien lebender Systeme:

— Stoffwechsel
— Formwechsel
— Informationswechsel

Die Integration läßt sich etwa so formulieren: Der Formwechsel (Strukturwechsel in der Zeit) setzt Stoffwechsel voraus und dient zugleich zu seiner Aufrechterhaltung, beide ermöglichen den Informationswechsel, ohne den eine Evolution organismischer Systeme nicht möglich wäre.

Die Transformation sensorischer Eingangsgrößen in strukturelle Gefügesysteme des Organismus („statische Information") zeigt das folgende Schema der Befunde zur Chitin-Ablagerung und -Orientierung in der Kutikula von Heuschrecken (Locustidae) (nach NEVILLE 1967):

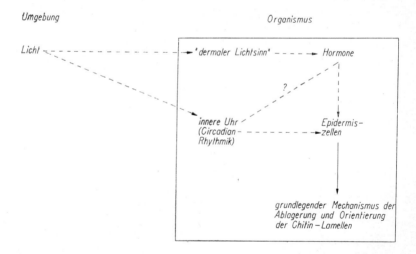

Abb. 46 wandelt den Organismus von einem „Schwarzen Kasten" in einen „Grauen Kasten", da hier einige Zusammenhänge im System dargestellt werden; die für die Transformation erforderlich sind. Dabei lassen Begriffe wie „Membran", „Ranvierscher Schnürring", aber auch „Rezeptor" und „Motorik" strukturelle Voraussetzungen erkennen. Die Stoffwechselbeziehungen sind unmittelbar eingesetzt. Natürlich bildet sich hier nur ein Aspekt des Informationswechsels ab. Es fehlen alle

Parameter, die Selektion, Speicherung, funktionsgerechten Abruf, motorische Musterbildung (motorische Formkriterien) und vieles andere ermöglichen. Dargestellt ist die physiologische Elementar-Ebene der Transformation. Nur die Symbole „R" (= Reizgröße) und „E" (= Empfindungen) weisen auf die qualitativen Unterschiede zwischen den Eingangsgrößen und den Systemprozessen hin. Sie lassen sich durch die Wahrscheinlichkeitsbeziehung

$$E \xrightarrow{\text{pÜ}} R \quad (\text{auch } \Psi \xrightarrow{\text{pÜ}} \Phi) \qquad \text{darstellen.}$$

Die Übergangswahrscheinlichkeit (pÜ) kann dabei von 0 bis 1 variieren. Bei 0 besteht keinerlei Beziehung zwischen Empfindung und Reiz.

Ein phänomenales Erlebnis kann auch durch einen linearen Vorgang im Sinnessystem (S) abgebildet werden. Danach gilt: $E \dashrightarrow S \dashrightarrow R$. Der Ausdruck $E \dashrightarrow S$ umschreibt einen Zusammenhang, der keine Abbildung durch äußere Reizausdrücke gestattet (z. B. optische Nachbilder, Schmerz). Eine entsprechende Abbildung $E \dashrightarrow S$ erfordert ebenso viel unabhängige Variable im Signalmuster der Sinneskanäle wie die Anzahl orthogonaler **Erlebnisdimensionen** beträgt (vgl. KEIDEL 1970).

Erlebnisdimension	neurophysiologische Parameter
— Zeitdimension	— Zeitmuster von Impulsen
— Raumdimension	— Ortsmuster oder Orts-Zeitmuster von Impulsen
— Modalitätsdimension	— Spezifität der Sinnesorgane
— Intensitätsdimension	— Impulsfolgefrequenz

Der Zusammenhang $S \dashrightarrow R$ kann durch Parameter der Neurophysiologie, Informationstheorie und Physik vollständig dargestellt werden. Zahlreiche Rezeptoren arbeiten auf dieser Grundlage, ohne daß ihnen Wahrnehmungsinhalte zugeordnet sind. In jüngster Zeit wurden konkrete Untersuchungen zu dem Zusammenhang $\Psi \dashrightarrow \Phi$ ($E \dashrightarrow R$) durchgeführt.

STEVENS hat eine **Potenzfunktion** aufgestellt, die dieser Gleichung folgt:

$$\Psi = k\, \Phi^{n}$$

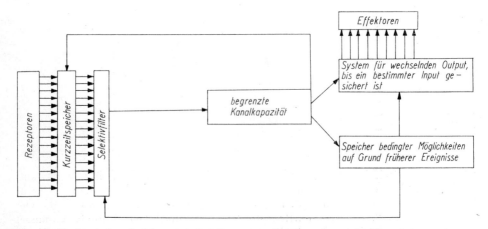

Abb. 52. Entwurf eines Informationsflußdiagramms für Organismen (nach BROADBENT 1958).

Der Exponent k (Kompressions-Exponent oder Kompressions-Konstante) kann aus entsprechenden Versuchsdaten errechnet werden. Für diese terminale Kumulation (Kumulator) sind in einigen Fällen die Exponenten bereits errechnet worden; sie zeigen eine Korrelation zwischen Sinnesqualität und Sinnesmodalität. KEIDEL und Mitarbeiter fanden folgende Exponenten:

Schmerzempfindung	$= 3,5$
Druck- und Vibrationsempfindung	$= 1,5$
Gehörempfindung	$= 0,6$
Lichtempfindung	$= 0,3$

Über Computer konnten Logarithmen langsamer Hirnrindenpotentiale beim Menschen in Beziehung gesetzt werden zum Logarithmus der Reizstärke. Diese elektrophysiologischen objektiven Potenzfunktionen zeigen eine gute Annäherung an die subjektiv (psychologisch) gemessenen.

3.1. Informationsverarbeitung

Für die zentralen Mechanismen der Informationsverarbeitung sei hier auf einige grundlegende Gesichtspunkte hingewiesen, die für die Arbeitsweise von **Nerven-Netz-Schaltungen** kennzeichnend sind (vgl. auch KÜPFMÜLLER 1968).
— Auf Grund der elektrisch isolierenden Membranen wirkt der Zellkörper eines Neurons wie ein Kondensator
— Besondere Mechanismen der Zellmembran bewirken eine ungleiche Verteilung von Na^+-, K^+- und Cl^--Ionen, wobei ein negatives „Ruhepotential" von etwa -70 mV im Zellinnern gegen den Außenraum entsteht
— Äußere Stromquellen ändern die Leitwerte der Membran, damit ändern sich die Stromverhältnisse und dadurch wiederum die Membranspannung (Spannungsrückkoppelung)
— Die Ansprechschwelle bestimmt den Wert der Membranspannungsänderung, der überschritten werden muß, damit die Rückkoppelung zu einer schnellen Entladung und damit zu einem Ausgangsimpuls (auch Spike genannt) führt
— Die Erregungsübertragung von einem Neuron auf ein anderes erfolgt durch erregende (und hemmende) Synapsen (vgl. Abb. 53)
— Die Beziehungen zwischen den Eingangsgrößen und den Ausgangsgrößen einer Nervenzelle bilden die informationsverarbeitenden Eigenschaften der Neurone
— Die synaptische Übertragung erfolgt durch „gequantelte" Überträgerstoffe (auch Mediatoren oder Transmitter genannt). Dabei sind zwei Zeitkonstanten zu berücksichtigen, die Zeitkonstante τ_1 des Stoffabbaus und die Zeitkonstante τ_2 der Kondensatorenentladung der Zellmembran
— Nervenzellen sind grundsätzlich sowohl zur digitalen als auch zur analogen Informationsverarbeitung befähigt.

Nach KÜPFMÜLLER können als allgemeine **Signalverarbeitungsfunktionen** der Nervenzellen angesehen werden:
— Schalten eines Übertragungsweges [hemmende Synapsen können Übertragungsleistungen „abschalten", was wir subjektiv bei bestimmten Aufmerksamkeitszuwendungen (selektierende Optimalisierungsfunktion) erleben]
— Die Nervenzelle wirkt als Pulsgenerator (periodische Impulsfolgen)

- Störungsverminderung kann durch Erhöhung der Ansprechschwelle (über hemmende Synapsen) erreicht werden
- Die Nervenzelle kann als Frequenzteiler wirken, die Impulsfolge am Ausgang kann kleiner als jene am Eingang sein (wenn z. B. τ_2 hinreichend groß ist)
- Die Nervenzelle kann als Frequenzvervielfacher wirken, wenn τ_1 hinreichend groß ist gegen τ_2.

Digitale (binäre) Impulsverarbeitungsleistungen der Nervenzellen sind:
- Die logische Und-Verknüpfung: Ansprechschwelle wird erst überschritten, wenn alle Eingangsimpulse gleichzeitig auftreten („Schwellen-Logik")
- Die logische Oder-Verknüpfung entsteht, wenn jeder einzelne Impuls bereits die Ansprechschwelle überschreitet
- Negation einer Impulsfolge, Umkehr einer binären Impulsfolge, wenn sie den hemmenden Synapsen einer Nervenzelle zugeführt wird, während gleichzeitig auf die erregenden

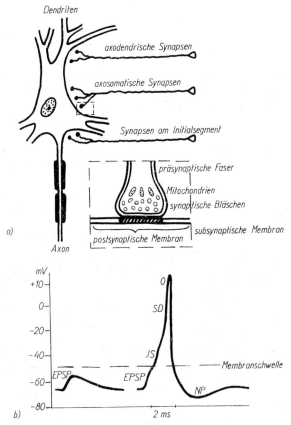

Abb. 53. a) Darstellung möglicher Synapsen an einem Neuron. b) Excitatorisches postsynaptisches Potential (EPSP): Erst wenn die Membranschwelle erreicht ist, entsteht explosionsartig ein Aktionspotential. An diesem lassen sich unterscheiden: die IS-Komponente (fortgeleitete Erregung startet vom Initialsegment), die SD-Komponente (Potential greift auf Soma- und Dendritenmembran über), 0 (als „overshoot") und NP als postexcitatorische Hyperpolarisation (Nachpotential) (nach CASPERS 1970).

Synapsen ein Impulsgenerator gleicher Frequenz (bei geeigneten Amplitudenverhältnissen) einwirkt

— Verzögerung eines Impulses, durch längere Nervenleitung (10 bis 40 s/mm) oder durch synaptische Eingangserregung (Verzögerungszeit etwa 1 ms).

Analoge Verarbeitungsfunktionen von Nervenzellen sind:

— Addition von mehreren Frequenzen bei hinreichend kleinen τ_1 und τ_2
— Multiplikation von mehreren Frequenzen, wenn die Ansprechschwelle so liegt, daß nur zufällige Überlagerung aller Eingangsimpulse zu einem Ansprechen führt
— Integration, Mittelwertbildung der Frequenz bei hinreichend großer Zeitkonstante τ_1.

Für die Gesamtleistungen der Informationsverarbeitung im Nervensystem ist das Zusammenwirken großer Anzahlen von Bauelementen (Neuronen) von entscheidender Bedeutung. Die Einsicht in diese neuronalen Netzschaltungen in biologischen Systemen ist noch unzulänglich, obwohl schon verschiedene Modellansätze bestehen, die bekannten Funktionen zu deuten.

Welche vielfältigen Möglichkeiten es gibt, sei an einem theoretischen Beispiel angedeutet, das unterstellt, daß 2 Neuronen (A und B) zur Verfügung stehen, die nur zwei diskrete Betriebszustände annehmen können (,,Alles-oder-Nichts''), ein von CARL LUDWIG entdecktes Prinzip:

— weder A noch B aktiv
— nur A aktiv
— nur B aktiv
— A und B unabhängig voneinander beide aktiv
— A aktiviert B
— B aktiviert A
— A hemmt B
— B hemmt A
— A aktiviert B und wird wieder von B aktiviert (vice versa).

In Wirklichkeit arbeiten aber Synapsen zwischen zwei Nervenzellen gewöhnlich nicht diskret binär, so daß noch ungleich mehr Möglichkeiten bestehen.

Zu den wichtigen **Prinzipien der Informationsverarbeitung** im Organismus gehören (vgl. STACHOWIAK 1969):

— Selektionierende Optimalisierungsfunktion (Wahrnehmungsoptimalisierung)
— Konvergenz-Divergenz-Schaltung
— Laterale Inhibition
— Reafferenz
— Hierarchische Ordnung der Schaltmuster
— Schaltmusterökonomie
— Multistabilität des Schaltmuster-Hierarchiesystems.

Für die Informationsverarbeitung in organismischen Systemen sind innere Informationsprozesse von entscheidender Bedeutung, da sie die Übergangsklassen und Transformationsprozesse mitbestimmen. In Anlehnung an STACHOWIAK (1969) kann man folgende **innere Information** unterscheiden:

— Propriozeptive Informationen, beziehen sich auf Meldungen über eigenkinetische Zustandsänderungen, innere Gleichgewichts-, Lage- und Spannungsänderungen, Regelung der Bewegungsabläufe des Körpers (,,Körperbeherrschung'')
— Enterozeptive Information, entstammt den inneren Organen, beeinflußt die eigene Systemlage (,,Befindlichkeit'')
— Motiozeptive Information, motivdynamische Führungsgrößen (vgl. Abb. 5).

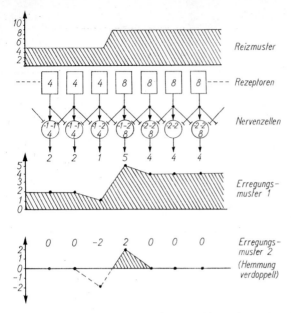

Abb. 54. Schematische Darstellung der Entstehung des visuellen Simultankontrastes. Aus Gründen der Verständlichkeit wurde die einfachste Form der lateralen Inhibition, nämlich eine laterale substraktive Vorwärtsinhibition zwischen Rezeptorebene und der nächsten Nervenzellschicht angenommen. Das Reizmuster bildet sich als Erregungsmuster in den Rezeptoren ab; hierfür wurde vereinfachend Linearität angenommen. Jeder Rezeptor hat zur nächsten Nervenzelle einen erregenden Kontakt. Die Erregung soll jeweils viermal so stark sein wie die Hemmung; vereinfachend wurde eine eindimensionale Anordnung von Rezeptoren und Nervenzellen angenommen. Im Erregungsmuster (1) wird die Kontrastgrenze des Reizmusters erhöht repräsentiert. Wird die Hemmung verdoppelt, so kommt es im Erregungsmuster (2) nur noch entlang der Kontrastgrenze zu einer Aktivierung der weiterleitenden Nervenzellschicht (nach GRÜSSER und SNIGULA 1968).

Eine sehr eingehende Analyse der akustischen Informationsverarbeitung bei Heuschrecken (*Locusta migratoria*) wurde von ADAM (1969) durchgeführt. Im natürlichen Stridulationsschall dieser Tiere stecken folgende Informations-Parameter:

— Variation der Intensität
— Variation der Tonhöhen
— Dauer des Signals
— Signalfolge
— Richtung der Signalquelle.

Die Neuronenschaltung gestattet offenbar eine kompatible Übertragung verschiedener Informationsparameter durch ein Element. Bestimmte Neuronen bevorzugen Kurztöne (z. B. Mandibellaute) gegenüber Langlauten (Stridulation). Bei anderen Neuronen führen die im normalen Stridulationsschall enthaltenen hohen und tiefen Frequenzen zu bestimmten Wechselwirkungen (Summation, Bahnung, Hemmung). Einzelne Nervenzellen sprechen besonders auf Ultraschallkomponenten an. Obwohl das System nur relativ wenige Elemente enthält, liegt eine Funktionsschaltung vor, die eine Übertragung verschiedener Parameter durch ein Element erlaubt, sowie desselben Parameters über mehrere Elemente, wodurch zahlreiche Kombinationen möglich werden.

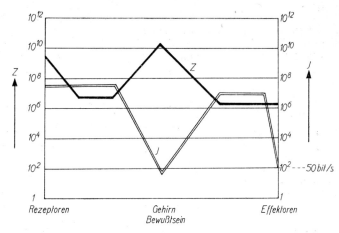

Abb. 55. Anzahl der Nervenzellen (Z) und der maximalen Informationsflüsse (J) im Zentralnervensystem des Menschen. Die Summe aller Informationsflüsse im Gehirn ist entsprechend der großen Zahl Z außerordentlich groß; aber nur ein relativ kleiner Extrakt gelangt in das Bewußtsein (nach KÜPFMÜLLER 1968).

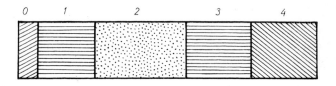

0 = Erregungszeit (= Informationsaufnahme)

1 = afferente Erregungsleitung (= Informationsleitung nach Eingabe)

2 = Informationsverarbeitung

3 = efferente Erregungsleitung (= Informationsleitung zur Ausgabe)

4 = Motorik (= Informationsabgabe)

Zeitdiagramm des Informationswechsels im Releaser – System
(= ausgelöstes Verhalten)

Abb. 56. Zeitdiagramm des Informationswechsels im Releaser-System (= ausgelöstes Verhalten).

3.2. Informationsspeicherung

Die Transformationsprozesse in organischen Systemen setzen Informationsspeicher voraus. Diese Speicher sind (über die Desoxyribonukleinsäure = DNS) teils im Genom fixiert, teilweise werden sie in der Ontogenese auf- bzw. ausgebaut. Die Prozesse der Bildung genetischer Informationsspeicher sind im einzelnen noch weitgehend unbekannt. Wohl aber wurden in den letzten Jahren eingehende Kenntnisse über die Abrufung der Information aus diesen Speichern gewonnen (vgl. auch Abb. 22).

Über die individuelle Informationsspeicherung gibt es zahlreiche Experimente und Hypothesen, ohne daß daraus bereits eine einheitliche Theorie abgeleitet werden konnte. Vielfach (aber auch nicht eindeutig erwiesen) werden verschiedene Formen der **Speicher** (auch als Gedächtnis bezeichnet, soweit sie sich auf das Verhalten beziehen) unterschieden, die vor allem nach ihrem zeitlichen Verhalten (der „Behaltensdauer") klassifiziert werden:

— Immediatspeicher (bis 10 s, (maximal 20 s) beim Menschen)
— Zeitspeicher
   a) Kurzzeitspeicher (= Kurzzeitgedächtnis) (Minuten bis Stunden)
   b) Langzeitspeicher (= Langzeitgedächtnis) (Wochen bis Jahre).

Die Immediatspeicher (Immediatgedächtnis) werden mitunter auch Kurzspeicher genannt. Sie sind dadurch gekennzeichnet, daß die Apperzeptionszeit länger dauert als die Expositionszeit. Nach FRANK kann die Zeitdauer, welche die Vergegenwärtigung von 1 bit Information erfordert, als das „subjektive Zeitquant" bezeichnet werden. Es wurde (beim Menschen) mit $1\,SZQ = 1/16$ s bestimmt. Es legt den Mindestabstand fest, den eine sichere getrennte Apperzeption aufeinanderfolgender Ereignisse ermöglicht. Bei der Honigbiene *(Apis mellifera)* ist das zeitliche Auflösungsvermögen (im optischen Bereich) gut zehnfach besser als das des Menschen, bei Vögeln das akustische SZQ ebenfalls weit kürzer als beim Menschen.

Ob sich Kurzzeit- und Langzeitspeicher prinzipiell unterscheiden lassen, ist umstritten. Lernprozesse mit sensiblen Perioden (obligatorisches Lernen, s. S. 188) gehen sofort in den Langzeitspeicher ein.

Für den Immediatspeicher werden zumeist aktuelle Prozesse (Aktivitäten) im informationsverarbeitenden System (Neuronen) verantwortlich gemacht, während bei den Zeitspeichern strukturelle Änderungen vermutet werden. Bei den **strukturellen Änderungen** kommen wohl vornehmlich drei Aspekte in Betracht:

— Verformungen von Zellstrukturen (Volumen- und Gestaltänderung)
— Änderungen an Synapsen
— intrazelluläre Änderungen (biochemisch/biophysikalisch).

In den letzten Jahren haben sich die Untersuchungen vor allem mit dem dritten Komplex beschäftigt und zu der Hypothese geführt, daß Informationsspeicherung mit der Bildung kovalenter chemischer Bindungen einhergeht.

Während die kurzzeitigen Fixierungen (Immediatspeicher) vor allem durch reversible elektrostatische Änderungen (an Proteinen) verursacht werden sollen, werden die Zeitspeicher mit Eiweißsynthesen in Zusammenhang gebracht. Goldfischen, denen Puromycin appliziert wurde (es greift an einer bestimmten Stelle in die Eiweißsynthese ein), gelang es nicht, neue permanente Gedächtnisinhalte (über Dressuren) zu bilden, während vorhandene weiterhin abgerufen werden konnten (AGRANOFF 1965). ALBERT (1966) möchte aus seinen Versuchen an Ratten schließen, daß in der Hirnrinde Ribonukleinsäure-Moleküle die Information speichern und aktiv durch Einwanderung in andere Zellen weitergeben, wodurch die Lernfähigkeit untrainierter Hirnteile verbessert wird. Gegenwärtig werden die **molekularbiologischen Vorgänge** bei der Informationsspeicherung auf drei Wegen untersucht:

— Nachweis chemischer Änderungen in den beteiligten Nervenzentren
— Unterdrückung des Lernens durch Stoffwechsel-Inhibitoren
— Übertragung von gespeicherter Information über chemische Konstituenten auf ungeübte Individuen (Gedächtnis-Transfer).

Der dritte Ansatz ist in den letzten Jahren wiederholt untersucht worden und hat zu teilweise widersprüchlichen Ergebnissen geführt. UNGAR (1967) hat Hirnextrakte trainierter

Mäuse auf untrainierte übertragen. Das Verhalten der ungeübten wurde signifikant in Richtung der geübten beeinflußt. Dieses Ergebnis war aber von der Art der Aufgabe abhängig (z. B. guter Erfolg, wenn Meidung eines elektrischen Schocks durch Fliehen in einen beleuchteten Arm eines Y-förmigen Labyrinthes zu lernen war, schlechter, wenn links oder rechts als positiv erlernt werden mußte). Biochemische Untersuchungen machten wahrscheinlich, daß Peptidketten (also Eiweißkomponenten) verschiedener Länge die entscheidenden Informationsträger in den Hirnextrakten waren. Bestimmte prosthetische Gruppen konnten jedoch nicht ausgeschlossen werden.

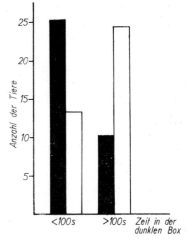

Abb. 57. Versuche zum chemischen Informationstransfer bei Ratten. Das Frequenzdiagramm zeigt die Anzahl der Tiere, die sich weniger als 100 s, und solche, die sich mehr als 100 s in der dunklen Versuchsbox bei freier Wahl zwischen dieser und einer hellen Box aufgehalten haben (weiße Säulen). Schwarze Säulen: Versuchstiere, die Extrakte von Spendertieren erhalten haben, die bei Aufsuchen der hellen Box belohnt wurden. Die Differenz ist signifikant (nach FJERDINGSTAD 1969).

Es liegt nahe, die Methoden des Transfer und des Einsatzes von Stoffwechsel-Hemmern zu kombinieren. REINIUŠ (1969) hat dies bei Mäusen durchgeführt. Dabei wurde Actinomycin D, das die Bildung von Boten-RNS aus DNS blockiert, eingesetzt. Nach einigen bereits früher ausgeführten Versuchen scheint diese Substanz auf kurzzeitige Informationsspeicherung keinen Einfluß zu haben, was ebenfalls auf andere Mechanismen bei diesen Speichervorgängen hinweist. Dagegen scheinen Hirnextrakte von vorher dressierten Mäusen nur wirksam zu sein, wenn aus DNS-Matrizen neue Ribonukleinsäure (RNS)-Moleküle mit entsprechender Basensequenz (als Code) gebildet werden; denn Actinomycin D hebt die Gedächtnis-Transfer-Wirkung von Hirnsubstanzen auf undressierte Tiere auf.

Untersuchungen von MACHLUS und GAITO (1969) führen zu der Vermutung, daß in Hirnen von trainierten Ratten neuartige Typen der RNS auftreten, die in Hirnen untrainierter Tiere nicht vorhanden sind. Auch ALTSCHULER und Mitarbeiter (1969) fanden bei dressierten Ratten eine Zunahme von RNS sowie außerdem auch von Eiweißen. Dabei war die signifikante Zunahme der Ribonukleinsäure verbunden mit Meideverhalten, nicht aber mit Fluchtverhalten (hier wird ohne Zeitverzögerung mit dem Signal der elektrische Schock geboten). Hirnproteine nehmen jedoch in beiden Fällen zu. Auch hierbei wurde mit auf untrainierte Ratten übertragenen Hirnextrakten gearbeitet. Damit ist erwiesen, daß die transferierten verschiedenen Verhaltensweisen (Meiden, Flucht) mit unterschiedlichen neurochemischen Grundlagen verbunden sind, wobei offenbar nicht allein RNS oder Protein verantwortlich sind und ein komplexeres System vermutet wird.

Probleme der Speichermechanismen in biologischen Systemen sind vielschichtig, die sich abzeichnenden Ergebnisse können in ihren Konsequenzen nicht voll übersehen werden. Der Molekularbiologie und Biochemie sind auf dem Gebiet der phylogenetischen Informationsspeicherung in den beiden letzten Jahrzehnte revolutionierende Entdeckungen gelungen, es steht zu erwarten, daß auch die Mechanismen in der individuellen (ontogenetischen) Informationsspeicherung in absehbarer Zeit in ihren Grundzügen erkannt werden und die Wissenschaft vor weitreichende Entscheidungsfragen gestellt wird.

3.3.   Informationsabgabe

3.3.1.   Motivationen und Status

3.3.1.1. Neuronale Integration

Die Untersuchung der neuronalen Grundlage des Verhaltens ist ein Teilgebiet, für das der Name „Neuroethologie" eingeführt wurde. Die Neuroethologie befaßt sich mit den nervösen Grundlagen des Verhaltensaufbaus, der Verarbeitung von Informationen, ihrer Speicherung, Auslese, Programmierung und Integration im Rahmen eines koordinierten und biologisch adaptierten Verhaltens, dessen Wirkungsgefüge über Phylogenese und Ontogenese (zusammen als „Hologenese" bezeichnet) aufgebaut ist.

Die Ethologie hat ursprünglich einen von der Neurophysiologie unabhängigen Weg zur Erforschung dieser Zusammenhänge eingeschlagen und versucht, mit ihren Methoden der analytischen Beobachtungen des Verhaltens, unter Anwendung quantitativer und qualitativer Verfahren, Einsichten zu gewinnen. So wurden in den letzten 15 Jahren eingehende Untersuchungen dieser Art von BAERENDS und seinen Mitarbeitern, von v. IERSEL, BOL, WIEPKEMA und HEILIGENBERG geliefert, aber auch von NELSON, ANDREW und anderen Ethologen. Während diese Verfahren jedoch nur indirekte Schlüsse zulassen, befaßt sich die eigentliche Neuroethologie unmittelbar mit den Leistungen des Nervensystems, soweit sie auf das Verhalten bezogen sind. Dabei war wohl v. HOLST (1937) der erste, der seine Untersuchungen unmittelbar mit dem Verhalten in Bezug setzte und damit in Kontakt mit den Arbeiten von LORENZ kam. Die wesentlichsten Verfahren der Neuroethologie sind die Ableitung elektrischer Potentiale von bestimmten Bereichen des Nervensystems (gegebenenfalls auch von einzelnen Nerven- bzw. Sinneszellen), ferner das Setzen elektrischer definitiver Reize; seltener werden auch chemische oder andere physikalische Reize (z. B. Ultraschall) verwendet, oder es werden Teile des Nervensystems ausgeschaltet, um aus den dadurch erzielten Verhaltensänderungen Einblicke in funktionelle Zusammenhänge zu gewinnen.

Die am meisten geübte Methode ist die elektrische Hirnreizung, bei der vor allem die Schule von HESS in Zürich bahnbrechend war, wenn auch anfangs noch nicht mit planmäßigem Bezug auf das natürliche Verhalten des Versuchstieres (Hauskatze). Bei der Katze war es möglich, zahlreiche Verhaltensweisen von bestimmten Hirnbereichen elektrisch auszulösen. Im Rahmen des agonistischen Verhaltens seien in diesem Zusammenhang genannt: Drohen allein; Drohen, gefolgt von Angriff; Drohen, gefolgt von Flucht; Flucht allein. Als typische Komponenten des Drohens ließen sich auch isoliert von bestimmten Hirnbereichen diese Verhaltensweisen auslösen: Öffnen der Augen, Pupillendilatation, Haarsträuben, Ohrensenken, Ohrenanlegen, Ducken, Vorwärtsrotieren der Vibrissen, Kopfsenken, Krallenvorstrecken, Rückenkrümmen, Strecken und Versteifung der Extremitäten, beschleunigte, tiefere Atmung, Miktion und Defäkation, Grollen und Jaulen, Kreischen, Fauchen, Aufstehen, Schwanzzittern, Schwanzschlagen und Anheben der Schwanzwurzel.

Über die elektrischen Hirnreizungen lassen sich diese Komponenten so auslösen, daß vom Normalverhalten nicht unterscheidbare Koordinationen zustande kommen. Auf eine derart stimulierte Katze reagiert eine andere Katze, die selbst nicht elektrisch gereizt wird, wie auf eine normale drohende Katze. Damit ist das Verhalten zugleich biologisch getestet. Bietet man der Versuchskatze, bei der Drohverhalten ausgelöst wurde, eine Attrappe an, so kann sie zuschlagen. Wird elektrisch Flucht aktiviert, springt die Katze vom Versuchstisch oder sucht, wenn sie daran gehindert wird, einen Fluchtweg.

Anatomisch wurden über die Hirnreizungen für diese Verhaltenskomplexe drei Ebenen gefunden: a) Das Mittelhirn (zentrales Höhlengrau), b) der Hypothalamus und c) der Nucleus amygdalae (Mandelkern). Von allen Bereichen kann Drohen ausgelöst werden, doch mit ortsspezifischen Unterschieden, besonders in Hinblick auf die Lautgebung. Vom Mittelhirn wird vor allem Fauchen ausgelöst, während bei dem N. amygdalae Knurren dominiert, doch kann auch hier von etwa der Hälfte der Reizpunkte zusätzlich Fauchen ausgelöst werden. Bei Reizungen im Bereich des Hypothalamus wurde im allgemeinen ein etwa intermediäres Verhalten (gegenüber Mittelhirn und N. amygdalae) ausgelöst. Die nervöse Repräsentation des Drohens läßt einen Gradienten (von vorn nach hinten) vermuten, dem eine abnehmende Aggressionstendenz (Zunahme des Defensivverhaltens) zugeordnet ist.

Die Hirnbereiche, von denen einmal Angriff, zum anderen Flucht ausgelöst werden können, scheinen sowohl im Mittelhirn als auch im Hypothalamus und im N. amygdalae benachbart zu liegen mit teilweiser Überlappung. Das würde auf eine gemeinsame Grundmotivation (Selbstschutz) hindeuten. Da auch blinde Katzen durch elektrische Hirnreizungen alle oben erwähnten Komponenten des Drohverhaltens zeigen können, wird deutlich, daß der sensorische Input hierfür unwesentlich ist. Selbst Geschlecht, Alter und individuelles Temperament der Versuchstiere haben weit geringere Effekte als etwa ein Wechsel im Ort für die Reizelektroden. Auch werden durch ein auf diesem Weg ausgelöstes Verhalten alle anderen vom Tier gerade selbst eingeleiteten Verhaltensweisen weitgehend unterdrückt. Andererseits konnte das Drohverhalten durch Attrappen (die allein nicht auslösend waren) verstärkt werden.

Bei Katzen konnte auch nachgewiesen werden, daß Schmeicheln und Sexualverhalten neurologisch enge Beziehungen aufweisen. Schmeicheln ist nahe der Massa intermedia des Thalamus und in unmittelbarer Nähe des Tractus mamillothalamicus und des Tr. habenulo-peduncularis lokalisiert. Auch das Septum und das Striaterminalis-Bett haben Beziehungen zu diesem Verhalten. Die genannten Hirnteile werden dem „limbischen System" zugerechnet.

Für das Schlafverhalten fand HESS eine „somnogene Zone" im unteren Thalamus, während JOUVET noch ein Schlafsteuersystem in der Formatio reticularis pontis entdeckte, das vor allem den Muskeltonus zur Erschlaffung bringt. Der hier zugeordnete Schlaf wird als „Archisleep" bezeichnet, wobei auch neurohumorale Beziehungen vermutet werden. Über die Formatio reticularis des Mittelhirns erfolgt dann die Weckreaktion (Arousal-System). Im Bereich des Zwischenhirns lassen sich auch Defäkation und Miktion auslösen.

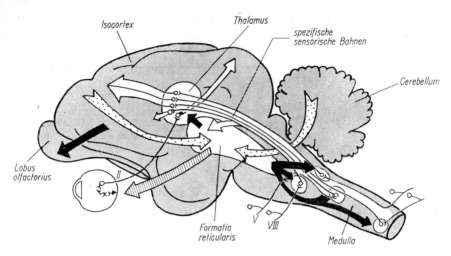

Abb. 58. Die Formatio reticularis im Gehirn der Katze. Dunkle Pfeile zeigen die Hemm-
wirkungen der retikulären Substanz; der gestreifte Pfeil zeigt bahnende oder
hemmende Wirkung; die punktierten Pfeile zeigen Bahnen zur Formatio reticularis.
Das diffuse Projektionssystem ist nicht dargestellt (nach HERNANDEZ PEON aus
BARNETT 1963).

Das bereits erwähnte limbische System, das sowohl subcorticale Anteile als auch
corticale Anteile umfaßt, soll nach PRIBRAM der Modulation des zentralen Er-
regungszustandes dienen, indem es Erregungsmuster über längere Zeit aufrecht-
erhält und spezifisch moduliert. Ihm sind korreliert: stoffwechselbedingtes Verhalten, agonistisches Verhalten, Sexualverhalten und die Jungenaufzucht. MCLEAN hat
bei den Säugetieren zwei anatomisch-neurophysiologische Funktionskreise unterschieden:

a) Den Amygdaloid-Zirkel (frontaltemporaler Cortex in Verbindung mit dem
N. amygdalae), dem vor allem orale Funktionen zugeordnet sind: Nahrungsverhalten, agonistisches Verhalten, bei dem das Gebiß eingesetzt wird und entsprechende
Lautformen. Damit gehört dieser Teil des limbischen Systems zur Selbsterhaltung
des Individuums.

b) Der Septum-Zirkel (Hippocampus, Gyrus hippocampi, Gyrus cinguli und das
Septum); mit ihm korreliert sind vor allem Verhaltensweisen (optische und chemische Informationen) im Rahmen der Fortpflanzung; damit wäre hier die Arterhaltung die zentrale Funktion.

Die allgemeine neurophysiologische Zuordnung würde demnach zwei generelle
Verhaltenssysteme postulieren, die (a) dem Stoffwechsel (orale Mechanismen) und
(b) der Fortpflanzung zugeordnet sind. Nach neueren Untersuchungen läßt sich
noch ein drittes System hinzufügen, das über die Formatio reticularis gesteuert
wird: (c) Das Erkundungsverhalten. Damit würde die Neurophysiologie die drei
primären „Gebrauchssysteme" (s. S. 59) bestätigen.

Das Erkundungsverhalten als Primärsyndrom wurde von PAWLOW als „Orien-
tierungsreflex" bezeichnet. Hierfür wurden folgende Kennzeichen angegeben: Be-
reitstellung der Rezeptoren, ihre Zuwendung zum Reiz, die Reizsuche, die „Hab-

Acht-Stellung" des Körpers, das Nachlassen der Alphawellen zugunsten feingezackter Kurven im EEG, galvanische Hautreflexe sowie der erhöhte Zustrom von Blut zum Kopf und zu den Extremitäten, modifizierte Atmung (erst Retardation, dann Beschleunigung) sowie andere vegetative Erscheinungen. Alle diese Symptome lassen sich durch Reizung von der Formatio reticularis her auslösen. Es kommt zu reizspezifischen Empfindlichkeitsänderungen. Hörreize können die optische Empfindlichkeit erhöhen und umgekehrt, laufende Bewegungen kommen zum Stillstand. Dieses System, den „Archisleep" steuernd, der die unerläßliche Restitution gewährleistet, hat eine Grundschwelle, die als „Wecktonus" bezeichnet wird. Es scheint sich dann über diesen Wert einzupegeln, wobei es den höheren Wert nur durch einen Informationseingang aufrechterhalten kann; er erfordert eben das Erkundungsverhalten. Dieser Erregungseinstrom wird als „Arousal Potential" bezeichnet. Bestimmte Bahnen, durch deren Zerstörung das Erkundungsverhalten ausgeschaltet werden kann, wurden noch nicht gefunden. Während des Erkundungsverhaltens soll der Hippocampus (im Schläfenlappen) inaktiv sein.

Generell kann aus zahlreichen Versuchen, die an Säugetieren zur Klärung neurophysiologischer Grundlagen des Verhaltens durchgeführt wurden, gesagt werden, daß es angeborene neuronale Dispositive gibt, die durch wiederholte Ausübung weiterentwickelt und in die individual-spezifische Umwelt eingepaßt werden können. Daneben gibt es eine Erwerbsmotorik von erlernten Bewegungsmustern, die sich allmählich automatisieren können, indem deren neuronales Dispositiv durch fortgesetzte Inanspruchnahme schließlich organisch fixiert wird. So können die spontane und die induzierte Aktivität (also die über das Genom festgelegten und die „eingelesenen" Programme) sich zu komplexen Mustern stabilisieren und ordnen.

Während bei den Säugetieren diese komplexen neuralen Muster zu phänomenologisch schwer überschaubaren Verhaltensabläufen führen können, erweisen sich die **Vögel** als ungleich bessere Versuchstiere zur Erschließung der neuronalen Grundlagen des Verhaltens. So hat v. HOLST bahnbrechende Untersuchungen an Haushühnern durchgeführt, denen er Silberelektroden einheilte, die einen Durchmesser von 0,2 mm hatten. Dabei bestand die Möglichkeit, bis zu 8 Elektroden gleichzeitig in den Elektrodenhalter einzuführen. Die Reizfrequenz lag bei 50 Hz, die Spannung meist um 0,5 V. Es war möglich, fast alle aus dem natürlichen Verhalten bekannten Bewegungsweisen auszulösen.

Durch gleichzeitige Reizung von zwei Stammhirnpunkten her konnten zwei Verhaltensformen miteinander kombiniert werden. Dabei treten folgende Mischungstypen auf: Überlagern, Mitteln, Pendeln, Aufheben, Verwandeln, Unterdrücken und Verhindern. Drohen, Angriff und Flucht konnten auch hier von einem Reizpunkt ausgelöst werden; dann war der zusätzliche Reizzugang über das Auge ausschlaggebend für das weitere Verhalten des Huhnes. Daraus schloß v. HOLST auf eine Stimmung (Tendenz), die er als „Feindverhalten" bezeichnete. Erst eine Umstimmung muß dann entscheiden, ob dieses Verhalten in Angriff oder Flucht übergeht. Es ließen sich auch zentrale lokale Adaptationen nachweisen, Änderungen in einer erregungsleitenden Struktur, die dazu führen können, daß von ihr aus keine Reaktionen mehr auslösbar sind, während dasselbe Verhalten von anderen Reizpunkten her hervorgerufen werden kann.

Bei einem Hahn, der gerade Nahrung aufnimmt, kann durch Aktivierung der Schlaftendenz folgendes Verhalten ausgelöst werden: Beendigung des Fressens, Stehenbleiben, Kopf ruhig halten, Blinzeln, Bein-Anziehen, Sich-Setzen, Girren, Kopf-Einziehen, Augenschließen. Wird der Reiz nun ausgesetzt, dann folgen: Augenöffnen, Aufmerken, Fressen, Aufstehen, Umhergehen. Es gelang auch, die hier genannten Erbkoordinationen einzeln auszulösen. Diese können auch in andere Verhaltensmuster eingebaut werden. Sind sie allein ausgelöst, scheinen sie „monoton, unbeteiligt" abzulaufen, während die höheren Bereiche variabler sind. Werden Angriffs- und Fluchttendenz von getrennten Reizorten gleichzeitig ausgelöst, zeigt ein Huhn erregtes Umhertrippeln mit gesträubtem Gefieder, wie es von Hennen bekannt ist, die am Nest einer Gefahr begegnen.

Oft bleiben bestimmte Reizfelder dann „stumm", wenn sich das Tier bereits in einem bestimmten Verhalten befindet, während sie in anderen Fällen (bei „neutraler Stimmung") auslösend sein können. Das hängt damit zusammen, daß viele Verhaltensweisen eine gemeinsame Endstrecke haben (common final pathway); ist diese schon in Anspruch genommen, übt sie auf andere Hirnbereiche, die sie auch aktivieren können, eine Hemmung aus.

Bei manchen Reizerfolgen (z. B. das „Gackern") besteht eine Beziehung zwischen Reizstärke und Intensität des Verhaltens, während andere (z. B. das Krähen) nach dem Alles-oder-Nichts-Gesetz auftreten. Hier handelt es sich um neurale Mechanismen, die graduell oder explosiv arbeiten, Informationen analog oder digital übertragen.

v. HOLST konnte aus seinen Untersuchungen ein hierarchisch aufgebautes Wirkungsgefüge ableiten, das einen sehr wesentlichen Beitrag zur Neuroethologie darstellt und Einsichten in den Verhaltensaufbau liefert (vgl. Abb. 73).

Bei Haustauben konnte ÅKERMAN durch Hirnreizungen in Gebieten des Nucleus praeopticus, des vorderen Hypothalamus sowie in der Paraventricular- und Septalregion Balzverhalten auslösen, besonders Beugebalz, Sichputzen, Übersprungputzen, aggressives Picken sowie Nestweisen. Das gelang bei beiden Geschlechtern, doch aggressives Picken häufiger bei Männchen. Nestzeigen häufiger bei Weibchen. Bei Männchen wurde das Sichverbeugen durch Reize der praeoptischen und vorderen Hypothalamuszone ausgelöst, zusätzliche entsprechende Außenreize führten es in aggressives Verhalten über. Die Beugebalz ging aber auch in Übersprungputzen und weiter in Nestzeigen über; insgesamt wurde eine hierarchische Ordnung im Wirkungsgefüge deutlich. Reizungen in einem zusammenhängenden Gebiet, das sich vom Hypothalamus und dem paraventrikulären Zwischenhirngrau über die Area ventralis und die Pars posterior pedunculi cerebri bis zum Palaeo- und Archistriatum des Telencephalons erstreckte, lösten folgende Verhaltensweisen bei Haustaube aus:

a) Verteidigung: Sichducken, Federsträuben, Flügelheben und einen dunklen Laut, teilweise in aggressive Verteidigung übergehend (auch ins Leere).
b) Flucht: Fortlaufen oder Abfliegen (Abb. 59).

Generell lassen die Untersuchungen erkennen, daß zusammenhängende Verhaltensabläufe auch von benachbarten Hirnbereichen her auslösbar sind und daß es ein cerebrales Repräsentationsgebiet für agonistisches Verhalten (vom Angriff bis zur Flucht) gibt, wobei deutliche Beziehungen zu den Befunden an Säugetieren erkennbar sind.

In den letzten Jahren sind auch an **niederen Wirbeltieren** hirnphysiologische Untersuchungen durchgeführt worden, um Einblick in den Aufbau des Wirkungsgefüges ihres Verhaltens zu gewinnen. Dafür sei hier ein Beispiel gegeben:

Die Sequenz des Begattungsverhaltens männlicher Anuren kann nach HUTCHISON auf folgende Prinzipien zurückgeführt werden:

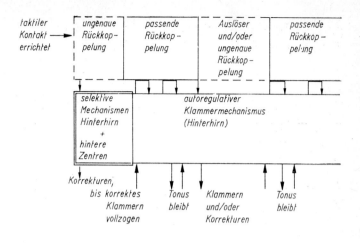

Zeitfolge			
a	b	c	d
Annäherung	Orientierung und Einleitung	Amplexus vor der Eiablage	Besamung

(Hinterhirn = Metencephalon + Medulla oblongata).

Durch monopolare elektrische Mittelhirnreizungen bei der Erdkröte *(Bufo bufo)* konnte EWERT Beutefang-Handlungen auslösen. Diese verlaufen unter natürlichen Bedingungen folgendermaßen: (s. auch S. 162).

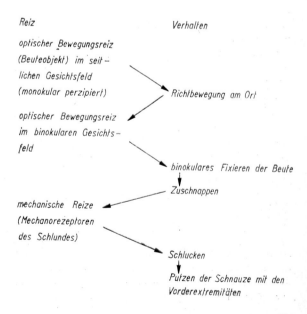

Diese Reiz-Reaktionskette kann zentralnervös „kurzgeschlossen" werden: entweder in einer peripheren Reizsituation, wenn die Beute während des Fixierens entfernt wurde (trotzdem: Zuschnappen, Schlucken, Putzen) oder durch elektrische Mittelhirnreizung ohne alle peripheren Reize. Für die Beutefanghandlungen wurden im Mittelhirn durch die Reizungsversuche „Reaktionsbezirke" nachgewiesen, die sich teilweise durchdringen. Die Richtbewegung kann durch elektrische Reizung kleiner Bereiche im Tectum opticum so ausgelöst werden, daß sich aus den Reizorten ein „Richtfeld" rekonstruieren läßt, das sich mit dem Gesichtsfeld deckt:

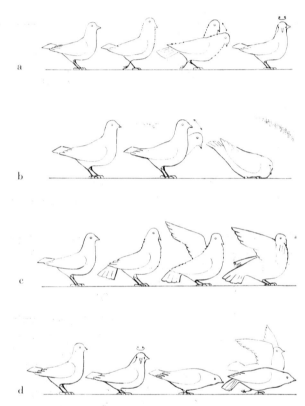

Abb. 59. Durch elektrische Hirnreizung ausgelöstes Verhalten bei der Haustaube.
a) Der generelle Verlauf der Beuge-Balz als Reaktion auf Reizung in der Area praeoptica: 1. Aufrichten von Kopf und Körper, Aufmerken; 2. Auflockern der Federn des Halses, Kropfbewegungen, Gehen; 3. Kreisgehen, Verbeugungen, Beuge-Rufe, Schwanzsenken; 4. Einstellen des Gehens, Aufmerken. b) Der generelle Verlauf des Nest-Zeigens, ebenfalls von der Area praeoptica her ausgelöst: 1. Aufmerken; 2. Nicken, Nest-Rufen; 3. Intensive Nest-Rufe, Flügelvibrationen. c) Defensiv-Drohen als Antwort auf Reizungen im ventralen diencephalen Höhlengrau: 1. „Einfrieren", 2. Federn-Auflockern im Nacken und am Körper, Schwanzsenken; 3. Ducken, Flügel-Anheben, „Alarm"-Ruf; 4. Flügelschläge, „wao"-Ruf. d) Flucht als Reaktion auf Reizung im lateralen Hypothalamus: 1. Aufmerken; 2. schnelle Kopfwendungen, Ducken; 3. Kriechen (geducktes Laufen); 4. Auffliegen oder Rennen mit gesenktem Schwanz. Reizdauer in allen Versuchen: 30 s (nach AKERMAN 1966).

gemeinsame Bereiche beider Felder werden im Tectum opticum am selben Ort repräsentiert. Wahrscheinlich wird die Repräsentation der Netzhaut in dem Stratum medullare superficiale räumlich von den zugeordneten motorischen Tectum-Neuronen wiederholt (s. auch Abb. 68). Dadurch kann die Kröte die optische Lagedifferenz (Differenz zwischen Abbildung auf der Retina und Fixierstelle) mit einer Bewegung ausgleichen, da die „Verrechnungsbeträge" durch die neuronale Repräsentation unmittelbar vorgegeben sind. Das würde dem Konzept des „visuellen Greifreflexes" von AKERT gut entsprechen.

Bei **Cephalopoden** *(Octopus)* konnte ebenfalls ein Zusammenhang zwischen spezifischen Verhaltensweisen und bestimmten zentralnervösen Strukturen nachgewiesen werden. Diese Gruppe zeichnet sich durch die stärkste Tendenz zur Kephalisation und Zerebralisation innerhalb der Mollusken aus. Der Lobus verticalis des Gehirns, der seine Impulse aus dem Lobus opticus erhält, ist bei *Octopus* maßgeblich am Angriffsverhalten beteiligt. Auch Berührungsreize, chemische Informationen und Schmerzreize laufen über diesen Bereich. Im Gebiet des visuellen Systems bestehen eine „untere" und eine „obere" Schleife. Die untere Schleife wirkt als Verstärkersystem; wird sie experimentell ausgeschaltet, können die Zentren der oberen Schleife allein den Angriff (auf eine Krabbe) nicht mehr auslösen. In beiden Schleifen sind offenbar zwei Zentren in Serie geschaltet, wobei das erste (von jedem Paar) das Angriffsverhalten aktiviert, das zweite es dagegen hemmt. Werden die oberen Schleifen unterbrochen, dann bleibt zwar das Angriffsverhalten bestehen, aber nicht mehr ohne Störungen. Wird der mediane obere Frontallappen entfernt, nachdem bereits der Vertikallobus abgetragen wurde, reduziert sich das Angriffsverhalten, Operationen in umgekehrter Reihenfolge dagegen führen zu einer Steigerung der Aggressionen. Werden nun die Vertikallobi entfernt, sind Attacken häufiger als bei Tieren, denen nur die Frontallobi abgetragen wurden. Die grundsätzlichen Beziehungen zwischen diesen Hirnbereichen, den Augen und dem Verhalten unter verschiedenen Reizbedingungen veranschaulicht Abb. 60.

Für die Verarbeitung optischer Informationen liegen aus der letzten Zeit auch Untersuchungen an **Insekten** vor, die eine Reihe wichtiger Zusammenhänge aufzeigen, die für die Beurteilung des Verhaltensaufbaus auf der neurophysiologischen Ebene sehr wesentlich sind. Bei binokularer Reizung der Fazettenaugen von Schwärmern *(Sphinx)* zeigen sich folgende Möglichkeiten:

a) In Hinblick auf den „Ein-Aus-Effekt" (On-Off) positive Antworten auf die „Ein"-Komponenten der Reize bei beiden Augen.

b) Positive Antworten auf die „Ein"-Komponenten bei beiden Augen, aber mit strikter Hemmung der „Aus"-Komponente bei einem Auge.

c) Positive Antworten auf die „Ein"-Komponente bei einem Auge, doch mit gleichzeitiger Hemmung dieser Komponenten beim kontralateralen Auge.

d) Positive Antworten auf die „Ein"-Komponente bei einem Auge unter gleichzeitiger schwacher Hemmung beim anderen Auge.

Die Hemmung eines Neurons kann für die Dauer des kurzen Reizes bestehen oder diesen auch überdauern. Neurone des sogenannten B-Typs können bei einem Lichtblitz von 2 m/s den Hemmungs-Effekt einer „Aus"-Komponente etwa 2—3 s nach dem Reiz ausüben, und die unmittelbare Hemmung am kontralateralen Auge (Beispiel c) dauert bei Beleuchtung des ipsilateralen für 1 s etwa 300 bis 400 m/s. Die Laufzeit der hemmenden wie aktivierenden Impulse vom Auge bis zum Lobus medialis des Vorderhirns (Protocerebrum) wird mit 18 bis 25 m/s angegeben; das

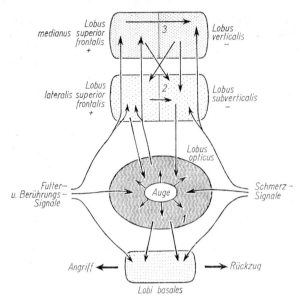

Abb. 60. Diagramm der Zentren, die bei dem Cephalopoden *Octopus* die Aktivität kontrollieren. 1, 2 und 3 sind die drei Ebenen, auf denen Angriffe auf optische Reize hin kontrolliert werden (nach YOUNG 1964).

gilt auch für den Weg zum kontralateralen Lobus. Die Untersuchungen ergeben Hinweise auf eine Bahn, die von den Augenganglien direkt (kontralateral) auf das Bauchmark führt, während die Hauptimpulse für die Motorik jedoch über das Vorderhirn gehen, von hier bis zum Bauchmark mit einer Laufzeit von etwa 28—35 m/s.

Selbst bei so einfach gebauten Mehrzellern wie der Gattung *Hydra* unter den **Coelenteraten** konnten in den letzten Jahren mehrere nervöse Schrittmacher-Systeme nachgewiesen werden (PASSANO, MacCULLOUGH):

Bezeichnung	Ort	Funktion	Leitendes neuronales Netzwerk
Rhythmisches Potential	Unterer Stamm	Koordinierte Aktivität Kontrolle anderer Schrittmacher Systeme	Entodermales Nervennetz (?)
Kontraktions-Bursts	Sub-Hypostom	Periodische totale Kontraktion des Stammes mittels ektodermaler Muskel	Ektodermales Nervennetz (?)
Anheftungs-Bursts	Tentakel-Basis	Beginn der Fortbewegung	Rhythmisches Potential-System (?)
Tentakel-Bursts	Proximale Teile der Tentakel	Kontraktion der Tentakel	Unbekannt; nicht im Stamm nachweisbar

Die Entwicklung elektronischer Systeme zur Stimulation komplexer Leistungen, wie sie das Nervensystem vollbringt, haben die Bedeutung der absoluten Anzahl der „Elemente" im System erneut betont. RENSCH hat wiederholt darauf hingewiesen, daß „eine rein quantitative Zunahme in der **Struktur von Hirnen** und Sinnesorganen eine Höherentwicklung bedingen kann". Nun gibt es in biologischen Systemen keine Mengenzunahme ohne gleichzeitige Zunahme gespeicherter Informationen und damit der Differenzierung. Die Vermehrung von Teilgliedern erfolgt nicht additiv, sondern integrativ.

So kann aus einer quantitativen Vermehrung neutralen Materials auf qualitativ höhere Leistungen geschlossen werden. Die zunehmende Ausgestaltung bestimmter zyto- und myeloarchitektonischer Strukturen im visuellen Großhirnrindenbereich bei Primaten zeigt eine deutliche Beziehung zu komplexeren Mustern (und erhöhter Bereitschaft) manueller Betätigung. PORTMANN hat über die Indizes die Relationen verschiedener Hirnteile bei unterschiedlichen Tiergruppen errechnet. Diese Indizes drücken als Quotienten aus, wievielmal an Masse ein Hirnteil höherer Ordnung einer als Elementarteil gewählten Einheit niederer Ordnung überlegen ist. Für einige wichtige Hirnteile bei Insekten ergaben sich danach:

	Plecoptera	Orthoptera	Isoptera	*Apis*	*Musca*
Optische Ganglien	139,9	357,5	25,9	282,2	402,9
Antennen-Glomeruli	32,8	28,4	13,1	15,6	7,4
Zellenteil der Pilzkörper	1,9	11,5	22,7	42,6	6,3

Die Pilzkörper (Corpora pedunculata) werden als die höchstdifferenzierten Gebiete im Insektengehirn aufgefaßt. Abb. 45 zeigt einige prinzipielle Zusammenhänge zwischen den Leistungen des Insektenhirns und der Bewegungsaktivität.

Für einige Vogelarten wurden folgende Indexgruppen bestimmt:

	Stammrest	Mittelhirn	Kleinhirn	Hemisphären
Wendehals *(Jynx torquilla)*	1,21	0,82	0,86	4,62
Mittelspecht *(Dryobates medius)*	1,56	1,04	1,63	11,04
Grauschnäpper *(Muscicapa striata)*	1,13	0,84	0,97	4,28
Kohlmeise *(Parus major)*	1,44	1,17	1,09	8,92
Lachmöwe *(Larus ridibundus)*	1,42	1,25	1,70	5,36
Papageitaucher *(Fratercula arctica grabae)*	2,03	1,15	2,48	7,57

Zu den bisherigen Kenntnissen der Verhaltensorganisation lassen sich bei Vergleich etwa gleich großer Singvogelarten in Hinblick auf die Indizes der Hemisphären durchaus Beziehungen herstellen:

Muscicapa striata	4,28	*Carduelis carduelis*	6,47
Delichon urbica	2,28	*Parus caeruleus*	8,77
Acrocephalus scirpaceus	4,41	*Parus major*	8,92
Erithacus rubecula	5,01		

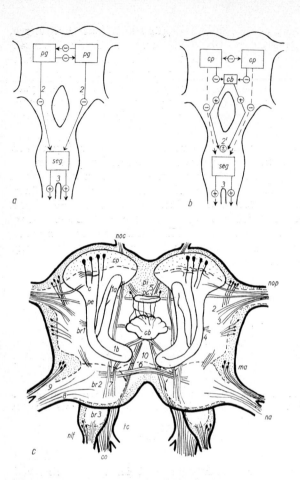

Abb. 61. Schematische Darstellung des Zusammenwirkens von Gehirn und Unterschlundganglion (Suboesophagealganglion) bei der Kontrolle der lokomotorischen Aktivität bei Insekten:
(a) *Mantis* und (b) *Gryllus*. (c) Frontalschnitt durch das Gehirn von *Gryllus* (punktiert: Ort der Nervenzellen, hell: Neuropil.). br. 1 Protocerebrum; br. 2 Deutocerebrum; br. 3 Tritocerebrum; c Calyx; cb Zentralkörper; co Circumoesophageal-Kommissur; cp Corpus pedunculatum (pilzförmiger Körper); la Alpha-Lobus; lb Beta-Lobus; ma motorisches Antennen-Zentrum; na Antennen-Nerv; nlf Labrofrontal-Nerv; noc Ocellar-Nerv; nop Tractus opticus; pc Pons cerebralis; pe Pedunculus; pg Protocerebralganglion; pi Pars intercerebralis; seg Subösophagealganglion; tc Tritocerebral Kommissur. a) und b) 1 Gekreuzte wechselseitige Hemmung zwischen den Protocerebralganglien oder Corpora pedunculata; 1′Hemmung der Zentralkörper durch die C. pedunculata; 2 Hemmung des Unterschlundganglions durch die Cerebralganglien; 2′Steuerung der Aktivität des Unterschlundganglions durch Erregungen und Hemmungen von den C. pedunculata und vom Zentralkörper; 3 Kontrolle der motorischen Zentren im Thorax. c) 1, 2, 3 Äste des Tractus opticus, ein Ast tritt in die Calyx ein; 4 Optische Kommissur; 5 Ozellar-Trakt; 6 Antennal-Kommissur; 7 Tractus olfactorio-globularis; 8, 9 sensorische und motorische Wurzeln des Antennen-Nerven; 10 Bahnen, die den Zentralkörper mit dem Bauchmark verbinden (verändert nach HUBER aus ROEDER 1963).

Noch eindrucksvoller sind die Zahlen für die Großhirn-Indizes bei Vögeln, wenn Mittelwerte größerer systematischer Einheiten verglichen werden (nach PORT-MANN):

Galli	2,93	Accipitres	8,52
Columbae	3,52	Steganopodes	9,71
Charadriidae	5,16	Sphenisci	9,31
Ralli	5,54	Paridae	8,06
Casuarii	4,18	Picidae	12,53
Struthionidae	4,27	Corvidae	14,60
Anatidae	5,70	Strigidae	14,53
Gressores	6,85	Psittacidae	14,95

Schließlich seien auch noch einige Indizes bei Säugetieren (nach PORTMANN) gegeben:

	Riechhirn	Kleinhirn	Stammrest	Hirnmantel
Muridae	0,638	0,61	1,28	1,92
Cavioidea	1,28	1,72	2,95	7,60
Oryctolagus	0,77	1,29	2,82	4,60
Lepus	0,81	1,34	2,67	5,10
Procavia	1,58	1,74	2,82	8,5
Elephas	1,36	30,20	9,95	70,0
Tapiridae	1,82	2,92	3,20	12,6
Equidae	1,65	5,34	6,82	32,3
Suidae	1,15	2,34	3,44	14,1
Cervidae	2,30	4,00	6,26	28,2

Für den Hirnmantel (Neopallium) ergeben sich für verschiedene Säugetiergruppen folgende Werte:

Erinaceus, Sorex	0,7	Cervidae	28,2
Talpa	1,1	Bovidae	20,1
Microchiroptera	1,1	Giraffidae	29,5
Muridae	1,9	Hyracoidea	8,5
Cavioidea	7,0	*Elephas*	70,0
Dasypus	2,8	Tapiridea	12,6
Mustelidae	13,2	Equidae	32,3
Canidae	16,7	Prosimii	13,5
Felidae	18,4	Cercopithecidae	38,3
Ursidae	23,3	Anthropomorpha	49,0
Hyomoschus	12,0	*Homo*	170,0
Suidae	14,0		

Bei den Säugetieren haben zahlreiche Messungen (PILLERI) den Beweis erbracht, daß mit zunehmender Höhe der Entwicklungsstufe der Quotient Hypothalamuslänge : Großhirnlänge abnimmt. Damit kann dieser Quotient als Ausdruck der **Zentralisation** verwendet werden.

Beispiele:

Lemuridae	*Lemur macao*	0,15
	Lepilemur spec.	0,23
	Microcebus murinus	0,20
Indridae	*Propithecus verreauxi*	0,13
Lorisidae	*Loris tardigradus*	0,21
	Galago spec.	0,20
Cebidae	*Cebus fatuellus*	0,11
	Saimiri sciureus	0,12
	Lagothrix humboldti	0,13
Callithricidae	*Hapale jacchus*	0,17
Cercopithecidae	*Cercopithecus* spec.	0,12
Pongidae	*Pan troglodytes*	0,09
	Gorilla gorilla	0,10
Hominidae	*Homo sapiens*	0,07—0,08
Delphinidae	*Globicephala melaena*	0,074

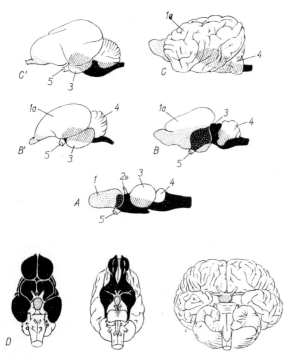

Abb. 62. Wirbeltiergehirne von steigender Komplikation (Stammrest schwarz
eingezeichnet). a) Grundtypus, wie er bei altertümlichen Fischen oder Amphibien vorkommt. B niedere Säugerstufe (z. B. Igel). C höhere Säugerstufe (Huftiere). B' niedere
Stufe der Vögel (Hühner oder Regenpfeifer). C' höhere Vögel (Papagei). 1 Hemisphären
(Riechhirn punktiert); 1a höhere Zentren der Hemisphären; 2 Zirbeldrüse; 3 Mittelhirn;
4 Kleinhirn; 5 Augennerv. D Säugetiergehirne von der Unterseite gesehen. Der
Riechhirnanteil ist schwarz. Er ist mächtig beim Gürteltier (links), noch sehr stark
beim Hund (Mitte), nicht mehr sichtbar beim Delphin (rechts) (nach PORTMANN 1961).

Der Mensch weist innerhalb der Primaten die höchste Zentralisationsstufe auf; unter den Walen wird diese Stufe vom Tümmler und vom Grindwal *(Globicephala)* erreicht, von Fleckendelphinen *(Stenella)* sogar überschritten. Die anatomischen Befunde weisen dem Gehirn der Delphine eine gleiche Differenzierungsstufe zu wie dem des Menschen, wenn auch stammesgeschichtlich sicher als Konvergenz (Parallelentwicklung).

Die gegenüber dem Menschen begrenzten motorischen Möglichkeiten bei den Delphinen machen es wahrscheinlich, daß vor allem das Kommunikationssystem an dieser so eindrucksvollen und bislang nur unzulänglich verständlichen Entwicklung entscheidenden Anteil hatte.

Zu den prinzipiellen Leistungsformen zentralisierter Nervensysteme gehören nicht nur die Handlungsmuster, der Einbau von Erfahrungen (Verhaltensregulation), sondern auch Generalisierungsvorgänge, wobei die komplexen „Schaltungen" der Teilglieder eine „Bedeutungsmatrix" im Sinne von STEINBUCH liefern können. KOEHLER nannte Leistungen dieser Art „**Grundvermögen**" oder auch vorsprachliche Begriffsbildungen. Er hat sie in ausgedehnten und grundlegenden Versuchen speziell an Vögeln und Säugetieren nachgewiesen. Die Versuchstiere lernten dabei, bestimmte Anzahlen abzuhandeln, etwa eine bestimmte Anzahl von Futterbrocken aufzunehmen. Derartige averbale Zahlbegriffe haben ihre obere Grenze (auch beim Menschen) bei 6 bis allenfalls 8. Bei manchen Arten (Kolkrabe) gelang es auch, optisch dargebotene Zahlen abhandeln zu lassen, und ein Graupapagei konnte auch nach gehörten Anzahlen (etwa 4 Signaltöne, gleichviel mit welchem Instrument oder in welcher Tonhöhe) eine entsprechende Anzahl von Futterbrocken (Körner) aufnehmen. Ein Graupapagei, der erlernt hatte, auf 2 oder 3 Lichtsignale aus 8 verdeckelten Schalen eine entsprechende Anzahl von Körnern zu entnehmen, übertrug diese Fähigkeit ohne weitere Dressur sofort auf den akustischen Bereich und handelte nach Tonsignalen entsprechend. In der Schule von RENSCH sind in diesem Zusammenhang ebenfalls zahlreiche Untersuchungen durchgeführt worden, die **Generalisationen** nachweisen. So lernte eine Zibetkatze „ungleich" gegenüber „gleich" zu unterscheiden, wobei zwei ungleiche Muster als positives Signal gegenüber zwei gleichen als negatives geboten wurden. Es konnten nach gelungener Dressur die Positivsignale völlig abgeändert werden; wenn das Paar ungleich blieb, behielt es auch seinen Dressurwert.

3.3.1.2. Humorale Integration

Wirkstoffe, die über Flüssigkeitssysteme des Körpers an die Stätten ihrer Wirksamkeit gelangen, sind im Tierreich weit verbreitet, und ihre Erforschung ist noch voll im Gange. Besonders sind viele Fragen der speziellen Wirkmechanismen noch ungeklärt. Die regulativen Funktionen innerhalb des Körpers sowie auch Leistungen, die den Organismus in spezifische Beziehungen zu seiner Umwelt setzen, haben enge Beziehungen zu den Aufgaben des Nervensystems. Der Transportweg gestattet den Einsatz an sehr unterschiedlichen Orten im Körper, wird freilich durch einen höheren Zeitanspruch erkauft, da die Leitungsgeschwindigkeit im allgemeinen erheblich hinter jener der Nervenbahnen zurückbleibt. Auch in diesem Falle werden Botschaften (Nachrichten) codiert, und zwar chemisch. Nach GERSCH ist die ursprüngliche Form der chemischen Nachrichten-Übertragung im Organismus durch die **Neurokrinie** gegeben, also die **Neurosekretion.** Hierbei handelt es sich um eine sekretorische Tätigkeit bestimmter Nervenzellen, die auch neurosekretorische Zellen genannt werden. Es gelang, durch bestimmte Färbemethoden das Sekret darzustellen. Die Zellen selbst erweisen sich bei den verschiedenen Tiergruppen als ähnlich gebaut und enthalten im Zytoplasma sowie in den Axonen Elementargranula von 1000 bis 3000 Å Durchmesser. Bei verschiedenen niederen Tiergruppen scheinen die Neurosekrete die einzigen humoral wirksamen Botenstoffe im Körper zu sein. Oft haben sich auch Neurohaemalorgane herausgebildet, in denen diese Stoffe gespeichert werden, ehe sie endgültig in die Blutbahn gelangen. Solche Organe können aus sekrethaltigen Faserzügen bestehen. Bei den Arthropoden haben sich daraus teilweise differenzierte Anhangsgebilde des Gehirns entwickelt, wie etwa die Corpora cardiaca der Insekten. Wirbeltiere haben in dem Hypophysen-Hinterlappen ein solches Neurohaemalorgan, während die Neurosekrete vor allem im Bereich des Hypothalamus erzeugt werden.

Die endokrinen Drüsen der Wirbellosen stammen vom äußeren Keimblatt (Ektoblast). Sie werden von übergeordneten neurosekretorischen Systemen kontrolliert

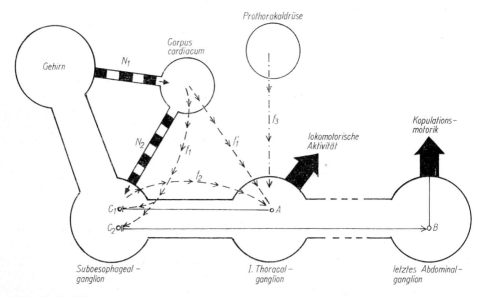

Abb. 63. Beziehungen zwischen endokrinen Faktoren, nervöser Aktivität und dem Verhalten bei Insekten. Lokomotorische Bewegungen und Kopulationsbewegungen beruhen auf endogener Aktivität von Ganglien im Thorax (A) bzw. im Abdomen (B). Diese Aktivität wird durch Nervenimpulse der Zentren C_1 und C_2 im Suboesophagealganglion gehemmt. Diese Kontrolle wird ihrerseits durch endokrine Faktoren der Corpora cardiaca (f_1) gehemmt, die auch die Tätigkeit in dem thoracalen Ganglion hemmen können (f'_1). Rhythmische Aktivität wird möglicherweise unmittelbar von neurosekretorischen Faktoren vom Suboesophagealganglion kontrolliert (f_2) (dieser Zusammenhang ist umstritten, sicher sind hieran auch die Corpora allata und Neurosekrete der Pars intercerebralis im vorderen Hirnabschnitt = Protocerebrum beteiligt). Die lokomotorische Aktivität wird bei manchen Insekten durch Ecdyson vermindert (f_3); es wird von den Prothorakaldrüsen erzeugt. Der Suboesophageal-Faktor (f_2) könnte auch durch Neurosekrete der Corpora cardiaca beeinflußt werden, die über Nervenbahnen zu dem Unterschlundganglion gelangen. N_1 repräsentiert Neurosekrete, die vom Gehirn zu den Corpora gelangen (aus CARTHY 1965 nach HIGHNAM).

und gesteuert. So sind die Corpora allata der Insekten Hormondrüsen, die von der Epidermis gebildet werden und topographisch wie funktionell enge Beziehungen zu den Corpora cardiaca aufweisen. Sie werden vom Gehirn aus nervös und hormonal gesteuert. Durchaus vergleichbar ist die enge Beziehung zwischen dem ebenfalls aus der Haut (Epidermis) gebildeten Vorderlappen der Hypophyse der Wirbeltiere mit dem Hinterlappen (Neurohypophyse), der aus dem Zwischenhirn (Infundibulum) hervorgeht.

Eine gewisse Sonderstellung nehmen die Keimdrüsen (Gonaden) ein, die bei vielen Tiergruppen ebenfalls hormonale Funktionen haben.

Von den Neurohormonen werden zahlreiche Stoffwechselvorgänge im Körper gesteuert. Im Bereich des Verhaltens lassen sich zwei Hauptgruppen hormongesteuerter Leistungen unterscheiden:

1. Neurohormonale Verhaltenssteuerung (Gebrauchshandlungen)
2. Neurohormonale Steuerung von Signalsystemen (Signalbewegungen, Farbwechsel, Absonderung von Pheromonen).

Diese Zusammenhänge sind bislang weitaus am besten im Bereich des Fortpflanzungsverhaltens untersucht, aber auch tageszeitliche Muster der lokomotorischen Aktivität oder des Farbwechsels unterliegen derartigen Steuermechanismen.

Fast alle bislang untersuchten Hormondrüsen haben tagesperiodische Rhythmen. Zwischen diesen und den Leistungen anderer Systeme des Körpers bestehen Phasenbeziehungen, die sich teilweise auf Prinzipien der negativen Rückkoppelung zurückführen lassen. Bei *Carabus* und anderen Insekten besteht ein Zusammenhang zwischen der Bewegungsaktivität und den circadianen Rhythmen der Corpora allata (s. auch S. 52).

Diese Corpora allata konnten in den letzten 20 Jahren als Aktivator für Verhaltensbereitschaften im Rahmen der Fortpflanzung bei verschiedenen Insekten erkannt werden, wobei jedoch häufig geschlechtsspezifische Unterschiede bestehen. So wird bei den Männchen von *Euthystira* das Sexualverhalten von diesen Drüsen nicht beeinflußt, während bei den Weibchen mit dem Fortpflanzungsverhalten korrelierte Größenänderungen der Drüsen nachgewiesen sind. Weibchen der Schabe *Leucophaea* werden nach Entfernen der Corpora allata nur zu etwa 30 % (gegenüber normal 90 %) aller Weibchen begattet, während dieser Prozentsatz wieder auf 82 % ansteigt, wenn nach der Operation aktive Drüsen implantiert werden. Doch haben hier, wie allgemein bei Insekten, die Keimdrüsen selbst keinen Einfluß auf das Sexualverhalten. Bei der Schabe *Byrsotria* wird auch die Produktion der Pheromone, die das Männchen anlocken und sein Verhalten auslösen, von den Corpora allata gesteuert.

Bei den Weibchen des Schmetterlings *Phytometra gamma* gelang es, durch Verfütterung von Vitamin E eine vorzeitige Gonadenreifung zu erzielen, die mit entsprechenden Verhaltensweisen verbunden war. Bei den Wanderheuschrecken der Gattung *Schistocerca* sind die Corpora allata sowohl für die Bildung eines epidermalen Pheromons, das andere (unreife) Tiere in ihrer Entwicklung beschleunigt, sowie für den Farbwechsel und das dann auftretende Sexualverhalten verantwortlich.

CASSIER hat den Versuch unternommen, für die Wanderheuschrecke *Locusta migratoria* das Zusammenwirken hormonaler mit anderen inneren wie äußeren Faktoren beim Aufbau des Verhaltens (speziell der Phototaxis) darzustellen:

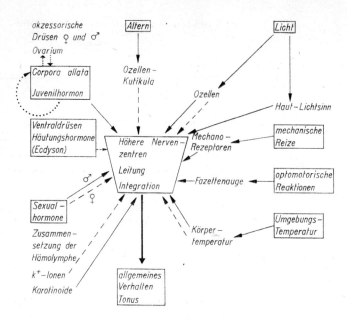

akzessorische Drüsen ♀ und ♂
Ovarium
Corpora allata
Juvenilhormon

Ventraldrüsen
Häutungshormone
(Ecdyson)

♂
♀
Sexual –
hormone
Zusammen –
setzung der
Hämolymphe
k⁺–Ionen
Karotinoide

Altern
Ozellen –
Kutikula
Ozellen
Mechano –
Rezeptoren
Fazettenauge
Körper –
temperatur

Höhere Nerven –
zentren
Leitung
Integration

allgemeines
Verhalten
Tonus

Licht
Haut – Lichtsinn
mechanische
Reize
optomotorische
Reaktionen
Umgebungs –
Temperatur

(Ausgezogene Linien bedeuten Bahnung, gestrichelte Hemmung und punktierte "feed–back".)

Für die **Knochenfische** (**Teleostei**) konnte wahrscheinlich gemacht werden, daß zwei hormonale Steuersysteme auf das Fortpflanzungsverhalten einwirken. Die bekannten Verhaltensfolgen des Stichling-Männchens (Abb. 72) in der Fortpflanzungsperiode werden durch das luteinisierende Hormon des Hypophysenvorderlappens und durch Androgene beeinflußt. Auch Stichlingsweibchen, denen über längere Zeit Androgene verabreicht werden, zeigen fast alle diese Verhaltensweisen, den „Zick-Zack-Tanz" ausgenommen, da dieser wohl im genetischen Code der Weibchen nicht festgelegt ist.

Die Brutpflege scheint von einem anderen hormonalen System gesteuert zu werden. Bei *Crenilabrus ocellatus* konnte durch Prolaktin-Injektionen das typische Brutpflege-Fächeln auch dann ausgelöst werden, wenn alle spezifischen Außenreize (Eier, Nest, CO_2 u. a.) fehlten. Ähnliche Effekte wurden auch bei dem Skalare *(Pterophyllum)* erzielt. Hier konnten außerdem wieder durch follikelstimulierende Hormone (FSH), luteinisierende Hormone (LH) oder Choriongonadotropin Balzelemente im Verhalten ausgelöst werden.

Das gesamte Zusammenwirken hormonaler und äußerer Faktoren im Fortpflanzungsverhalten des Stichlingsmännchens *(Gasterosteus)* kann nach HOAR wie folgt dargestellt werden, Schema S. 153:

Die möglichen Wechselbeziehungen zwischen den Hormonen und dem Verhalten hat LEHRMAN auf die Formel gebracht: Hormone machen Verhalten und Verhaltensweisen Hormone. Tatsächlich können verschiedene Außenfaktoren die Hormonaktivität beeinflussen. Für Taubenweibchen kann allein der Anblick (und das Hören) von Männchen genügen, um das Sexualverhalten zu aktivieren, während kastrierte Männchen, durch eine Scheibe getrennt, hemmend auf die Ovarient-

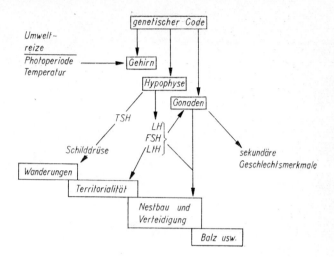

wicklung wirken. Die Reifung der Testes bei Weberfinken *(Quelea)* kann allein durch den Anblick des zum Nestbau notwendigen grünen Grases beeinflußt werden.

Die möglichen Beziehungen der Hormonwirkungen im Rahmen der Fortpflanzung bei **Vögeln** sind nach EISNER im Schema (S. 154) dargestellt.

Zunehmende Gonadenreifung und damit gesteigerte Abgabe von Androgenen und Östrogenen leiten die erste Phase der Fortpflanzung ein, wie das Territorialverhalten, bestimmte Lautäußerungen (z. B. Motivgesang) und die Balz. Paarung und Nestbau erfordern einen relativ hohen Spiegel an Östrogenen und Androgenen unter

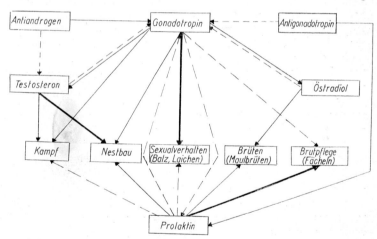

Abb. 64. Vereinfachtes Schema über Untersuchungen zur hormonalen Verhaltenssteuerung bei Fischen. Ausgezogene Linien: Aktivierung von Verhaltenstendenzen und positive Rückmeldungen zwischen Hormonen. Unterbrochene Linien: Hemmung von Verhaltenstendenzen und negative Rückmeldungen oder Blockierung bei Hormonen. Der Übersichtlichkeit halber sind die wechselseitigen Hemmungen der verschiedenen Verhaltenstendenzen fortgelassen. Jede dominierende Tendenz (dicke Pfeile) hemmt alle anderen (nach FIEDLER 1970).

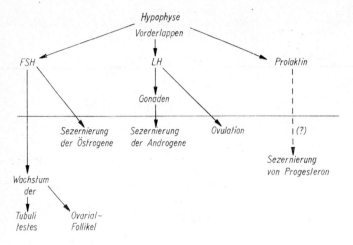

Mitwirkung verschiedener Außenfaktoren, die diesen Hormonspiegel ebenfalls beeinflussen können. Für die Lautgebung konnte bei Hühnern wahrscheinlich gemacht werden, daß ein einheitliches Kontrollsystem besteht, da Testosterongaben die verschiedensten Lautäußerungen in Hinblick auf Differenzierung und Wiederholungstendenzen beeinflußten.

Testosteron hat auch Einfluß auf die Entwicklung der Lautgebung, so daß Hähne, denen im Alter von 3 Tagen dieses Hormon appliziert wird, schon mit etwa 7 bis 10 Tagen zu krähen beginnen. Auch bei Stockenten tritt unter diesen Bedingungen der Stimmbruch früher auf. Solche Jungerpel zeigen mit 13 Tagen bereits stark verringertes Fluchtverhalten und erhöhte Angriffsbereitschaft, und erste Paarungsbewegungen treten im Alter von 14 Tagen, Balzbewegungen mit 26 Tagen auf. Auch die individuelle Bindung an Artgenossen wird vorverlagert. Prolaktingaben können bei Männchen die Gesangsaktivität mindern, wenn sie während der Entwicklung verabreicht werden *(Molothrus ater)*.

ANTHONY hat für **Säugetiere** folgendes Übersichtsbild entworfen:

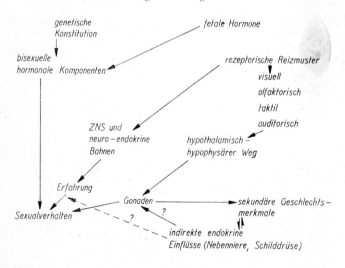

154

Außerdem werden Zeitfaktoren als beeinflussende Komponenten genannt: Ontogenese, Alter, Erfahrung und physiologische Rhythmen.

Im allgemeinen gilt, daß die Handlungsbereitschaft im Bereich des Sexualverhaltens quantitativ nicht unmittelbar mit der Höhe des Hormonspiegels gekoppelt ist. BEACH hat diese Bereitschaft als Sexual Arousal Mechanism (SAM) bezeichnet.

Die Wirkung der Androgene beruht vor allem auf einer Steuerung der Differenzierung der hypothalamischen Funktionen, die beim Aufbau der männlichen und weiblichen Verhaltensmuster beteiligt sind. Bei kastrierten Kaninchen konnte durch Applikation von Testosteron-Propionat bzw. Östrogen in beiden Geschlechtern wieder volles Sexualverhalten aktiviert werden. Bei Ratten-Weibchen wird jedoch eine postnatale endokrine Differenzierung des Hypothalamus angenommen: die Regulation der Ovarialzyklen wird erst später durch Hormonabgaben im Bereich des Hypothalamus beeinflußbar als das hypothalamische Kontrollsystem für das Balzverhalten. Die ventromediale Region des Hypothalamus scheint nicht unmittelbar auf Östrogene anzusprechen, während der vordere Bereich des Hypothalamus sensibel ist und von hier aus die motorischen Musterbildungen, die vom ventromedialen Gebiet aus gesteuert werden, beeinflußt. Im Hypothalamus von Katzen konnte durch Applikation radioaktiv markierter Hormone eine selektive Ansprechbarkeit bestimmter Neurone für diese Substanzen nachgewiesen werden. Die Weibchen haben ein hierarchisch strukturiertes Sexualverhalten; die verschiedenen Integrationsstufen lassen sich durch unterschiedliche Hormondosen reproduzieren.

An der Sekretion von Gonadotropin sollen zwei hypothalamische **Sexualzentren** beteiligt sein:

— im mittleren Hypothalamus hinter dem Ursprung des Hypophysenstieles. Abgabe von Releasing-Faktoren, die bei beiden Geschlechtern eine fortgesetzte Bildung von Gonadotropin und dessen Abgabe in das Blut aktivieren.

— im vorderen Hypothalamus (über dem Chiasma opticum). Dieses nur bei Weibchen vorhandene Sexualzentrum soll durch Umweltfaktoren ausgelöste Impulse oder auch zyklische Anregungen an das hintere Zentrum leiten und damit Einfluß auf die Ovalationsauslösung und den normalen Ovarialzyklus nehmen.

Liegt in einer kritischen Phase (vor oder in zeitlicher Nähe der Geburt) in dem reifenden Organismus ein Androgenspiegel vor, erfolgt eine sexuelle Differenzierung in männlicher Richtung; fehlt dieser, kommt es später zur zyklischen Gonadotropinsekretion und zu weiblichem Sexualverhalten. Liegt ein bestimmter Hormonspiegel im Blute vor, wird ein weiteres Zentrum im vorderen Hypothalamus (bei beiden Geschlechtern), das **Erotisierungszentrum,** gegenüber bestimmten Außenreizen aktiviert und führt damit zu einer Integration des entsprechenden Sexualverhaltens („mating center"). Die Untersuchungen von DÖRNER und Mitarbeitern haben durch Aufklärung dieser Zusammenhänge wesentliche Hinweise für das Entstehen bestimmter Formen der Homosexualität gewonnen und eine androgeninduzierte männliche Homosexualität im Tierexperiment erzeugen können (DÖRNER 1969).

Bei erfahrenen Tieren treten gewisse Stabilisierungen im Verhaltensmuster auf, so daß nach Hormonausfall die motorischen Muster diesen noch einige Zeit überdauern, ehe sie langsam abklingen, wobei zunächst die Endhandlung abgebaut wird und morphologische und physiologische Regressionen den weiteren Zerfall des Sexualverhaltens bedingen.

Auch das **Brutpflegeverhalten** wird weitgehend von Hormonen gesteuert. In allen diesen Fällen handelt es sich um Primer-Effekte, über welche zahlreiche verschiedene morphologische und physiologische Systeme des Körpers koordiniert und in einen bestimmten Funktionszusammenhang gebracht werden. Das gilt ebenso für gewisse Drüsen bei Vögeln (im Kropf z. B.) sowie die Milchdrüsen bei den Säugetieren oder den Brutfleck bei vielen Vogelarten. Es gilt aber auch für die Aktivierung spezifischer Bewegungsweisen, die zur Brutpflege und Aufzucht der Nachkommenschaft erforderlich sind, ein Verhalten, das bei Cephalopoden selten, bei Arthropoden und Vertebraten aber sehr verbreitet ist. Bei den Wirbeltieren sind die daran beteiligten hormonalen Systeme schon recht gut untersucht. Nestbauverhalten bei Fischen, Vögeln und Säugetieren wird hormonal gesteuert. Bei Kanarienvögeln kann sogar die Änderung in der Wahl des Nistmaterials, die kurz vor der Eiablage auftritt (erst Halme, dann Federn), auf hormonale Beeinflussung zurückgeführt werden. In erster Linie sind dabei Ovarialhormone im Spiel. Bei Lachtauben kann Injektion von 0,4 mg Diäthylstilböstrol über 7 Tage hinweg Nestbauverhalten aktivieren. Progesteron hat keinen Einfluß auf dieses Verhalten. Unklar sind die hormonalen Zusammenhänge bei den Männchen, die sich am Nestbau beteiligen. Beim Talegalla-Huhn *(Talegalla lathami)* errichten die Männchen die großen Brut-Laubhaufen. Die Kopf- und Nackenhaut wird wenige Tage vor Beginn des Nestbaus leuchtend rot. Das läßt mit Sicherheit auf hormonale Stimulation schließen. Während der Hauptphase der Nestbau-Aktivität steigt die Aggressionsbereitschaft des Männchens gegenüber dem Weibchen erheblich an. Das weist ebenfalls auf die Möglichkeit hormonaler Stimulation hin. Bei dem Nachtreiher *(Nycticorax nycticorax)* beteiligen sich beide Geschlechter am Nestbau; auch hier ändert sich zu dieser Zeit die Färbung (Schnabel, Läufe). Injektionen von Testosteron-Proprionat fördert bei beiden Geschlechtern das Nestbau-Verhalten, Östrogene haben keinerlei Einfluß.

Die Entwicklung eines Brutfleckes wird durch zwei Phasen bestimmt: 1. Abwerfen von Federn, 2. Zellvermehrung (stratum germinativum) in der Epidermis und Vaskularisierung („Ödem"). Die Untersuchungen an dem amerikanischen Icteriden *Agelaius phoeniceus* weisen auf eine Folge von verschiedenen Hormonwirkungen hin, wobei Östrogen, Progesteron und Prolaktin (sowie taktile Reize) beteiligt sind, die in einer bestimmten Sequenz aktiviert werden. Nach der Brutperiode besteht für die Haut eine Refraktärperiode, während der sie auf Hormone nicht anspricht.

Die Phase der Eiablage wird bei den Vögeln vor allem durch das Prolaktin bestimmt, das zugleich eine hemmende Wirkung auf die Gonaden ausübt und Follikel-Reifungen verhindert. Bei vielen Arten führt es auch bei Männchen zu Regressionen der Testes. Das Prolaktin scheint vor allem auf das luteinisierende Hormon (LH) und die Androgene hemmend zu wirken. Die eigentliche Brutperiode wird sicher vom Prolaktin mitgesteuert, doch sind hier noch viele Fragen ungeklärt. Bei Haustauben-Männchen besteht eine permanente Spermatogenese und Fortpflanzungsbereitschaft (im Verhaltensbereich); Brüten oder Füttern von Jungen führt jedoch zu Änderungen im histologischen Bild der Schilddrüse und des Kropfes, die wohl auf Prolaktin-Wirkungen zurückzuführen sind. Gleichzeitig vermindert sich das Volumen der Testes.

Der Einfluß des Balzverhaltens der Männchen auf die Absonderung gonadotroper Hormone bei Weibchen ist in vielen Fällen bekannt. Bei Lachtauben, die in reinen Weibchengruppen gehalten werden, zeigen einige Weibchen pseudomaskulines Verhalten mit komplettem Balzrepertoire. Trotzdem ist die Stimulation für die Absonderung gonadotroper Hormone in heterosexuellen Gruppen bei den

Weibchen stärker als in den homosexuellen. Auch bei den Laubenvögeln wirken die komplexen Balzmuster mit den mannigfachen optischen Signalen der Hilfseinrichtungen, die von den Männchen zusammengestellt werden, stark stimulierend auf die Weibchen. Vor allem liegt die Bedeutung dieser Signale in der Synchronisation der Sexualzyklen bei beiden Geschlechtern, wobei das Licht (über die wechselnden Taglängen) die Grobsynchronisation liefert. Versuche an Papageien haben gezeigt, daß die Lautgebung einen stimulierenden Einfluß auf die Ovarialentwicklung und auch auf die Volumenzunahme der Testes haben kann.

Das Brutpflegeverhalten gegenüber den aus dem Ei geschlüpften Jungen während der weiteren Aufzucht wird bei manchen Arten nur von einem Geschlecht, bei anderen von beiden ausgeführt. Verschiedene Versuche mit Prolaktin geben hier keine eindeutige Auskunft über die Mitwirkung dieses Hormons bei der Steuerung des Verhaltens. Lediglich bei Arten, die Kropfmilch absondern, ist das Prolaktin in das Steuersystem des Verhaltens eingebaut. Daneben kann ein gewisser indirekter Einfluß auf das Verhalten über die Gonaden-Hemmung nicht ausgeschlossen werden, die ja mit dem Abbau bestimmter Verhaltensweisen der Nestbau-Balz-Periode verbunden ist. Entscheidende Reize gehen vor allem von den Jungen selbst aus, sie können Primer- und Releaser-Effekte haben.

Die Frage, inwieweit der Gonadenstatus bei den Zugvögeln auch die Frühjahrswanderungen aktiviert, ist wiederholt diskutiert und untersucht worden. Im allgemeinen weisen die Befunde auf keine unmittelbare Beteiligung der Gonaden (und ihrer Hormone) an der Zugunruhe im Frühjahr hin. Die an dem amerikanischen Singvogel *Zonotrichia leucophrys gambelii* durchgeführten Untersuchungen ergaben bei Prolaktin-Injektionen eine nächtliche Zugunruhe, die durch Adrenocorticosteroid-Hormone noch verstärkt werden konnte, während Hemmstoffe für die Synthese dieser Hormone (z. B. Metapiron) auch die nächtliche Aktivität unterdrücken.

Das Fortpflanzungsverhalten wird in seinen verschiedenen Phasen auch bei den Säugetieren teilweise hormonal gesteuert. Hausmäuse können durch Progesteron-Gaben zum Bau von Brutnestern veranlaßt werden; Prolaktin hat dagegen hierauf keine Wirkung. Bei unbehandelten Weibchen tritt dieser Verhaltensumschlag (Bau der Brutnester) vom 4. zum 5. Tag der Trächtigkeit ein; das ist der Zeitpunkt, in der histologisch das Corpus luteum nachweisbar wird. Der Bau von Schlafnestern (bei Ratten) muß auch im Zusammenhang mit der Thermoregulation gesehen werden. So zeigen hypophysektomierte Tiere verstärktes Nestbau-Verhalten. Dasselbe tritt auf, wenn die Schilddrüse entfernt wird. Dadurch kommt es zu einer Senkung der Körpertemperatur, eine Wirkung, die bei Hypophysektomie durch Ausfall des thyreotropen Hormons indirekt ebenfalls erzielt wird. Dieses Beispiel soll andeuten, wie komplex die Hormonwirkungen im Bereich des Verhaltens sein können; der Effekt, den die Ausschaltung einer endokrinen Drüse im Verhalten hervorruft, läßt keineswegs von vornherein den Schluß zu, daß dieses Verhalten durch spezielle Hormone dieser Drüse gesteuert wird.

Entfernen der Gonaden hat bei Ratten und Mäusen keinen deutlichen Einfluß auf den Bau von Schlafnestern. Dagegen wird der Bau der Brutnester, wie bereits erwähnt, wesentlich von ihnen gesteuert. Bei den Männchen der Hausmäuse läßt sich jedoch eine Zunahme der Nestbauaktivität (auch bei kastrierten Tieren) durch Progesteron-Gaben nicht erzielen. Einen weiteren wesentlichen Einfluß auf das Verhalten (und den Hormonspiegel) üben die Jungen aus. Dabei scheinen die von den Jungen ausgehenden Reize den abfallenden Hormonspiegel des Progesterons funktionell zu kompensieren (Verlust der Jungen führt zu sofortiger Beendigung

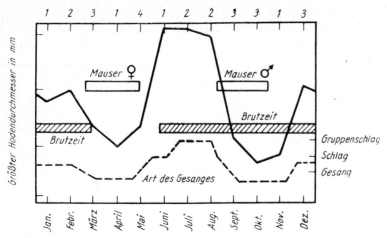

Abb. 65. Hodengröße, Brutzeit und Mauser in ihren Beziehungen zur Art des Gesanges im Jahresablauf beim Weißohrkolibri *(Hylocharis leucotis)* (nach H. O. WAGNER 1959).

des Nestbau-Verhaltens) und gleichzeitig den Hormonspiegel des Prolaktins anzuheben.

Viele Säugetiere ändern schon während der Trächtigkeit ihr Verhalten, sowohl gegenüber Artgenossen als auch auf den eigenen Körper bezogen (Zunahme von Komfortbewegungen u. a.). An diesen Veränderungen sind sicher hormonale Faktoren direkt oder indirekt (über den physiologischen Status und morphologische Änderungen) beteiligt. Im Zusammenhang mit der Geburt ist die bei Säugetieren weit verbreitete (aber keineswegs allen Arten zukommende) Plazentophagie zu erwähnen, mit der sich noch mancherlei ungelöste Probleme verknüpfen. Fast alle Landsäugetiere fressen die Plazenta nach der Geburt auf (Plazentophagie). Auch Mütter der Arten, die sonst nur pflanzliche Kost aufnehmen, zeigen dieses Verhalten; bei Menschenaffen wurde es gelegentlich beobachtet. Eine Bedeutung scheint darin zu liegen, daß hiermit Nährstoffe zugeführt werden, die eine Periode sonstiger Enthaltung der Nahrungsaufnahme nach der Geburt zu überdauern ge-

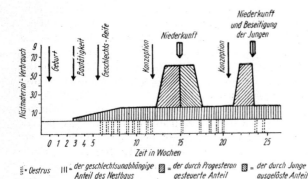

Abb. 66. Schematische Darstellung der Nestbauaktivität unbehandelter Hausmäuse während eines Lebensablaufes (nach KOLLER 1955).

158

statten. Nach SLIJPER ist dieses Verhalten auch beim Menschen noch nicht völlig verlorengegangen (z. B. bestimmte Volksstämme in Südamerika). Es werden auch spezifische physiologische Wirkungen der aufgenommenen Plazenta auf den mütterlichen Körper diskutiert.

Ähnliches gilt auch für das spezifische Pflegeverhalten vieler Säuger, das als Eintragen der Jungen bezeichnet wird. Es wird durch Junge ausgelöst, die sich außerhalb des Nestes befinden und aus eigener Kraft zu diesem nicht zurückkehren können (bei ,,Nesthockern''). Wahrscheinlich ist das Prolaktin an der Steuerung dieses Verhaltens beteiligt. Chemische Reize sind bei manchen Arten wesentliche Auslöser dieses Verhaltens, daneben kommen aber auch akustische und visuelle in Betracht. Prolaktin ist bei den Säugetieren natürlich für die Funktion der Milchdrüsen der grundlegende Aktivator. Bei der Ejektion der Milch dürfte außerdem das vom Hinterlappen der Hypophyse gebildete Oxytocin wesentlich sein. Starke Reize können vermutlich über Adrenalinausschüttungen zur Hemmung der Oxytocin-Abgabe und damit der Milch-Ejektion führen. Die vom Saugen der Jungtiere ausgehenden Reize wirken wiederum auf den Prolaktin-Spiegel während der Laktationszeit. Bei Kaninchen konnte nachgewiesen werden, daß bei Behinderung des Milchabflusses Mütter mehrfach am Tage, statt nur einmal, die Jungen zu säugen versuchen, so daß von hier ein wesentlicher Reiz für die Verhaltensbereitschaft ausgehen muß. Das Verhaltensmuster ist im Genom verankert, und Meerschweinchen-Männchen, die durch Prolaktin-Gaben zur Laktation gebracht wurden, wichen Jungen stets aus, die bei ihnen zu saugen versuchten.

3.3.1.3. Handlungsbereitschaften

Das Verhalten der Tiere kann quantitativ nicht in eine direkte Beziehung zu den Außenreizen gebracht werden, die seinen Ablauf unter normalen Bedingungen bestimmen. So können lokomotorische Aktivitätsmuster mit spezifischem Intensitätswechsel im Tagesablauf auch dann auftreten, wenn alle Außenreize konstant gehalten werden (vgl. S. 48). Manche Verhaltensweisen werden ohne nachweisbare Außenreize vollzogen, andere laufen auch dann weiter, wenn die Außenreize nicht mehr gegeben sind, unter denen sie aktiviert wurden. Wiederholt angebotene Außenreize können bei einem Tier zu verschiedenen Zeiten sehr unterschiedliche Verhaltensmuster auslösen, andere rufen zwar ein bestimmtes Verhalten hervor, ohne jedoch auf den weiteren Ablauf noch Einfluß nehmen zu können, so daß die Aktionen des Organismus in diesem Falle in Richtung und Geschwindigkeit (raum-zeitlich) festgelegt erscheinen. Es gibt auch Verhaltensmuster, die erst durch Erfahrungen eingefahren werden, dann aber auch autonom ablaufen können, und das wieder mit wechselnden Intensitäten. Diese mannigfachen Befunde haben wiederholt die Vermutung nahegelegt, daß es zentrale (oder doch ,,endogene'') Antriebsmechanismen für das Verhalten geben müsse. Diese sind mit verschiedensten Begriffen wie Trieb, Motivation, Appetenz, Aversion (bei Ausweichverhalten), Tendenz, Drang umschrieben worden, ohne daß es möglich war, dafür klare Definitionen abzuleiten. Die experimentelle Verhaltensforschung konnte mancherlei Befunde erarbeiten, die bestimmte qualitative Beziehungen zwischen verschiedenen Handlungsbereitschaften zeigen, und man hat daher auch vorgeschlagen, die meßbaren Werte solcher Handlungsbereitschaften als ,,**Spezifisches Aktions-Potential**'' (SAP) zu bezeichnen. Dieser Begriff nimmt noch keine Interpretation über die zugrunde liegenden Mechanismen vorweg. LORENZ sprach ursprünglich von einer zweifachen Quantifizierung des Verhaltens, für die er ein instruktives Gedankenmodell entwarf (Abb. 67). Danach sind die beiden Hauptfaktoren für die Intensität eines Verhaltens die „reaktionsspezifische Energie" (= endogene Bereitschaft für ein bestimmtes Verhalten) und die Summe der adäquaten Außenreize. Zur Quantifizierung gehören noch die afferente Drosselung oder allgemeiner: die Empfindlichkeitseinstellung der afferenten Bahn (vom Rezeptor bis zum ZNS) und die allgemeine motorische Aktivitätslage, die ja im Tagesgang wechseln und als Größe in das jeweils aktuelle Verhaltenssystem eingehen kann.

Die Neurophysiologen haben durch ihre Experimente versucht, die motivationsbestimmenden Mechanismen im Wirkungsgefüge zu ermitteln. BERLYNE hat unter diesen Gesichtspunkten „Trieb" wie folgt definiert:

1. Erhöhte unspezifische Handlungsbereitschaft, vergleichbar dem Weckalarm (arousal).
2. Stimmungsgerechte spezifische Handlungsbereitschaft, die aufstaubar ist und bei Fehlen auslösender Reize zum Leerlauf führen kann.

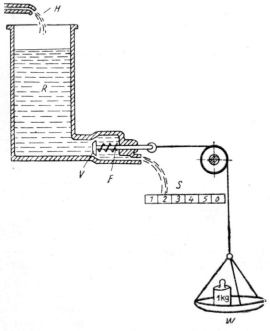

Abb. 67. „Hydraulisches Modell" zur Erläuterung des Zusammenwirkens von endogener Reizkumulierung, Angeborenem Auslösendem Mechanismus (AAM) und der Instinkt-bewegung. Der aus dem Hahn H kommende Strahl entspricht der endogenen Produktion aktivitätsspezifischer Bereitschaft, die Feder F an dem Konusventil V der zu überwindenden zentralen Hemmung, das Ventil selbst dem AAM, die zur Öffnung des Ventils beitragenden Gewichte auf der Waagschale W stellen die auslösenden Schlüsselreize dar. Die Instinktbewegung ist durch den freien Wasserstrahl symbolisiert, deren Intensität an der Skala abgelesen werden kann. Das Schema berücksichtigt noch nicht die Möglichkeiten der Adaptationen (bzw. afferenten Drosselung) im Bereich des AAM (vgl. den Text) (nach LORENZ 1953).

3. Aversion, als Trieb, sich bestimmten Gegebenheiten zu entziehen, deren Aufhören „erleichtert" und „belohnt".

Diese Definitionen vermitteln bereits zwischen den Extremen der Trieb-Interpretationen, die einen universellen Antriebsmechanismus postulieren und diesen speziell mit dem Arousal-System in Verbindung bringen, und jenen, die für die einzelnen Handlungsbereitschaften auch spezifische Antriebsmechanismen annehmen. Neurochemische Untersuchungen von ANOCHIN haben immerhin wahrscheinlich gemacht, daß wenigstens zwei chemisch spezifische Mechanismen zwischen dem Arousal-System und den corticalen Bereichen (bei Säugetieren) für bestimmte Verhaltensbereiche verantwortlich zu sein scheinen, und zwar für stoffwechselbedingte Verhaltensformen (orale Mechanismen) und für das Defensivverhalten.

Bezeichnet man die unmittelbaren Bereitschaften für bestimmte artspezifische Bewegungsformen als „Dränge", dann können aus den bisherigen Verhaltensanalysen nach HEILIGENBERG etwa folgende Beziehungstypen nachgewiesen werden, die Aufschluß über das zugrunde liegende Wirkungsgefüge geben:

1. Ein Drang kann einen anderen beeinflussen.
2. Ein Drang kann einen anderen mehr oder weniger unterdrücken, d. h. ihn mit seiner Stärke in zunehmendem Maße daran hindern, die Verursachung des Verhaltens zu beeinflussen.
3. Ein Drang kann die Wirkung eines anderen Dranges auf ein bestimmtes Element blockieren.
4. Ein Drang kann von ihm nicht verursachte Bewegungen umwandeln.
5. Ein Drang kann durch hinreichende Wiederholung der von ihm verursachten Bewegungen erschöpft werden und erholt sich dann bei genügender Ruhezeit.
6. Ein Drang versiegt, wenn die ihm zugeordneten Bewegungen längere Zeit nicht auftreten können, und wird dann bei deren erneuter mehrfacher Ausführung wieder geweckt (geübt).
7. Sich wechselseitig unterdrückende Drangpartner können gemeinsam Kompromißbewegungen hervorrufen, deren Art vom Stärkeverhältnis der einander entgegengesetzten Dränge abhängt, während Ausprägung und Häufigkeit mit deren absoluter Stärke zunehmen. Während bei niederen Absolutstärken der Antagonisten entgegengesetzte Verhaltenstendenzen eher zu mischen sind, tritt bei höheren Absolutstärken mehr ein scharfes Kippen zwischen den Mischungskomponenten auf.
8. Eine aus zwei Tendenzen gemischte Bewegungsweise kann im Laufe der Evolution stereotyp werden und so als feste Verhaltenseinheit eine Signalfunktion erhalten. Ein weiterer Schritt zu dieser Entwicklung ist die Entstehung eines eigenen Dranges für diese Bewegung, was sie in gewissen Grenzen von den ursprünglichen Kräftebedingungen zwischen den beiden antagonistischen Drängen unabhängig werden läßt.
9. Umweltfaktoren können teils Dränge aktivieren, teils deren Wirkung auf untergeordnete Dränge und Verhaltenselemente beeinflussen.

Gemäß der Hierarchie im Bereich der motorischen Muster (s. S. 25) ist generell zu erwarten, daß die Aktivierung von Handlungen energetisch eine Beziehung zu der Anzahl der beteiligten partiellen Systeme („law of effort") und der raumzeitlichen Erstreckung aufweisen muß. Weiterhin geht in ein solches System als Größe auch der sensorische Input ein, und in vielen Fällen kann nachgewiesen werden, daß gerade efferente Bahnen Einfluß auf die Handlungsbereitschaft ausüben.

So fand auch HOPPENHEIT bei seinen Versuchen zur „Ermüdung" des Beutefangverhaltens bei Libellenlarven (Aeschna), daß der Ort der Ermüdungserscheinungen in zentralnervösen, der Afferenz zugeordneten Strukturen zu suchen ist. Die Schnappbewegung (nach Beute) kann reizspezifisch für optische und taktile Reize ermüdet werden. Darüber hinaus kann im optischen Bereich reizspezifisch ermüdet werden für unterschiedliche Bewegungsweisen des Beuteobjektes. Auch beim Wischreflex des Frosches konnte reizspezifische Ermüdung innerhalb eines Sinnesgebietes nachgewiesen werden, ähnlich auch für die Einstellreaktionen der Erdkröte auf Beute oder für das Kollern des Truthahnes. EWERT hat diese Richt-bewegung der Erdkröte, die optisch gesteuert wird, richtungsspezifisch ermüdet. Wurde während der Erholungszeit des betreffenden Retinabezirkes ein anderer Bereich der Retina gereizt, dann konnte die Erholung des „ermüdeten" beschleu-nigt werden. Nach EWERT sinken innerhalb einer Reizserienfolge die Reaktions-zahlen zunächst rasch, dann langsam, bis das Tier reaktionslos bleibt. EWERT ordnet diese Reaktionszahlen (N^*) aufeinanderfolgender Reizserien (r) der Kurve einer Exponentialfunktion zu, für die $N^* = N_0 e^{-(\ln EQ_S)(r-1)}$ einen „Sollwert" darstellt. Der Ermüdungsquotient EQ, definiert als Quotient aus den Reaktions-zahlen aufeinanderfolgender Reizserien, bleibt während einer Reizserienfolge nicht konstant, sondern verändert sich rhythmisch; dabei wird ein „Sollwert" Q_s, der einem streng exponentiellen Reaktionsabfall entsprechen würde, von den jeweiligen „Istwerten" EQ_i eingeregelt (Abb. 68). Die Hirnreizungsversuche an Katzen sowie an Hühnern haben eine zusätzliche Steigerung von Handlungsbereitschaften unter Einwirkung spezifischer äußerer Reize nachweisen können (s. auch S. 139). Das gleiche Ergebnis brachten Verhaltensversuche. HEILIGENBERG prüfte den Bunt-

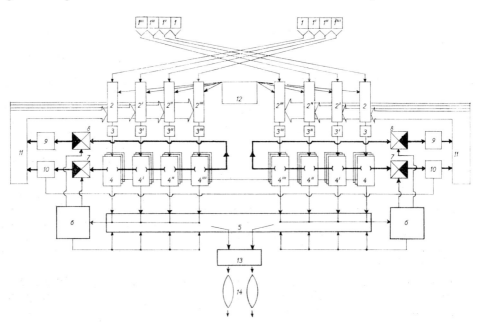

Abb. 68. Schema des „Schaltapparates" für die reiz- und ortsspezifische Ermüdung der Richtbewegung bei der Erdkröte *(Bufo bufo)*. 1 = Retinapartie; 2 = niederes afferentes Zentrum; 3 = Koordinationszentrum; 4 = Speicherzentrum; 5 = angeborener Auslösemechanismus; 6 = höheres Zentrum; 7 = Regler der positiven Rück-koppelungsschleife; 8 = Regler der negativen Rückkoppelungsschleife; 9 = Hemmungszentrum; 10 = Aktivierungszentrum; 11 = Korrelationszentrum („Stellglied"); 12 = Sammelzentrum; 13 = motorisches Zentrum; 14 = Effektoren (nach EWERT 1965).

barsch *Pelmatochromis subocellatus kribensis* unter standardisierten Bedingungen im Hinblick auf Kampfbereitschaft, gemessen über die Anzahl der Angriffe. Durch ein zusätzliches Angebot eines anderen Fisches oder einer entsprechenden Attrappe kann diese Bereitschaft sofort gesteigert werden. Danach kehrt sie exponentiell auf ihr früheres Niveau zurück. Beim Darbieten der Attrappe wird die Bereitschaft additiv um einen konstanten Betrag erhöht.

Verschiedene Untersuchungen geben auch Hinweise, daß unspezifische Reize oder auch solche, die mit dem gerade aktualisierten Verhalten nichts zu tun haben, doch generell die Bereitschaft eines spezifischen Verhaltens erhöhen können, wenn sie auch unter anderen Bedingungen für das betreffende Tier aktivitätssteigernd wirken (also „erregend"). Hier wäre natürlich wieder an das Arousal-System zu denken, und damit würden die von BERLYNE genannten Kennzeichen triebhaften Verhaltens bestätigt, wenn man sie nicht als getrennte, sondern kombinierbare Bestimmungsstücke auffaßt. W. R. HESS bezeichnet auf Grund seiner umfassenden neurophysiologischen Untersuchungen die Zuwendungen als prehensiv, das Ausweichen als protektiv.

Im Raum-Zeit-System lassen sich folgende **Statusformen** unterscheiden:
— Stationäres System: Organismisches System erhält eine bestimmte Distanz zum Umweltsystem aufrecht
  — aktiv: Durch Informationsabgabe
  — passiv: Durch Informationsaufnahme
— Affines System: Dient der Distanzverminderung zwischen organismischem System und Umweltsystem
  — aktiv: Organismisches System verringert durch Eigenbewegung die Distanz
  — passiv: Organismisches System sendet Informationen, die zu einer Distanzverminderung durch das reagierende Umweltsystem führen
— Diffuses System: Dient der Distanzvergrößerung zwischen organismischem System und Umweltsystem
  — aktiv: Organismisches System zwingt durch Eigenverhalten dem reagierenden Umweltsystem die Distanzvergrößerung auf (z. B. Aggression)
  — passiv: Organismisches System vergrößert durch sein Eigenverhalten den Abstand zum Umweltsystem (z. B. Ausweichen, Flucht)

Das stationäre System ist das ursprüngliche; sowohl das passive affine wie auch das aktive diffuse sind nur durch gleichzeitigen stationären Status (Ortsbindung) denkbar. Der Begriff „Status" bezeichnet dabei die aktuelle innere Zustandsform des organismischen Systems. Sie dürfte auch eine wesentliche Komponente dessen sein, das mit dem Begriff **„Emotion"** umschrieben wird.

Für das Motivationsproblem müssen außerdem kybernetische Aspekte mit berücksichtigt werden. Unter diesem Gesichtspunkt ist die Unterscheidung in ausgelöstes, gesteuertes und geregeltes Verhalten für die Motivationsfrage wesentlich. Das Sperren von Drosselnestlingen ist insofern ein ausgelöstes Verhalten, als es auf Auslöser anspricht, zu deren optischen Kennzeichen gehören: 1. Bewegung, 2. größer als 3 cm und 3. oberhalb der Augenhöhe erscheinend. Diese Reize wirken summativ auf das Verhalten. Im Hinblick auf die Orientierung wird dieses Verhalten durch richtende Reize gesteuert. Als Reize kommen nach Attrappenversuchen in Betracht: Ausbuchtungen an kreisförmigen Attrappen (Schnabel an „Kopf"), von mehreren Stäbchen bei gleichem Abstand das höchste, bei gleicher Höhe das nächste. Werden zwei Kreise geboten, richtet der obere dann optimal, wenn er ein Drittel des Durchmessers des unteren aufweist. Die Steuermechanismen

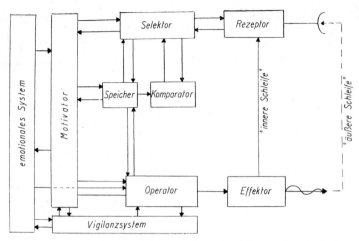

Abb. 69. Entwurf eines funktionalen Grundmodells für den Verhaltensaufbau. Die
„innere Schleife" repräsentiert die körpereigene Rückkontrolle der Ausgangsgrößen
(vgl. Abb. 5), die äußere Schleife läuft über die Umwelt (nicht-reagierend oder
reagierend bzw. kommunikativ). Das Motivations-System (Teilsystem) bestimmt den
Funktionsbezug (z. B. Nahrungsverhalten) und den damit verbundenen Informationsfluß,
das emotionale System determiniert die Erregungslage, das Vigilanz-System den
Arousal-Zustand (die „Wachheit"), er wirkt wahrscheinlich (anatomisch von der
Formatio reticularis her) auf alle Teilstrukturen ein. Der Selektor dient der Auswahl
der Eingangsgrößen unter Einsatz von Detektor-Mechanismen und optimalisierender
Selektion (in vielen Fällen könnte ein „Integrator" nachgeschaltet sein, der wahr-
nehmungskategoriale Prozesse vollzieht und dabei den Speicher, den Motivator und
den Operator einbezieht, z. B. Bindung von „Wahrnehmungsstrukturen" an
Handlungsmuster). Der Komparator verwirklicht im Zusammenwirken mit dem Speicher
das Reafferenzprinzip (vgl. Abb. 75).

arbeiten sehr komplex, so daß Korrekturmechanismen sie im Verlauf der Ontogenese verfeinern, wobei die afferente Kontrolle entscheidenden Einfluß ausübt.

In das geregelte Verhalten schließlich geht auch die „Erwerbmotorik" ein,
wodurch die Motivationslage sehr komplex wird, besonders wenn höchste Zentren
(wie bei den Säugetieren) sich über das Gesamtsystem lagern. Dadurch werden bestimmte Informationen erforderlich, die erst durch Erfahrung eingebaut und für
die Motivation und den Vollzug des Verhaltens essentiell werden. So können durch
corticale Eingriffe sexuelle Verhaltensweisen (bei Ratten-Männchen) erheblich gehemmt werden, weil offensichtlich für den Vollzug notwendige Individual-Infor-
mationen ausfallen. Dafür spricht, daß dieser Effekt bei „erfahrenen" Männchen
größer ist als bei unerfahrenen. Die Ontogenese überführt offenbar bestimmte
ausgelöste und gesteuerte Verhaltensmechanismen in teilgeregelte.

3.3.2. Grundlagen der Raum- und Zeitmuster des Verhaltens

Jedes geordnete Verhalten weist definierbare Raum- und Zeitkoordinaten auf,
durch die eine funktionelle Einpassung gewährleistet wird. Diese kann phylogenetisch entstanden und daher auch weitgehend im Genom programmiert sein oder/und

ontogenetisch erworben sein. Vielleicht erfolgt die räumliche und zeitliche Fein-
justierung der Bewegungsmuster über Lernprozesse, für die es (meist) sensible
Perioden gibt, speziell dann, wenn die Verhaltensformen lebensnotwendig sind, wie
es etwa für den Beute-Erwerb gilt. Die grundlegenden Mechanismen der Körperbeherrschung (vgl. Abb. 5) schaffen dafür die Ausgangsdisposition, da jede geordnete
und gezielte Bewegung, die in die Umwelt hineingerichtet ist, eine definierte Ausgangsstellung erfordert. Korrekturen und Individual-Anpassungen können auch
indirekt über „Vorbilder" erfolgen, wenn besondere Sozialstrukturen vorliegen;
sie führen zur **Handlungsangleichung** (TEMBROCK 1949), wobei auch Haltungsanglei-
chungen einbezogen sein können. PFEIFER (1954) hat dafür eindrucksvolle Beispiele
gegeben (MAX REINHARDT, Vater und Sohn). HESS spricht von einem dynamischen
Unterbau der Bewegungen, wobei neuronale Dispositive das Kräftegefüge des
dynamischen Unterbaus organisieren.

Bei Säugetieren zeigt das motorische System eine hierarchische Ordnung, die
den Leistungen angepaßt ist. Die Aufgaben lassen sich wie folgt unterteilen:

— **Korrekturbewegungen**, Anpassungen an Störkräfte aus der Umwelt
— **Koordinationsbewegungen**
    a) Abstimmung mit den Erregungsvorgängen im vegetativen Nervensystem
    b) Abstimmung mit den Erregungsvorgängen im sensorischen Nervensystem
    c) Ausführung von Willkürbewegungen.

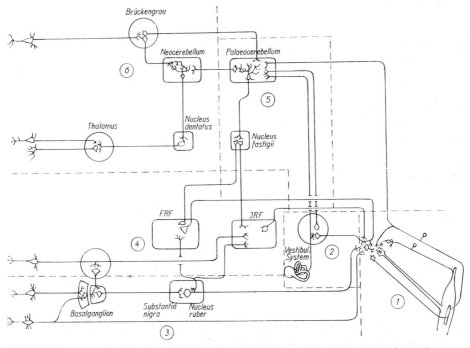

Abb. 70. Trennung der Regelung des Bewegungsablaufes der Skelettmuskeltätigkeit in
einen servo-mechanistischen (Feld 1) und einen Willküranteil (Feld 6) nach BROOKHART.
IRF bedeutet den Hemmungsanteil der Formatio reticularis, FRF den Bahnungsanteil
derselben Struktur (nach KEIDEL 1961).

Korrekturbewegungen sind auf der Ebene des Rückenmarkes möglich (spinaler Anteil), Koordinationsbewegungen beanspruchen Hirnstrukturen (supraspinaler Anteil). Grundleistungen des spinal-motorischen Systems sind die Eigenreflexe und Fremdreflexe, während das supraspinal-motorische System folgende Funktionsanteile aufweist (vgl. KEIDEL 1970):

— Extrapyramidal-motorisches System
  a) Funktionen der Stammganglien
  b) Motorische Funktionen der Formatio reticularis
  c) Motorische Funktionen des Labyrinthes
  d) Funktionen des Kleinhirns
— Pyramidales System (Willkürmotorik)
— Motorisches Assoziationssystem

Abb. 70 gibt eine schematische Darstellung der Schaltung der Willkürmotorik, Abb. 71 zeigt den Eigenreflexbogen der Skelettmuskulatur. Dieses Regelsystem wird auch als servo-mechanistischer Anteil (Abb. 71, Feld 1) bei der Willkürbewegung eingesetzt, hier werden die Führungsgrößen den α- und γ-Neuronen aufgeschaltet. Willkürbewegungen setzen einen „Entschluß" voraus, eine Entscheidung zwischen Handlungsmöglichkeiten.

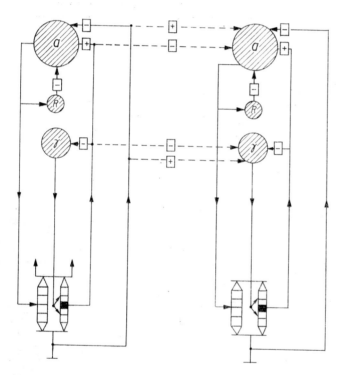

Abb. 71. Schematische Darstellung des Eigenreflexbogens (M = Arbeitsmuskulatur; MS = Muskelspindel; R = Renshawzelle; SO = Sehnenorgane). Die Bahnungs- und Hemmungsprozesse an den α- und γ-Motoneuronen des Agonisten und des Antagonisten, die sich nach einer Dehnung des Testmuskels ergeben (Pfeilrichtung), sind durch entsprechende Vorzeichen markiert (+ = Bahnung, — = Hemmung) (nach CASPERS in KEIDEL 1970).

Bei Sequenzen bestimmter Verhaltensfolgen, die besonders im Zusammenhang mit dem Fortpflanzungsverhalten und der Brutpflege schon wiederholt quantitativ und qualitativ untersucht wurden, stellt sich die Frage, welche Faktoren den **Phasenwechsel** bestimmen. WIEPKEMA hat hierfür drei Modellvorstellungen entworfen, wobei P und Q zwei Verhaltensformen bedeuten:

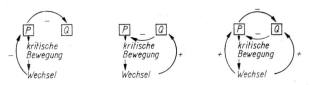

1. Die kritische Bewegung hemmt eine weitere Ausführung von P, während P hemmend auf Q wirkt.
2. Die kritische Bewegung aktiviert Q, Q hemmt nun P.
3. Die kritische Bewegung aktiviert Q und P, beide hemmen sich gegenseitig.

Bei dem Bitterling *(Rhodeus amarus)* sind dem Sexualverhalten zugeordnet: Absetzen der Spermien oder Eier, Hinübergleiten und Berühren, Kopfabwärtsstellung, Schwanzbeugen, Führen, Zittern, Folgen; dem Angriffsverhalten gehören an: die letzten 4 Bewegungsweisen, ferner Jagen, Kopfstoßen, Rammwendung, Rucken, Ausweichen; davon gehören wiederum die letzten 4 auch dem Fluchtverhalten an, hinzu kommt noch das Fliehen. Ein Teil der Verhaltensweisen sind demnach jeweils einem bestimmten Sexual/Angriffs-Quotienten oder Angriff/Flucht-Quotienten zugeordnet, wodurch verständlich wird, daß im Sexualverhalten (bei vielen Tierarten) auch aggressive Komponenten verschiedener Stärke enthalten sind.

Sehr klar sind diese Zusammenhänge auch bei dem Kampffisch *Betta* erkennbar (nach KÜHME) (s. S. 34).

In der vergleichenden Verhaltensforschung liegen verschiedene Ansätze vor, die Determinanten der räumlichen und zeitlichen Ordnung der Motorik zu bestimmen.

Untersuchungen von SCHLEIDT am Balzverhalten des Truthahns galten der Ordnung zweier Komponenten in der Zeit durch Intervallbestimmungen: der Balzbewegung mit dem dumpfen Geräusch („Pfum") und dem Kollern als Revierruf. Bei den Pf—K-Intervallen wird nach etwa 6 Sekunden der Zustand der Gleichverteilung erreicht. Pf hat dann keinen Einfluß mehr auf nachfolgendes K, Intervalle unter 4 Sekunden treten überhaupt nicht auf, das Pf hemmt hier das K. Auch bei K—Pf-Intervallen kommen Zeiten unter 2 Sekunden nicht vor. Daraus wurde ein Schaltplan des Wirkungsgefüges abgeleitet: Der gesammelte Einstrom aktionsspezifischer Spontaneität wird von einem multiplikativen Element mit dem Verstärkungsfaktor, dessen Zeitfunktion im Rückführungszweig der konkurrierenden Verhaltensweise angegeben ist, multipliziert; ein nachgeschaltetes Impulselement gibt, wenn das Produkt einen bestimmten Schwellenwert übersteigt, an die aktionsspezifischen Effektoren das Kommando, die Verhaltensweise auszuführen. Ein Rückführungszweig, der entweder das Kommando selbst abzweigt oder eine Rückmeldung der Effektoren erhält, steuert mit der ihm eigenen Zeitfunktion die konkurrierende Verhaltensweise.

TINBERGEN hat für das Fortpflanzungsverhalten des Stichlings ein Hierarchie-Schema entworfen, das auch die motorischen Ebenen des Verhaltens (nach den Begriffen von WEISS) mit einbezieht (Abb. 72). Es stellt einen gewiß noch unvollkommenen Versuch dar, das Zusammenwirken von verschiedenen Faktoren beim Aufbau des Wirkungsgefüges des Verhaltens zu veranschaulichen. Im Vergleich

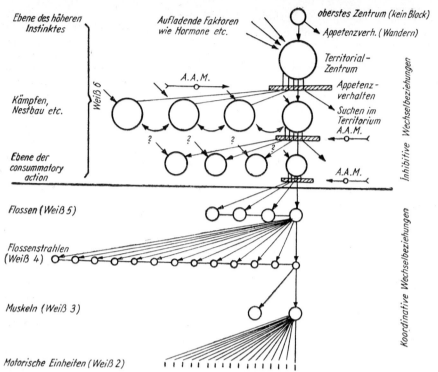

Abb. 72. Schema der Zentren-Hierarchie. Als Oberzentrum ist hier beispielsweise der
Fortpflanzungsinstinkt eines Stichling-Männchens angenommen (nach TINBERGEN).
Durch veränderte Tageslänge, hormonale und andere Faktoren wird das oberste Zentrum
aktiviert. Die Impulse können an das nächste Zentrum (,,Territorialzentrum") weiter-
fließen, doch dieses ist noch blockiert (Block schraffiert). Das Appetenzverhalten führt
zu Wanderungen. Durch entsprechende Außenreize (Temperatur, Vegetation usw.) wird
das arttypische Territorium besetzt. Sie lieferten die Schlüsselreize, die den Block
beseitigten und den Ablauf des Verhaltens auf der nächsten Hierarchiestufe ermöglichen.
Das weitere Verhalten hängt von den Außenreizen ab. Das Appetenzverhalten ist jetzt
ein Suchen innerhalb des Territoriums (nach Nistmaterial usw.), es kann jetzt Nestbau
folgen. Kommt ein Rivale in das Revier, dann wird Kampfverhalten aktiviert. Die
verschiedenen Kreise in dieser Stufe sollen also die diversen Möglichkeiten andeuten.
Rechts ist ein Beispiel weitergeführt (etwa der Kampf). Schlüsselreize des Rivalen
heben über den AAM den Block, und die Endhandlungen (consummatory acts) können
ablaufen. Die Fragezeichen sollen die Möglichkeit andeuten, daß auch von den anderen
Unterzentren (z. B. für Nestbau usw.) Energien in das gerade aktivierte Verhalten
(hier den Kampf) einfließen könnten. Die querverbindenden Pfeile zwischen den ,,Zentren"
für Kampf, Nestbau usw. sollen auch hier den möglichen Energiefluß nach beiden
Richtungen zum jeweils gerade aktivierten Zentrum andeuten, die ja stets einander
ausschließen, von denen also immer nur eines jeweils in Aktion sein kann. Unter der
Linie sind die motorischen Koordinationen angedeutet, die die jeweilige Erbkoordination
(consummatory act) aufbauen. Die Angaben ,,Weiß 2" usw. setzen diese Integrationsstufen in Beziehung zu solchen, die WEISS (1940) für die zentralen Nervenmechanismen
angenommen hat. Dieses 1950 von TINBERGEN entwickelte Schema ist inzwischen durch
Einzeluntersuchungen modifiziert worden und soll nur als generelle Darstellung der
Instinkthierarchie aufgefaßt werden.

dazu zeigt Abb. 73 den Entwurf von v. HOLST auf Grund seiner Hirnreizungsversuche am Haushuhn.

Eine Untersuchung der neuromuskulären Aktivität bei Grillen *(Gryllus)* ergab interessante Befunde zur motorischen Koordination und Musterbildung (KUTSCH 1969). Hier ist bei den Männchen ein besonderes Problem gegeben, da die „gemeinsame Endstrecke" der Motorik, die Flügelbewegungen, in zwei grundverschiedenen Funktionsbezügen eingesetzt wird: dem Flug und der Stridulation (Lauterzeugung). Es wurden zwei Oszillatoren gefunden, deren einer mit 3—4 Hz schwingt. Er determiniert:

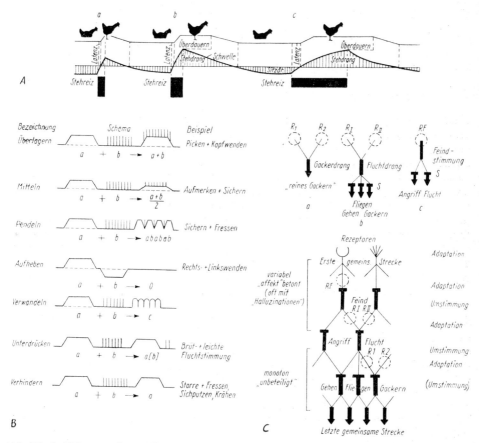

Abb. 73. A. Skizze zur Darstellung des Zusammenhanges verschiedener Meßgrößen des Verhaltens. Objekt ist eine Henne mit spontanem Sitzdrang, die durch Reizung eines zentralen „Stehfeldes" zum Aufstehen veranlaßt wird. a) Der erste Reiz ist stark, aber kurz; das Tier steht mit kurzer Latenz schnell auf und setzt sich gleich wieder. b) Reiz stark und länger, Stehen überdauert den Reiz eine Welle. c) Reiz schwächer, aber viel länger. Die Latenz wird lang, das Huhn steht langsam auf, das Stehen überdauert nach der Kompensation zwischen Reizstärke ebenso lange wie bei b. B. Typen der Kombination verschiedener Verhaltensweisen. C. Skizze eines Bruchstückes aus dem Wirkungsgefüge einiger Verhaltensweisen des Huhnes. Oben sind drei verschiedene Reizversuche dargestellt mit ihren Effekten. Unten sind diese zu einem Gefüge zusammengefaßt (nach v. HOLST und ST. PAUL 1960).

— die Folgefrequenz der Verse im Lockgesang
— die „Zick"-Elemente im Werbegesang
— den Rhythmus der Laufbewegungen
— den Rhythmus der Atembewegungen während der Stridulation.

Der zweite Oszillator hat eine Frequenz von etwa 30 Hz, er bestimmt:

— die Schlagfrequenz der Flügel im Flug
— die Silbenfolge innerhalb der Verse bei der Stridulation.

Auf Grund von Reizversuchen und Operationen werden die beiden Oszillatoren in den Ganglien des vorderen und mittleren Brustsegmentes (Pro- und Mesothorax) lokalisiert.

3.4. Regelungsprinzipien

3.4.1. Reafferenzprinzip

Die Leistungen der Sinnesorgane sind in gesetzmäßiger Form den Funktionen des Nervensystems zugeordnet, da ihre Entwicklung gekoppelt ist mit der Ausbildung der Motorik. Kephalisation und Zerebralisation sind die äußeren Kennzeichen dieses Entwicklungstrends, der sich mit einer Differenzierung der Motorik verbindet. Diese Motorik gestattet dem Körper, verschiedenartigste Bewegungsmuster auszuführen, die seine Raumlage verändern können. Wir nennen diese Entwicklung „Raumbeherrschung". Sie setzt freie aktive Beweglichkeit voraus, die jedoch nur gewährleistet ist, wenn der Organismus über Kontrollmechanismen verfügt, die Raumlage-Änderungen korrigieren zu können durch Verrechnung der aus der Eigenbewegung resultierenden Werte gegen jene aus unabhängigen Änderungen in der Umwelt stammenden. Da im Rezeptor gegebenenfalls beide Änderungen gleiche Muster liefern können, müssen spezielle nervöse Mechanismen eingeschaltet sein, die diese Kontrolle gewährleisten. Wenn das Auge über die Umwelt hinweggleitet, so kann sich das Netzhautbild in derselben Weise verschieben, wie wenn das Auge unbewegt bleibt und sich die Umwelt verschiebt. Für den Organismus jedoch ist es in diesem Sinne der „Bewegungsfreiheit" lebenswichtig, die beiden objektiv gleichen Informationen im Rezeptor unterscheiden zu können. Dazu kann er sich jener Informationen bedienen, die ihm die aktiven Augenbewegungen liefern, da hierzu Impulse an die Muskulatur erforderlich sind. Das einfachste Prinzip ist demnach, die hier eingesetzten Werte zu registrieren und nun den vom Rezeptor stammenden Informationseingang damit zu verrechnen. Stimmen beide Werte überein, dann entspräche die Bildverschiebung auf der Netzhaut der Eigenbewegung, die Umwelt wird als „unbewegt" empfunden. Bewegen wir dagegen unser Auge von außen her (etwa mit der Hand, was im Verrechnungssystem nicht „vorgegeben" ist), dann haben wir die Empfindung einer Bildverschiebung, also einer Bewegung der Umwelt.

v. HOLST und MITTELSTAEDT haben die vom Nervensystem vollzogene Informationsspeicherung und -auswertung über den jeweiligen Bezugsimpuls (z. B. der Augenmuskel) als „Efferenzkopie" bezeichnet. Durch entsprechende Versuche konnte nachgewiesen werden, daß nervöse Funktionswerte hierfür bestehen müssen. Die aus der Eigenbewegung resultierenden Rückmeldungen wurden als Reafferenz bezeichnet und daher der ganze Vorgang als „Reafferenzprinzip". Alle über den Rezeptor eingehenden Meldungen sind die Afferenzen. Decken sie sich nicht

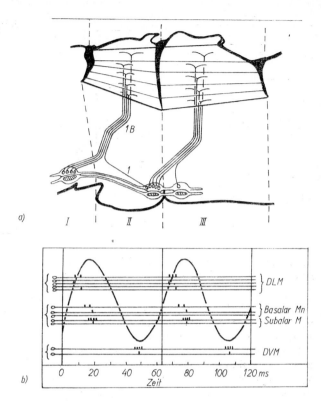

Abb. 74. a) Motorische Einheiten des dorsalen Längsmuskels der Wanderheuschrecke *Schistocerca gregaria:* I Prothorax, II Mesothorax, III Metathorax. b) Impulsmuster während des stationären Fluges in den 5 motorischen Einheiten des dorsalen Längsmuskels (DLM), der beiden Basalarmuskel, des Subalarmuskels und in 2 motorischen Einheiten der Dorsoventralmuskulatur (DVM). Jede senkrechte Marke auf den „Axonen" deutet eine Impulsentladung an. Zeit in Millisekunden (nach NEVILLE und WILSON aus HERAN 1969).

mit der Efferenzkopie, dann liegen außer den Reafferenzen noch „Exafferenzen" vor, zusätzliche, aus der Eigenbewegung nicht ableitbare Änderungen im Umfeld.

ANOCHIN hat für die aus der Eigenbewegung resultierenden Rückmeldungen einen „Aktionsakzeptor" postuliert, womit er einen hypothetischen neurophysiologischen Mechanismus bezeichnet, der „erwartete" Resultate des eigenen Handelns mit den Informationen des Ergebnisses vergleicht. Diese Informationen können über eine Afferenzsynthese dann zur Optimierung des weiteren Verhaltens beitragen.

Die Impulse zu Eigenbewegungen sind Efferenzen. Meldungen von diesen Efferenzen zur Afferenz liefern die Efferenzkopie. Dieses System wird aber für die freibeweglichen Organismen noch von einem weiteren überlagert: Viele Änderungen im Umfeld erzwingen sofortige Reaktionen des Organismus (Korrekturbewegungen, Einstellmechanismen der Rezeptoren), so daß auch Afferenzen auf Efferenzen direkt wirken können, wie es etwa bei den optokinetischen Reaktionen gegeben ist.

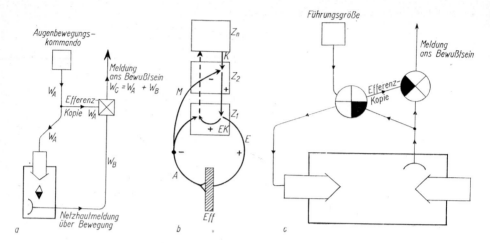

Abb. 75. a) Blockschaltbild zur Begriffsbestimmung der Efferenzkopie, dargestellt für den Funktionszusammenhang bei der Blickbewegung des Menschen. Das Augenbewegungskommando WA gelangt über die senkrecht gezeichnete Bahn zu einem Pfeil, der die Augenwinkel repräsentiert. Der schwarz-weiß getönte Rhombus deutet an, daß ein Vorzeichenwechsel zwischen WA und der „Netzhautmeldung über Bewegung" statt hat, denn eine aktive Augenbewegung nach links führt zur Netzhautmeldung über eine Bewegung nach rechts und vice versa. Das Kommando WA gelangt auch als Efferenzkopie zu einer Instanz, wo sie zu WB addiert wird. (In Systemen ohne Vorzeichenwechsel zwischen dem Kommando WA und der Meldung WB wird die Efferenzkopie von der Sinnesmeldung subtrahiert.)

b) Korrigiertes und nunmehr stabiles Wirkungsgefüge des Reafferenzprinzips nach v. HOLST und MITTELSTAEDT. A afferente Meldung, E efferente Meldung, Eff Effektor (einschließlich Sinnesorgan, das die Rückmeldungen über dessen Informationen liefert); EK Efferenzkopie; K Kommando; M Meldung an Z_n; Z_1, Z_n übereinandergeordnete zentralnervöse Instanzen.

c) Dasselbe Funktionsgefüge wie (b), aber so dargestellt, daß man innerhalb seiner die Bestandteile „Regelkreis mit Führungsgröße" und „Efferenzkopie-Schaltung" leicht erkennen kann (nach HASSENSTEIN 1966).

Daher muß neben der Efferenzkopie noch eine zweite Schaltung vorliegen: ein Regelkreis mit Führungsgröße. Dieser kann die Meldungen von Bewegungen, die von der Außenwelt aufgezwungen werden, auslöschen (Abb. 75). Wenn aus bestimmten Gründen die reafferenten Meldungen quantitativ nicht genau mit der Efferenzkopie übereinstimmen oder von der Führungsgröße gelöscht werden können, dann entstehen Sinnestäuschungen; dieses Phänomen ist für einige optische Täuschungen bereits experimentell nachgewiesen. Daraus ergibt sich zugleich, daß das Reafferenzprinzip nur dann exakt arbeiten kann, wenn die Efferenzkopie quantitativ korrekt ist. So können Käfer visuelle Bewegung wahrscheinlich nicht exakt messen (HASSENSTEIN).

Das Reafferenzprinzip ist geeignet, grundsätzliche Vorgänge im Verhalten verständlich zu machen, und es stellt zugleich ein Beispiel kybernetischer Mechanismen dar. Und die Kenntnis ihrer Prinzipien hat sich als äußerst fruchtbarer Impuls für die Verhaltensforschung erwiesen.

3.4.2. Verhalten als kybernetisches System

Der Eingang der Kybernetik in die biologische Forschung hat neue Dimensionen der Analyse von Wirkungsgefügen erschlossen und besonders auch in der Ethologie großen heuristischen Wert. Das Wesen der Kybernetik wird durch Steuerung, (selbsttätige) Regelung, Informationsübertragung und Datenverarbeitung gekennzeichnet. Der generelle Grundbegriff ist die Information.

SCHALTEGGER hat das biologische **Code-System** wie folgt dargestellt:

Art des Code	Materielle Träger des Code	Aufgabenbereich des Code
Chemischer Code	Nukleinsäuren und Proteine	Stabile Speicherung der biologischen Information (= genetische und Umweltinformation)
Elektrischer Code	Lipoidmembransysteme: intrazelluläre Membranen, Zellmembranen und Nervensystem	Steuerung aller Lebensprozesse. Kommunikation mit der Umwelt. Intrazelluläre und transsomatische Informationsübertragung
Mechanischer Code	Stoffliches Material bzw. apparative Einrichtungen der Zelle und des Organismus, besonders: kontraktile Elemente; als übergeordnete Strukturen die Muskel	Zu- und Abtransport der für den Aufbau und Unterhalt des Organismus notwendigen Stoffe zu bzw. von den intrazellulären Synthese-Orten. Informationsübertragung von Organismus zu Organismus

Jede abgehende Information steuert zugleich auch die eigene Speicherung. Die über die genetischen Informationen gelieferten Informationsspeicher, die den Organismus raumzeitlich organisieren und ordnen, nennt SCHALTEGGER endogene Informationsproteine, diejenigen durch exogene Informationen entsprechend exogene Informationsproteine. Er sieht vor allem in der Unfähigkeit der Nerven- und Muskelzellen zu einer weiteren Teilung beim ausdifferenzierten Organismus eine Grundlage der Verhinderung des Überwucherns exogener Informationsproteine in diesen Systemen und der Verhinderung der Kontamination mit der im Kern gespeicherten genetischen Information (s. S. 134).

Die Möglichkeiten der Lernvorgänge lassen sich nach SCHALTEGGER nach folgendem Prinzip darstellen:

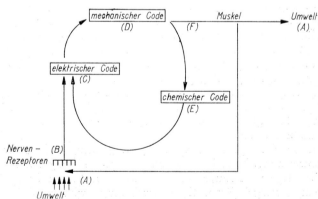

Lernvorgänge sind damit Informationswechselvorgänge zwischen der Umwelt und den drei Codes: ABCDECDF. Die Kannphase wird erreicht, wenn die Strukturunterschiede (Sequenz der Bausteine) mit jedem Informationsumlauf einem minimalen Grenzwert zustreben.

„Code" ist dabei eingesetzt für die Gesamtheit der Symbole, die zur Übertragung oder Speicherung von Informationen zur Verfügung stehen. Zwischen den hier genannten Codes sind bislang zwei Umkodierungen gut bekannt, nämlich die Transkription der DNS zur Messenger-RNS sowie die Translation von der Messenger-RNS zur Aminosäurenkette des neu zu bildenden Polypeptids oder Proteins.

Die hier dargelegten Beziehungen von verschiedenen Codes untereinander kennzeichnen biologische Wirkungsgefüge, die sich durch **Systemeigenschaften** auszeichnen. Die Glieder eines „Systems" stehen in Wechselwirkung miteinander, ein Prinzip, das bereits vor 60 Jahren von H. F. Osborn mit den Begriffen Gegenwirkung und Zwischenwirkung erkannt wurde. Zu den besonderen Eigenschaften biologischer Systeme gehören Steuer- und Regelvorgänge. Im Bereich des Verhaltens sind die Funktionen „Auslösen" („triggern") und „Steuern" meist kombiniert. Beim Auslösen ist der Vorgang in Hinblick auf den auslösenden Reiz ungerichtet, wie etwa die Blattbewegungen mancher Pflanzen (Nastien), während beim Steuern die Bewegungen in bestimmter Weise auf den Reiz hin gerichtet werden (z. B. Tropismen, Topotaxien, s. S. 39). In biologischen Systemen erfolgen die Steuervorgänge über gespeicherte oder aus der Umwelt eingehende Informationen. Es wirken demnach Signale auf das Verhalten eines Systems. Auch die Informationsübertragung selbst kann über Steuermechanismen (z. B. im Nervensystem) erfolgen. Daher sind im allgemeinen die Energiebilanzen zwischen den Steuermechanismen und den gesteuerten Vorgängen vollständig getrennt. Im Organismus sind die Steuervorgänge selbst wiederum weitgehend programmiert, es werden also bereits im System selbst vorgegebene Entscheidungen getroffen. Ein System, dessen Glieder in streng voraussagbarer Weise aufeinanderwirken, wird als determiniert bezeichnet; eines, wo eine solche Voraussage streng detailliert nicht möglich ist, dagegen als „probabilistisch" (Beer).

Sind Steuersysteme nacheinander geschaltet, so daß jeweils das folgende Glied vom vorhergehenden gesteuert wird, bezeichnen wir die Folge als offene Kette (Kette). Bei der Masche (Abb. 76) oder Maschenschaltung dagegen ist die Steuerkette parallel zur offenen Kette gelegt. Sie kann über entsprechende Informationseingänge das Ergebnis beeinflussen und Störgrößen (etwa die anrollende Welle, Abb. 76) kompensieren. Die Störung wird also bereits vorher abgefangen, sie geht in das System nicht ein. Das ist kein Regelkreis, denn dieser behebt die Störung nur dann, wenn sie in das System bereits eingegangen ist.

Regelkreise beruhen auf dem Prinzip der Rückkoppelung (feed back). Diese Rückkoppelung erfolgt über einen **eigenen** Funktionsweg. Negative Rückkoppelung (Regelung) ist gegeben, wenn Zustandsänderungen im System solche Rückwirkungen auslösen, die den auslösenden Änderungen entgegengesetzt sind (Abb. 76b). Der Proportionalregler reagiert auf eine konstante Regelabweichung mit einer gleichbleibenden Tätigkeit des Stellgliedes, während der Integralregler darauf mit einer ständig ansteigenden Tätigkeit des Stellgliedes reagiert. Daher ist beim Proportionalregler die Regeltätigkeit negativ proportional der Regelabweichung, beim Integralregler steigt die Stellgröße um so schneller an, je größer die Regelabweichung ist. Bei einer konstanten Störgröße bleibt beim P-Regler eine (geringe) Proportionalabweichung zwischen Störgröße und Regelgröße be-

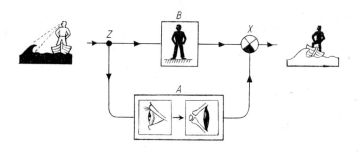

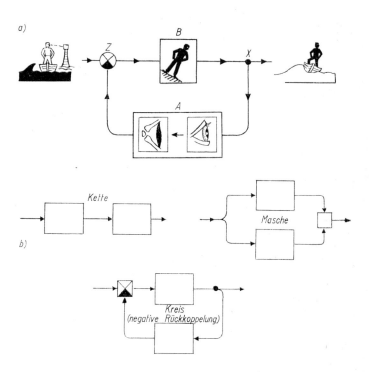

Abb. 76. a) Beispiel einer „Masche" (oben) und eines „Kreises" (unten). Mensch, der aufrechte Körperhaltung im Boot allein mittels des Gesichtssinnes einhält. Oben schätzt er die Höhe und Geschwindigkeit der anrollenden Wellen ab; unten blickt er nach standfestem Bezugspunkt.
A Steuerndes Teilsystem (Augen, Nervensystem, Muskulatur). B Gesteuertes Teilsystem (Körper als passiver, physikalischer Überträger). x regulierte Größe. z Störgröße. Die Pfeile geben die Richtung an, in der Zustandsänderungen der wirkenden Größen sich im System fortpflanzen. Bei den in Quadranten eingeteilten Kreisen werden die ankommenden Größen addiert oder, wenn ihr Quadrat schwarz ausgefüllt ist, subtrahiert. Die ausgehenden Größen sind also Summe oder Differenz. In der Masche sind die beiden Teilsysteme parallel, im Kreis gegeneinander geschaltet. b) Abstrakte Darstellung von Kette, Masche und Kreis (nach MITTELSTAEDT, etwas verändert aus HASSENSTEIN 1966).

stehen, während der I-Regler seine Regelung so lange verstärkt, bis der Wert der konstanten Störgröße genau erreicht ist.

Jeder Regelkreis hat eine bestimmte und meßbare „Totzeit": sie ergibt sich aus der „Laufzeit" vom Fühler bis zum Stellglied und aus den Latenzzeiten im Fühler und im Stellglied.

Die Systemglieder biologischer Regelkreise können Verstärkereffekte aufweisen, weil über die Steuerungsvorgänge Energiequellen verschiedenen Niveaus verknüpft sein können. Das gilt besonders auch dann, wenn Parallelsysteme vorliegen, bei denen ein Signal gleichzeitig verschiedene (gleichartige) Systemglieder steuert. Einen Sonderfall in dieser Beziehung stellen im Verhaltensbereich tierische Vergesellschaftungen dar, bei denen man diese Verstärkerwirkung als einen wesentlichen Faktor ihrer biologischen Funktion sieht, durch die sie Einzelindividuen überlegen sind.

Im Verhalten kann man nach diesen Überlegungen im Anschluß an FLECHTNER drei prinzipielle Möglichkeiten unterscheiden:

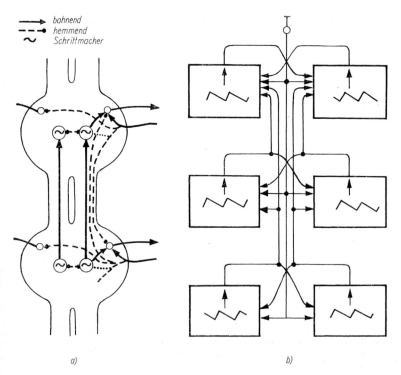

a) b)

Abb. 77. a) „Minimal-Schema" der bahnenden und hemmenden Einflüsse zwischen Thorakalganglien, die mit Beinen verbunden sind, als Voraussetzung für die normale Beinkoordination bei Insekten (nach WILSON 1967). b) Analogmodell der Beinbewegungen eines laufenden Insekts. Verkopplung der sechs Schwinger, die zu simulierten Bewegungskurven der sechs Beine am intakten Insekt führen. Der Schaltplan für die Kippschwinger ist weggelassen worden, damit nur die Bestandteile der Hypothese selbst in der Abbildung enthalten sind. Die Einstellmöglichkeit des variablen Gleichwertes ist durch ♂ gekennzeichnet (nach WENDLER 1968).

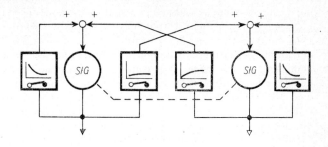

Abb. 78. Funktionsschema eines Semi-Markoff-Prozesses. Der statistische Impulsgenerator (SIG) erzeugt binäre Zufallsfolgen, im hier gezeigten statischen Modell wird
das Zusammenwirken zweier verschiedenartiger Verhaltensnormen (Seihen und Beißen)
eines Fisches *(Pelmatochromis)* dargestellt. Wie bei einem binären Erneuerungsprozeß
die statistische Eigenschaft des gegenwärtigen Ereignisses nur von der letzten Bewegungsnorm herrührt, so seien im Fall zweier zusammenwirkender, verschiedenartiger
Bewegungsnormen verschiedene Arten der statistischen Abhängigkeit, je nachdem die
eine oder die andere Bewegungsnorm vorausging, angenommen. Ein Prozeß dieser Art
erneuert sich mit jeder der beiden Verhaltensnormen, „vergißt" also mit dem Auftreten
der beiden Bewegungskoordinationen die gesamte Vergangenheit. Das Modell zeigt die
Verschaltung von 4 Übergangsgliedern. Das Auftreten von Beißen und Seihen ist nun
in zweifacher Weise davon abhängig, ob vorher Seihen oder Beißen auftrat. Die
gestrichelte Linie repräsentiert direkte Koppelung der beiden SIG, die gleichzeitiges
Auftreten von Beißen und Seihen verhindert. Das Rückkoppelungsglied liefert entsprechend
dem bei Erneuerungsprozessen wichtigen Abstand (Abszisse) zur letzten Handlung eine
Ausgangsgröße (Ordinate), die als Eingangsgröße des SIG nach jeder Bewegungsnorm
den jeweils identischen Verlauf bis zur nächsten Bewegung zeigt. Der Schalter
symbolisiert die Nicht-Linearität (nach HAUSKE 1968).

1. Ausgelöstes Verhalten
2. Gesteuertes Verhalten
3. Geregeltes Verhalten.

In der Verhaltensforschung sind bereits verschiedene Methoden entwickelt worden, um kybernetische Prinzipien (gesteuertes Verhalten und geregeltes Verhalten)
experimentell erfassen und eine Systemanalyse durchführen zu können. Dabei
stellt das beobachtete Verhalten nur einen Teil dieses Systems dar, es sind daher
auch Untersuchungsverfahren notwendig, die etwa die neuralen und hormonalen
Glieder des Systems mit einbeziehen. Trotzdem können echte Systemanalysen
auch mit Verfahren aufgenommen werden, die das Tier unversehrt lassen. Sie gestatten dann den Entwurf eines Modells nach der sog. „black-box-Theorie". An
einem solchen System bleibt der „schwarze Kasten" vom Experiment ausgeklam-
mert. Dieses Verfahren bietet sich für die eigentliche Ethologie in besonderem Maße
an, da sie bestrebt ist, das Tier in seinem natürlichen Verhalten zu erfassen und
daher Eingriffe zu vermeiden, die ja auch notwendigerweise das System selbst
ändern. Das black-box-Verfahren bestimmt quantitativ und qualitativ die Werte,

die in das System jeweils eingehen (input), und die Werte, die wieder herauskommen (output). Je mehr Daten hierbei gewonnen werden können, desto zwingender wird die Ableitung für den zugrunde liegenden Vorgang. Das ist eine Weiterführung der alten Forderung: „principia non sunt multiplicanda praeter necessitatem" oder auch des sog. „Morganschen Kanons", nach dem bei zwei Erklärungsmöglichkeiten der einfacheren der Vorzug zu geben sei. Die Relationstheorie, die Theorie von Verbänden, Mengenalgebra und Schaltalgebra liefern für diese Modelle wesentliche Grundlagen. Sehr nützlich ist ferner das Prinzip des „Aufschneidens von Regelkreisen", wodurch Einsichten in das Verhalten der Funktionsglieder gewonnen werden können.

Ein bereits gut analysiertes Beispiel für ein **gesteuertes Verhalten** erbrachten die Untersuchungen von MITTELSTAEDT über den Fangschlag der Gottesanbeterin *(Mantis)*, eines Vertreters der den Schaben verwandten Fangschrecken (Mantidae). Diese Tiere haben zu Fangbeinen umgewandelte Vorderextremitäten, die beim Fangschlag mit solcher Schnelligkeit auf die Beute (z. B. Fliege) zu bewegt werden,

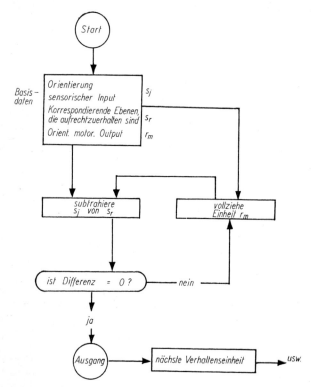

Abb. 79. a) Modell eines Computerprogramms für eine einfache Verhaltensantwort wie Raum-Orientierung. Das Programm startet durch Nutzung der Datenregister. Instruktionen für die zu verwendende motorische Einheit r_m: Die Bezugsebene für die kontrollierte Variable S_r und den sensorischen Input, die laufende Orientierung meldet S_j. Das Programm setzt sich fort in der Überprüfung der Differenz zwischen S_r und S_j. Wenn nicht 0, wird eine motorische Antwort r_m eingesetzt. Dann wird das nächste S_j mit S_r verglichen usw. Bei Sequenzen setzt sich der Zyklus über den Ausgang fort (nach WATERMAN 1967).

daß Bewegungskorrekturen nicht möglich sind. In diesem Falle muß also bereits vorher eine Zielsteuerung vorgenommen werden, die über die Augen geschieht. Dazu erfolgt eine Kopfbewegung in Richtung Beutetier, allerdings mit einer etwa 15%igen Abweichung von der Zielrichtung. Der Winkel (z) der Zielrichtung ist die Abweichung von der Körperachse. Der (etwas kleinere) Winkel (y) ist durch die Kopfwendung gegeben. Es bleibt der Winkel (x) zwischen Kopfrichtung und Ziel (Fliege). Dieser wird durch das Auge gemessen, während die Kopfbewegung (Winkel y) von Halshautrezeptoren gemessen wird: das sind Haare am Prothorax, die durch die Kopfbewegung in bestimmtem Winkel abgebogen werden (vgl. S. 101). Da z gleich der Summe von y und x ist, wäre die einfachste Erklärung, daß der Fangschlag durch eine Summierung des propriozeptiven und des visuellen Winkels gesteuert wird. Verschiedene Experimente, vor allem Aufschneiden der an der Steuerung des Verhaltens beteiligten Regelkreise, ergaben, daß es sich um wenigstens zwei vermaschte Regelkreise handelt. Der eine liefert die visuelle Ansteuerung der Beute (Auge), der andere registriert die Kopfwendung (Propriorezeptoren), jedoch ist hier der zugehörige Sollwert die symmetrische Kopfstellung; hier wird demnach die Abweichung um so größer, je mehr das Ziel von der Körperachse abweicht. Daher muß sich zwischen beiden Regelkreisen ein Gleichgewicht herstellen (Abb. 80). Allerdings haben weitere Versuche ergeben, daß noch andere Beziehungen bestehen müssen, die bisher nicht vollständig geklärt werden können (Abb. 80, gestrichelte Linie).

Es ist bekannt, daß viele Insekten über Sinnesborstenfelder wie die bei *Mantis* erwähnten verfügen, über welche sie, bezogen auf die Schwerkraft der Erde, die Lage im Raum kontrollieren und durch mechanische Gleichgewichtsbedingungen eine bestimmte „Normallage" einhalten können, die erst durch spezifische zentralnervös gesteuerte Verhaltensweisen verändert werden kann (s. Reafferenzprinzip). Die Stellglieder (Extremitäten usw.) können Regelabweichungen korrigieren oder den vom ZNS aufgezwungenen Sollwert einstellen. JANDER hat für die Menotaxis (s. S. 39) den Nachweis der Aufschaltung einer solchen Führungsgröße auf eine „Grundorientierung" (Phototaxis) bei Ameisen erbracht (Abb. 81).

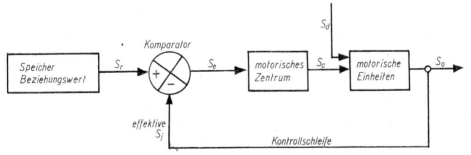

Abb. 79. b) Generalisiertes Kontrollsystem-Modell für eine einfache Verhaltensantwort, wie Raum-Zeit-Orientierung. Ein Irrtums-Signal S_e, abgeleitet aus dem Vergleich zwischen dem Beziehungswert für die kontrollierte Variable S_r mit dem aktuellen Wert S_j (negative Rückkopplung, das effektive Eingangssignal), aktiviert das Kontrollsystem (motorisches Zentrum). Das liefert Kontrollsignale S_c, die das kontrollierte System (motorische Einheiten) in Aktion versetzen; S_o ist die Antwort, eine Größe, die zu einer bestimmten Raumeinstellung führt (in diesem Beispiel). Störungen S_d können auf das kontrollierte System einwirken (nach WATERMAN in MESAROVIĆ 1968).

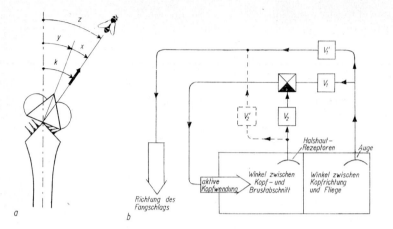

Abb. 80. a) Schema des Vorderteils einer *Mantis* beim visuellen Anzielen einer seitlich sitzenden Fliege. Winkel y wird von den Halshautrezeptoren (abgebogene Haare zwischen Kopf- und Brustabschnitt), Winkel x von den Augen perzipiert. Der Schlagwinkel der am Brustabschnitt sitzenden Beine muß aber z sein, wenn die Fliege gefangen werden soll. Wie z vermutlich ermittelt wird, zeigt b) Vorläufiges Funktions-Schema zur Steuerung der Kopfhaltung und des Fangschlages der Gottesanbeterin nach den Untersuchungen von MITTELSTAEDT. Jede aktive Kopfbewegung ändert gleichzeitig beide Regelgrößen des „vermaschten" Regelkreises; sitzt z. B. eine Fliege links vorn und wendet sich der Kopf nach links zu ihr hin, so vergrößert sich damit der Winkel zwischen Kopf- und Brustabschnitt, und es verkleinert sich der Winkel zwischen Kopfrichtung und Fliege. V_1 und V_2 sind unterschiedliche Verstärkungen der perzipierten Winkelwerte. Wenn die gestrichelt gezeichnete Verbindung nicht bestünde, müßte die Verstärkung des visuell wahrgenommenen Winkels zur Steuerung des Fangschlages etwa 7fach sein; denn der Fangschlag wird mit den Vorderbeinen ausgeführt; diese sitzen am Brustabschnitt und müssen daher in einem Winkel zu diesem schlagen, der gleich der Summe der Winkel zwischen Brustabschnitt/Kopf und Kopfrichtung/Fliege ist. Wegen der Winkelteilung von etwa 6:1 wäre diese Summe 7mal größer als der kleinere der beiden Winkel. Da aber die gestrichelte Verbindung vermutlich doch besteht, läßt sich die Größe aller Verstärkungen noch nicht berechnen (nach HASSENSTEIN 1966).

Für das Zusammenwirken der Statolithen mit den zentralnervösen Führungsgrößen bei Wirbeltieren hat MITTELSTAEDT die „Bikomponenten-Hypothese" entwickelt. Als mögliches Modell hierfür wird ein Pendelmodell gedacht, auf dessen Scheibe zwei gleich schwere Gewichte exzentrisch gelagert und durch eine Stange mit Radiuslänge fest verbunden sind. Diese Gewichte sollen ihren Abstand zum Zentrum (r bzw. r′) ändern können. Dann wird in dem Fall der Vergrößerung des Abstandes r sich r′ gleichzeitig verkleinern. Die Gewichte werden entsprechend als M und M′ bezeichnet. Die Ruhelage ergibt sich nach der Formel $\varphi = $ arc cos r = arc sin r′ (Abb. 82). Bei Abweichungen $(\varphi \pm \alpha)$ aus der Ruhelage φ ergeben sich folgende Rückstellkräfte: Ein Pendel erzeugt MM · sin α, das andere, senkrecht stehende M′ · sin $(90° \pm \alpha)$ als: M′ . cos α. Da die Gewichte radial verschoben sind, wird φ durch r und r′ bestimmt (r = cos φ; r′ = sin φ). Summiert ergibt sich damit für beide Pendel eine Rückstellkraft nach der Formel:

$$R = r \sin \alpha + r' \cos \alpha = \cos \varphi \sin \alpha + \sin \varphi \cos \alpha \cdot [R = \sin (\varphi + \alpha)].$$

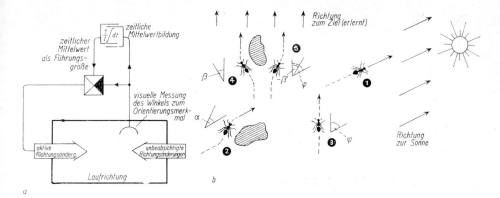

Abb. 81. a) Blockschaltbild für das Funktionssystem mit Hilfe dessen bestimmte Insekten die gerade Richtung zu einem Ziel finden, das ursprünglich infolge von Hindernissen nur auf Umwegen erreichbar war. Der mathematische Ausdruck im Schaltbild soll die Operation der zeitlichen Mittelwertbildung versinnbildlichen. Die unzusammenhängende Umrandung der verantwortlichen Instanz soll symbolisieren, daß der während eines Laufes gebildete Mittelwert erst beim nächsten Lauf als Führungsgröße für die Laufrichtung eintreten kann; bei den untersuchten Ameisen waren sogar mehrere Läufe notwendig, um die Führungsgröße von Null her zum endgültigen Wert anwachsen zu lassen. Ohne Führungsgröße bewirkt der Regelkreis, daß das Tier sich auf das Orientierungsmerkmal zu (oder von ihm fort) bewegt; unbeabsichtigte Richtungsänderungen werden kompensiert („positive und negative Topotaxis"). Eine Führungsgröße befähigt das Tier dazu, Winkel zu Orientierungsmerkmalen einzuhalten („Menotaxis").

b) Die Ameisen Nr. 1 und Nr. 2 haben die Tendenz, in Sonnenrichtung zu laufen und haben sich noch keine Richtung zu einem anderen Ziel eingeprägt; die Führungsgröße ist also gleich Null, und die Stellgröße ist somit auch Null. Ameise 1 läuft daher geradeaus weiter. — Ameise 2 ist durch ein mechanisches Hindernis aus der Laufrichtung zur Sonne abgelenkt worden. Die Augen melden daher einen Winkel α: der Regler macht daraus das Kommando (Stellgröße) „minus α". Das Tier wendet sich daher nach Passieren des Hindernisses so lange in Gegenrichtung zu α, bis wieder die Sonnenrichtung erreicht ist und der Winkel „Null" gemeldet wird. — Die Ameisen 3 bis 5 haben jedoch eine andere Laufrichtung erlernt, d. h. ihr Zentralnervensystem hat durch Lernen eine Führungsgröße aufgebaut. Ameise 3 läuft in der erlernten Richtung. Die Augen melden den Winkel φ. Die Führungsgröße, welche der durch φ gegebenen Richtung entspricht, ist nun genauso groß wie die Meldung „Winkel φ" der Augen. Folglich ergibt sich wegen der Addition der Führungsgröße zum negativen Wert der Meldung der Augen hier die Stellgröße Null; die Ameise macht also keine Wendung, sondern verfolgt weiter die erlernte Richtung. — Ameisen 4 und 5 sind von der erlernten Laufrichtung abgelenkt worden, und zwar nach verschiedenen Seiten um den Winkel $+\beta$ bzw. $-\beta$ („links" ist willkürlich mit „plus", „rechts" willkürlich mit „minus" gleichgesetzt). Durch Kombinieren des für die Ameisen 2 und 3 Erklärten ergibt sich, daß die Tiere auf Grund der Wirkung des Regelkreises nach der Ablenkung in die erlernte Richtung zurückkehren müssen; denn die Stellgrößen entsprechen den Meldungen
$-(\varphi+\beta)+\varphi=-\beta$ bzw. $(\varphi-\beta')+\varphi=\beta'$ (nach HASSENSTEIN 1964).

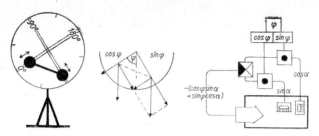

Abb. 82. Pendelmodell. Zwei gleich schwere, in Radienrichtung bewegliche Gewichte sind durch eine feste Stange miteinander verbunden. Das Modell befindet sich im Gleichgewicht. Mitte: Die entstehenden Kräfte. Rechts: Der äquivalente Regelkreis. Dieses Modell gibt MITTELSTAEDTS ,,Bikomponenten-Theorie'' wieder (Einzelheiten im Text, nach HASSENSTEIN 1966).

Nach MITTELSTAEDT und HASSENSTEIN lassen sich folgende Elemente des Modells mit dem biologischen System vergleichen:

Die Rückstellkräfte $r \cdot \sin \alpha$ des Pendels r für r = 1	den Meldungen ,,$\sin \alpha$'' des Utriculus-Statolithen
Die Rückstellkräfte $r' \cdot \cos \alpha$ des Pendels r' für r' = 1	den Meldungen des ,,$\cos \alpha$'' des Sacculus-Statolithen
Der Winkel φ	der zentralnervösen Führungsgröße für Abweichung von der Normallage
Die Verringerung der Wirkung von M durch Multiplikation mit $\cos \varphi$ und von M' mit $\sin \varphi$	einer im ZNS stattfindenden Multiplikation der Meldungen des Utriculus- bzw. Sacculus-Statolithen mit den Werten $\cos \varphi$ bzw. $\sin \varphi$
Die Determination der Ruhelage durch die kombinierte Wirkung von $\sin \varphi \cos \alpha + \cos \varphi \sin \alpha$	der Steuerung der Stellglieder durch Statolithenmeldungen, die durch Multiplikation mit $\cos \varphi$ bzw. mit $\sin \varphi$ modifiziert werden.

Orientierende Komponenten sind in allen raumzeitlich organisierten Verhaltensabläufen enthalten (vgl. S. 164). Daß ihre Führungsgrößen von den Bewegungsmustern unabhängig im Zentralnervensystem bestimmt werden, hatten schon LORENZ und TINBERGEN an der Eirollbewegung der Graugans nachweisen können, indem es ihnen gelang, beide Komponenten zu trennen; bei starker ,,Ermüdung'' (afferenter Drosselung) der motorischen Komponente (Erbkoordination) bleibt allein die Taxiskomponente erhalten. Auch im Zusammenhang mit Ritualisationsvorgängen, etwa beim ,,Hetzen'' der Anatiden, sind vielfach Taxiskomponenten und Erbkoordinationen ,,auseinandergefallen''. Während aber die selektive ,,Ermüdbarkeit'' der afferenten Systeme für Instinkthandlungen schon wiederholt nachgewiesen wurde, sind die Probleme der ,,taxisspezifischen'' Ermüdbarkeit noch wenig geprüft. Eine Untersuchung von EWERT und BIRUKOW über die Richtbewegung der Erdkröte *(Bufo bufo)* gestattet auch hier, ein Modell für das zugrunde liegende Wirkungsgefüge zu entwerfen (Abb. 83).

Auch für die zeitliche Ordnung im tierischen Verhalten wurden **Modelle** entworfen, die kybernetische Prinzipien verwenden. WEVER stellte eine Schwingungsdifferentialgleichung auf, nach der die Eigenschaften der ,,Inneren Uhr'' bei Tieren allgemein gekennzeichnet werden sollen und die sich auf den 24-Stunden-Rhythmus bezieht. Bei Ausschalten der Zeitgeber (s. S. 48) tritt eine circadiane Periode des

„freilaufenden" Rhythmus zutage, die mehr oder weniger stark von 24 Stunden abweichen kann. WEVER schlägt dabei diese Gleichung vor:

$$\gamma + 0{,}5\left(\gamma^2 + \frac{1}{\gamma^2} - 3\right)\gamma + (1 + 0{,}6\,\gamma) = \ddot{x} + \dot{x} + x$$

Hierbei wirkt das Glied $0{,}5\left(\gamma^2 + \frac{1}{\gamma^2} - 3\right)$ die Selbsterregung. Durch $1 + 0{,}6\,\gamma$ wird die empirisch ermittelte Frequenzänderung der Schwingung mit dem Gleichwert berücksichtigt. WEVER hat als Modell für diese Gleichung einen elektrischen Schwingkreis aufgestellt, der die geforderten Bedingungen erfüllt (Abb. 83).

Ein von FRANK entworfenes Bild für den Informationswechsel beim Menschen, das sich in wesentlichen Teilen auch auf tierische Organismen übertragen läßt,

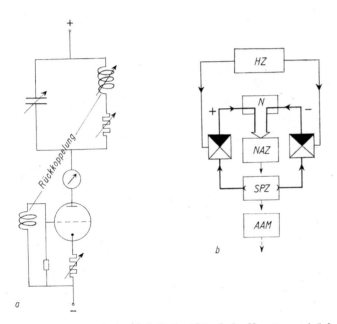

Abb. 83. Kybernetische Modelle für biologische Vorgänge: a) Schaltbild eines Schwingkreismodells für circadiane Rhythmen bei Tieren (nach WEVER 1962). b) Schema des „Schaltungsapparates" für Blocksetzung und Blockhebung in einem niederen afferenten Zentrum (NAZ), bezogen auf die Ermüdbarkeit der Richtbewegung im Beuteschema der Erdkröte *(Bufo bufo)*: Die den Bewegungsreizen zugeordneten Erregungen treffen auf den AAM, nachdem sie ein niederes afferentes Zentrum NAZ und ein Speicherzentrum (SPZ) passiert haben. Passen sie in den Funktionskreis des Beutefanges, so sendet der AAM entsprechende Befehle an die motorischen Zentren (Richtbewegung). Dabei speichert das SPZ offenbar genau Eindrücke über die jeweils durchgelassenen Erregungsmengen. Soweit wäre die Reaktionsbereitschaft der Richtbewegungen unermüdbar. Über eine negative (Stammhirn) und eine positive (Vorderhirn) Rückkoppelungsschleife bestimmt jedoch der Umfang der gespeicherten Eindrücke (N) selber die Reaktionsstärke. Dabei wird die Informationskapazität von einem höheren Zentrum (HZ) am Reglersystem eingestellt. Ist ein der Triebstärke entsprechendes Optimum erreicht, so wird das NAZ blockiert (nach EWERT und BIRUKOW 1965).

gibt Abb. 84. Es stellt zugleich in seiner Modellierung die informationstheoretischen Aspekte des Systems in den Vordergrund. Trotz des noch weitgehend hypothetischen Charakters derartiger Entwürfe sind sie doch geeignet, den prinzipiellen Einbruch der Kybernetik in unser Weltbild zu veranschaulichen sowie den neuartigen Ansatz für die Experimentalforschung und die Interpretation so komplexer Systembildungen, wie es jene sind, die dem Verhalten zugrunde liegen.

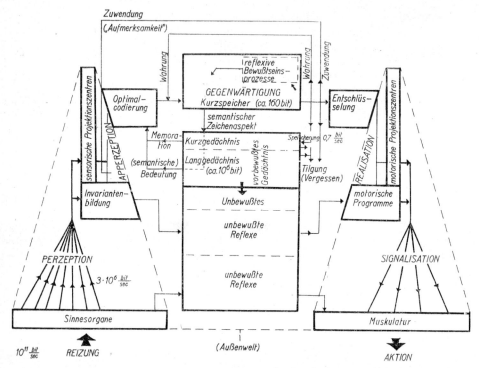

Abb. 84. Organogramm für den Informationswechsel beim Menschen. Das Modell der Informationspsychologie in seiner augenblicklichen Entwicklungsstufe. Der Kurzspeicher ist der Ort bewußter Informationsverarbeitung durch „reflexive Bewußtseinsprozesse", wobei Inhalte des Kurzspeichers durch Konzentration auf sie über die Gegenwartsdauer hinaus bewahrt werden können. Die vom Kurzspeicher abgegebenen Informationen, die sog. Realisationsbeträge (im Höchstfall wahrscheinlich wieder 16 bit/s), dienen der Erregung der Muskelfasern (Signalisation), eventuell durch Auslösung von motorischen Programmen, so daß z. B. nur der Entschluß, zu gehen, bewußt erfolgt — die Einzelbewegungen ergeben sich aus einem erlernten Gehprogramm (nach FRANK 1962).

4. Adaptationen

4.1. Grundlagen

Im Verhaltensbereich können zahlreiche Anpassungen auftreten, die modifizierend auf die Umweltbeziehungen eines Organismus einwirken. Sie sind eine elementare Voraussetzung für die Regulationsvorgänge und die Homoiostase, die zur Aufrechterhaltung der Fließgleichgewichte offener Systeme erforderlich ist. Der Organismus bezieht aus der Umwelt mannigfache Informationen, die in sein System eingehen, es steuern oder regeln.

Grundsätzlich können Anpassungen auf der Verhaltensebene auf der sensorischen und der motorischen Seite erfolgen. Dabei sind im zweiten Fall propriorezeptorische Informationen (aus dem motorischen System) für diese Vorgänge erforderlich, so daß letztlich Afferenzen über die Rezeptoren oder Afferenzen über die Effektoren die Grundlage für individuelle Anpassungen liefern. Im motorischen Bereich werden derartige Anpassungen als „Erwerbsmotorik" bezeichnet. Dabei hat EIBL-EIBESFELDT folgende Möglichkeiten unterschieden:

	erbangepaßt	erwerbangepaßt
erbkoordiniert	z. B. Sprengen, Zerspleißen, Versteckhandlung des Eichhörnchens	z. B. angeborene Bettelbewegungen von Zootieren wie z. B. Lecken, Scharren usw.
erwerbkoordiniert	z. B. Nestbauen der Ratte, Gesang des Buchfinken	z. B. erfundene Bettelbewegungen von Zootieren, Flaschenöffnen bei Meisen

Für den Aufbau einer erbkoordinierten erwerbangepaßten Motorik sei das folgende Beispiel gegeben: Ein Fuchs hatte die Aufgabe zu lösen, die Tür eines eintürigen Wahlapparates, die nach rechts oder links geschoben werden konnte, zu öffnen. Diese Tür war in der Mitte sowie an jeder Seite mit senkrechten Griffen ausgestattet. Der Fuchs konnte daher die Tür entweder mittels der Seitengriffe oder über den Mittelgriff aufschieben. Außerdem bot ihm sein Verhaltensinventar dazu zwei Möglichkeiten: er konnte scharren (mit der Pfote Tür zur Seite schieben) oder mit der Schnauze schieben. Beide Verhaltensweisen kommen auch im natürlichen Verhalten vor, das seitliche Scharren beim Baugraben, das Schnauzenschieben beim Vergraben von Futter. Das Versuchsergebnis ist in der folgenden Tabelle zusammengestellt:

Nr.	am Mittelgriff	am Seitengriff	Handlung ausgeführt mit	Ergebnis
1			Pfote	(Tür war offen)
2	+		Pfote	—
3	+		Pfote	—
4		+	Pfote	—
5	+		Pfote	—
6		+	Pfote	—
7		+	Pfote	—
8				(Tür war offen)
9	+		Pfote	—
10		+	Pfote	—
11		+	Pfote	—
12		+	Pfote	—
13		+	Schnauze	+
14		+	Schnauze	+
15	+		Pfote	—
16		+	Schnauze	+
17		+	Schnauze	+
18		+	Schnauze	+
19		+	Schnauze	+
20	+		Schnauze	—
21		+	Pfote	—
22		+	Schnauze	+
23—33		+	Schnauze	+

Dieses motorische Lernen ist ein „Lernen am Erfolg", oft auch „trial and error" genannt. In diesem Falle wurde das motorische Programm wesentlich durch vorgegebene Verhaltensmuster bestimmt. Diese Lernform stellt eine Auswertung des Verhaltens dar. Ist auch die Motorik neukoordiniert, kann man von einer Ausweitung des Könnens sprechen. Wird schließlich auf einer Grundlage sensorischer Informationen gelernt, handelt es sich um eine Ausweitung des „Wissens", die im wesentlichen wohl nur dem Menschen zukommt, wenn auch gewisse Ansätze hierzu bei Primaten nachgewiesen wurden.

Als mögliche **Lernformen** werden heute meist unterschieden:

1. Habituation (Gewöhnung)
2. Klassische Konditionierung (Bedingter Reflex I)
3. Instrumentelle Konditionierung (Bedingter Reflex II)
4. Prägung (Fixieren eines Verhaltens)
5. Lernen am Erfolg (Trial and Error)
6. Übung
7. Automatisierung (Bilden stabiler erworbener Verhaltensmuster als „Können" oder Erfahrungsschemata als „Wissen")
8. Einsicht.

Lernen ist ohne Speichern nicht möglich. Es setzt aber auch die Fähigkeit voraus, gespeicherte Informationen wieder „abrufen" zu können. Im Falle der Einsicht ist dieses Abrufen nicht mehr von den Bedingungen abhängig, die den Informationseingang bestimmten, während in anderen Formen der Verhaltensanpassungen das

System allein den Abruf aus dem Speicher nicht vollziehen kann, sondern weitere außerhalb liegende Faktoren erforderlich sind, vielfach über die Auslösung eines motorischen Programms.

Die Kybernetik hat unter ihren Gesichtspunkten eine etwas andere Einteilung von Lernprozessen vorgeschlagen (ZEMANEK):

(0) Klassifizieren
(1) Lernen durch Abspeichern
(2) Lernen durch bedingte Zuordnung
(3) Lernen durch Erfolg (trial and error)
(4) Lernen durch Optimierung
(5) Lernen durch Nachahmung
(6) Lernen durch Belehrung
(7) Lernen durch Erfassen.

Alle derartigen Versuche können nur vorläufig sein, da sie erst durch Einsicht in die ihnen zugrunde liegenden Vorgänge eindeutig klassifizierbar sind. Hierzu kommt, daß die gewöhnlich aus dem menschlichen Verhalten abgeleiteten Vorstellungen über die Lernvorgänge bereits über die Stammesgeschichte entstandene und im Genom fixierte Präadaptationen nicht hinreichend berücksichtigen, die gerade bei vielen Tierarten im Zusammenwirken mit spezifischen Verhaltensformen wirksam werden und Lernakte in Richtung und Geschwindigkeit mit bestimmen. Dadurch werden die Lerninhalte wesentlich festgelegt, es werden aus der Umwelt spezifische Informationen ausgewählt, die der Erhaltung des vorgegebenen Verhaltenssystems dienen und es optimieren, indem sie es bestmöglich auf die speziellen Bedingungen der Umwelt abstimmen. Dadurch wird die objektive Redundanz der Umwelt erhöht, die objektive Information verringert; umgekehrt nimmt im System die subjektive Redundanz zu. Über die Anpassungen kann es zu einer ,,informationellen Approximation" (v. CUBE) kommen, ein Angleichen der Wahrscheinlichkeitsverteilung des Empfängers an die des Senders. Generell zeigen die zur Informationsspeicherung befähigten Systeme einen Kurzspeicher (Immediatgedächtnis) mit einer Gegenwartsdauer von etwa 10 s (beim Menschen) und einer Informationskapazität von etwa 10 bit/s sowie einen Langzeitspeicher, dessen Zufluß (beim Menschen) mit etwa 0,6 bit/s angegeben wird.

Alle Lernvorgänge beruhen auf Informationsübertragung. Diese kann über den genetischen Code erfolgen oder durch Kommunikation und schließlich auch durch Instruktion. Nach STEINBUCH kann ein lernfähiges System auf drei Wegen mit der Außenwelt in Kommunikation treten:

1. Wenn die Außenwelt starr ist: durch Abspeichern
2. Wenn die Außenwelt zeitabhängig ist: durch Suchen der Invarianten
3. Wenn die Außenwelt reagierend ist: durch Suchen der Reaktionsgesetzlichkeiten.

Die **Speicher** (vgl. S. 134) müssen über räumliche und zeitliche Ordnungsprinzipien verfügen. Die Kenntnisse hierzu sind noch sehr unzulänglich. Im allgemeinen wird jedoch angenommen, daß für das Kurzzeitgedächtnis andere Prinzipien wirksam sind als für das Dauergedächtnis. Erst durch einen Fixationsvorgang können die Inhalte des Kurzzeitgedächtnisses in das Langzeitgedächtnis überführt werden. Bei Säugetieren werden besonders das Corpus mamillare und der Hippocampus mit dem Kurzzeitgedächtnis in Verbindung gebracht.

Für das Langzeitgedächtnis dürfte die Zuordnung weitgehend von den verschiedenen Lerntypen abhängen und von dem Funktionssystem. dem die Speicher angehören. Sind diese Speicher artspezifischen Verhaltensmustern zugeordnet, die im wesentlichen genetisch fixiert und für deren Vollzug diese Speicherfunktionen notwendig sind, bezeichnen wir den Vorgang der Anpassung als ,,obligatorisches

Lernen". Sind diese Speicher dagegen zwar gewissen Grundtendenzen des Verhaltens zugeordnet, ihr Inhalt jedoch ist nicht mehr essentiell für den Ablauf ererbter Bewegungsmuster, nennen wir die Lernvorgänge „fakultativ". Hier ist nur noch der Bedarf an Informationen gegeben, während die Art der Informationen variabel ist. Daß gelernt werden muß, ist genetisch fixiert, aber nicht, was zu erlernen ist. Dadurch wird die Anpassungsfähigkeit des Systems entscheidend erhöht, da auch vom genetischen Speicher her nicht „vorgesehene" Bedingungen in das System eingehen können.

Die neurologischen und biochemischen Grundlagen der Informationsspeicherung sind noch weitgehend unbekannt. Bei den Cephalopoden *(Octopus)* lassen sich zwei weitgehend unabhängige Lernmechanismen nachweisen. Für die Speicherung optischer Informationen sind der Lobus opticus, der Lobus frontalis superior und der Lobus verticalis verantwortlich, während taktile Informationen im Lobus fronto-subfronto-verticalis inferior gespeichert werden. Allerdings vermindert die Beschädigung des Lobus verticalis sowohl optische als auch taktile Lernvorgänge.

Bei den Wirbeltieren haben Versuche an Ratten gezeigt, daß sie komplizierte visuelle Muster auch dann noch unterscheiden können, wenn der optische Cortex durch Läsionen vom motorischen Cortex getrennt wurde. Affen können optisch erlernte Muster noch unterscheiden, wenn das ganze Band durchtrennt wurde, das die primäre Sehrinde umgibt. Bei Katzen hat man die Kreuzung der Sehnerven (Chiasma) so durchtrennt, daß optische Reize, die auf einem Auge eintreffen, nur noch zur gleichseitigen (ipsilateralen) Hirnhälfte geleitet werden. Trotzdem beherrschte nach der Dressur auch das andere Auge diese Leistung, die also auf die andere Hirnhälfte übertragen worden sein muß. Dies ist jedoch nicht möglich, wenn vor den Versuchen auch das Corpus callosum in der Längsrichtung durchtrennt wurde, wobei offenbar das hintere Drittel für diese Übertragung visueller Informationsmuster maßgeblich ist. Derartige Versuche zeigten weiterhin, daß die subcorticalen Strukturen der zunächst informierten Hirnhälfte die Lerninhalte prägnanter auf die andere Hirnhälfte übertragen als der primär informierte Cortex. Im allgemeinen wirken Zerstörungen von Rindenfeldern quantitativ leistungsvermindernd etwa proportional der zerstörten Menge, jedoch um so mehr, je komplizierter die Lernmuster waren. Generell ist es daher nicht möglich, in den „Assoziationsfeldern" der Hirnrinde bei Säugetieren Orte der Gedächtnisfixierung für bestimmte Inhalte nachzuweisen. Das gilt jedoch nur für die fakultativen Lerninhalte.

Bestimmte Speichervorgänge sind bereits im Rückenmark möglich. So konnten bedingte Reflexe bei Rückenmarkfröschen erzeugt werden. Bei Ratten gelang es, über Reizungen im Kleinhirn bestimmte Haltungen der Hinterbeine auszulösen, die auch dann erhalten blieben, wenn die Leitungsbahnen unterbrochen wurden. Die Fixierung dieser Anpassung wurde durch Verabreichung von Nukleinsäure-Antimetaboliten auf 70 min verlängert, jedoch vermittels von Substanzen, die Nukleinsäure-Synthesen beschleunigen, auf 30 min verkürzt.

4.2. Obligatorisches Lernen

Verhaltensanpassungen, die für den Vollzug artspezifischer Bewegungsmuster essentiell sind, nennen wir „obligatorisches Lernen". Hierher gehören:

1. Einbau von Erfahrungen in das stoffwechselbedingte Verhalten.
2. Einbau von Erfahrungen in das Fortpflanzungsverhalten (z. B. Informationen über bestimmte Individuen einer Population).
3. Einbau von Erfahrungen in das Orientierungs- und Erkundungsverhalten (Herstellung spezifischer raum-zeitlicher Beziehungen).
4. Einbau von Erfahrungen in das Schutzverhalten.

„Erfahrung" ist hier definiert als Abspeichern und situationsspezifisches Abrufen von bestimmten Informationen. Die Prinzipien dieser Erfahrungsbildung sind weitgehend artspezifisch festgelegt und mit bestimmten Verhaltensweisen verbunden. Mit solchen verknüpft werden sie auch wieder aus dem Speicher abgerufen (ekphoriert).

Vom Typ 2 der hier genannten Möglichkeiten obligatorischen Lernens, das primär an die Gebrauchshandlungen gebunden ist, leiten sich vor allem jene Lernvorgänge ab, die zwischentierliche („soziale") Beziehungen herstellen und erhalten, also die elementaren Kommunikationsprozesse. Über die Prinzipien der Verhaltensbindung an Artgenossen (Prägung) sowie über die Individualunterscheidung können mannigfache andere Informationen übertragen werden. So werden auf diesem Wege bei vielen Singvögeln wesentliche Komponenten der Gesänge von Generation zu Generation weitergegeben (und obligatorisch erlernt), wie es in besonders eindrucksvoller Form beim Buchfinken nachgewiesen wurde.

Die **Prägung** selbst ist ein typischer obligatorischer Lernprozeß. LORENZ hat hierfür folgende Kennzeichen angegeben:

1. Prägung erfolgt nur innerhalb einer begrenzten sensiblen Phase.
2. Prägung ist irreversibel.
3. Die geschlechtliche Reaktion wird schon zu einer Zeit auf ein bestimmtes Objekt fixiert, zu der sie selbst noch nicht auslösbar ist.
4. Prägung besteht nicht in einer Fixierung auf ein bestimmtes Individuum, sondern auf die Art.

Weitere Untersuchungen haben es notwendig gemacht, den Prägungsvorgang auch durch die ihn kennzeichnenden Verhaltensweisen (z. B. Folgereaktion) zu charakterisieren. Außerdem sind die Prägungsvorgänge reizspezifisch. Dabei konnte eine genetisch bedingte Bevorzugung bestimmter Signalmuster (optische, akustische) bei verschiedenen Arten wahrscheinlich gemacht werden. Im allgemeinen wird als das wesentliche Kriterium der Prägung die Nachfolge-Reaktion angesehen. Doch dürfte es sich hierbei nur um den auffälligsten der möglichen Prägungsvorgänge handeln. Er ist vor allem bei den Nestflüchtern unter den Vögeln und den Laufsäuglingen unter den Säugetieren sehr ausgeprägt entwickelt. Durch das Auslösen der Nachfolge-Reaktion kommt es graduell zu einer zunehmenden Bevorzugung des Signalsenders, dem zuerst gefolgt wurde. Huftiere, die auf diesem Wege auf den Menschen geprägt wurden, lassen sich nur schwer wieder an Artgenossen anschließen. Bei einer Stockente liegt die sensible Periode für die Prägung zwischen der 1. und 40. Lebensstunde (maximal bis zur 72. Stunde). Außerdem ließ sich bei dieser Art noch eine kritische Periode (höchster Prägsamkeit) zwischen der 13. und 16. Stunde nachweisen. Im einzelnen ergaben sich für Stockentenküken *(Anas platyrhynchos)* folgende Befunde:

Folgen bewegter Attrappen: 10.—20. Stunde: 58 %, 240. Stunde 17 %.
Fliehen vor bewegten Attrappen: 10.—20. Stunde: 46 %, 80.—240. Stunde: 100 %.

(Die Überschneidung der Werte beruht darauf, daß es Individuen gibt, die Folgetendenzen und Fluchttendenzen zeigen können.)

Annäherung durch Lockrufe: 40.—50. Stunde: 85 %. 240. Stunde 50 %.

Kücken, die zunächst bewegten Attrappen nicht gefolgt waren, konnten durch Rufe dazu gebracht werden und folgten dann auch bewegten (stummen) Attrappen.

Weiterhin ließ sich auch nachweisen, daß nach der Prägung auf ein bewegtes Modell dieses auch in ruhendem Zustand gegenüber anderen bevorzugt wird. Ferner zeigte sich bei bewegten Modellen keine Bevorzugung bemalter Modelle gegenüber einfarbigen. Wurden diese Modelle jedoch danach in den Testversuchen wieder angeboten, bevorzugten die Entenkücken die bemalten signifikant. Dies scheint auf sensorische Musterbildungen hinzuweisen, die mit dem Prägungsvorgang verbunden sind und hier nicht als Reizsummen, sondern als Reizstrukturen (-gestalten) eingehen. In jedem Fall sind hier zwei Mechanismen für die spezifischen Verhaltensbeziehungen anzunehmen.

Ähnliches konnte auch bei Schafen nachgewiesen werden. Schafmütter scheinen nach Geburt erst olfaktorisch geprägt zu werden, ehe sie mütterliches Verhalten gegenüber Jungen zeigen; dieser Prägungsvorgang ist zugleich die Voraussetzung dafür, daß sie nach seinem Abschluß olfaktorisch das eigene von fremden Jungen unterscheiden. Das geschieht bei Schafen in den ersten 20 bis 30 Minuten nach der Geburt und ist vor allem mit dem Lecken als Pflegeverhalten verbunden.

Untersuchungen der letzten Jahre weisen darauf hin, daß gewisse Kennreize, besonders akustische, das Prägungsverhalten steuern und bahnen. Bei Stockenten ließ sich eine erfahrungsunabhängige Bevorzugung der arteigenen Elternlaute vor solchen artfremder Individuen nachweisen. Dadurch wird der dann folgende Prägungsvorgang gegen Objektirrungen abgesichert, was besonders bei solchen Arten wesentlich ist, die mit anderen vergesellschaftet leben. Danach könnte man zur Zeit den Prozeß der Fixierung des Verhaltens an Artgenossen (in der Ontogenese) in drei Stufen unterteilen:

1. Genetisch determinierte Selektion bestimmter Informationen (Kennreize)
2. Prägung (Objektfixierung von Verhaltensweisen)
3. Prägungsabhängige sensorische Musterbildung durch Strukturierung der vom Prägungsobjekt ausgehenden Signale.

Bei den Nesthockern scheinen sich die beiden ersten Phasen zurückzubilden, so daß nur die dritte (zeitlich längste) Phase funktionell bleibt. Dabei gibt es graduelle Übergänge.

Prägungsvorgänge im Bereich des stoffwechselbedingten Verhaltens sind ebenfalls schon mehrfach nachgewiesen und genauer untersucht worden. Bei Schildkröten *(Chelydra serpentina)* ließ sich in den ersten 12 Lebenstagen eine Futterprägung erzielen, die auch längere Zeit noch erhalten blieb. Hühnerküken haben für die Futterprägung eine sensible Periode um den 3. Lebenstag herum.

Bei Küken gelangen auch Raumprägungen. Im Brutschrank aufgezogen, bevorzugten sie bei Wahlmöglichkeit später erhöhte Kästen zum Nestbau, die im Nest aufgezogenen dagegen brüteten am Boden.

Für Vogelarten, bei denen nur die Männchen optisch auffällige Balztrachten besitzen, ließ sich auch eine sexuelle Prägung nachweisen, die auf die Männchen beschränkt ist. Dadurch wird ein erworbener Auslösemechanismus geliefert, der später die artrichtige Weibchenwahl gewährleistet. Zieht man Stockentenmännchen mit artfremden Weibchen auf, versuchen sie später, sich auch mit diesen zu verpaaren.

Aus der Untersuchungen an Vögeln und Primaten kann abgeleitet werden, daß für die Prägung taktile Reize eine besondere Funktion haben. Kontakt-Kommunikation wäre damit eine entscheidende Basis für die Telekommunikation. Bei Affenkindern ist das Fluchtverhalten gegenüber fremden Gegenständen erheblich gemindert, wenn sie in Kontakt mit vertrauten sind (etwa durch Prägung auf eine „Phantom-Amme"). In den sensiblen Phasen verhindertes Kontaktverhalten beeinträchtigt später vor allem jene Verhaltensbezüge, die auf Nahkontakt und Berührung mit dem Artgenossen gerichtet sind (z. B. Sexualverhalten). Auch für das Menschenkind sind in der Normogenese des Verhaltens Berührungsreize entscheidend, und das Lächeln wird von SALZEN als Ausdruck des Verschwindens der Angst beim Erkennen taktil vertraut gewordener Fernreize gedeutet. Soziales Lächeln kann sich aus diesem ambivalenten Verhalten durch Verstärkung (vom Sozialpartner) entwickeln.

Obligatorische Lernvorgänge sind auch im Rahmen der **Orientierungsleistungen** erforderlich. Das gilt sowohl im Raum als auch, in der Zeit. Ameisen müssen individuell die „Innere Uhr" in Betrieb setzen, die es ihnen erlaubt, den Tagesgang der Sonne bei der Raumorientierung mit zu verrechnen. Über Winter „vergessen" sie dies wieder, in wenigen Tagen nach der Winterruhe ist jedoch diese Anpassung wieder vollzogen. Honigbienen müssen sich, wie viele andere Tierarten, die ortsfeste Brutstätten haben, deren jeweilige Lage ebenso einprägen wie etwa auch bestimmte Stätten des Futterangebotes. Honigbienen, die einen Futtertisch am 27. Oktober zuletzt besucht hatten, fanden nach 173 Tagen im folgenden Jahr sofort wieder dahin zurück.

Fische, die in ihre Brutgewässer zum Ablaichen zurückkehren, scheinen in einer sensiblen Periode Merkzeichen zu speichern, vor allem von chemischen Eigenschaften, die es ihnen ermöglichen, oft Jahre später diese Gewässer wiederzufinden.

Auch in die Orientierungsmechanismen auf den großen Wanderungen bei anderen Tieren, speziell den Zugvögeln, gehen Individualanpassungen ein, die Unterschiede in den Wanderungen zwischen „erfahrenen" und erstmals wandernden Individuen bedingen. Diese Differenz ist bei Buchfinken *(Fringilla coelebs)* und Staren *(Sturnus)* sehr klar nachgewiesen. Die Jungen fliegen offensichtlich die Zugrichtung nach dem Sonnenkompaß, während die Altvögel zielgerichtet ihr durch Erfahrung bekanntes Winterquartier aufsuchen, so daß sie auch Verfrachtungen nicht nennenswert beeinflussen. KÜHN hat das Wegfinden nach der Erinnerung als „Mnemotaxis" bezeichnet (s. S. 40). Eine „mnemische Rerversion" läge dann vor, wenn die Orientierung des Rückweges durch die Reizfolge des Hinweges bestimmt würde.

Viele Sozialstrukturen bauen sich auf obligatorische Lernvorgänge auf, über die individuelle Unterschiede zur Grundlage des „persönlichen Kennens" und das hierarchische Ordnungsgefüge in Gruppenbildungen begünstigt werden.

Obligatorische Lernvorgänge sind wohl in allen Funktionssystemen des Verhaltens wirksam. Im Bereich des Nahrungserwerbes wird das Verhalten wesentlich von ihnen mit bestimmt. Aber auch bei so spezifischen Verhaltensformen, wie es das Aufsuchen bestimmter leerer Schneckengehäuse durch frisch gehäutete Einsiedler-Krebse ist, sind derartige Vorgänge beteiligt. So ließ sich *Glibanarius misanthropi* sehr schnell darauf dressieren, *Cerithium*-Gehäuse denen von *Trochus* vorzuziehen.

Einen Sonderfall der Reproduktion von „Erinnerungen" an vorangegangene Bewegungsfolgen stellt die **Kinästhetik** dar. Kinästhesie wird vielfach als „Muskelsinn" bezeichnet. Die physiologischen Grundlagen sind noch unzulänglich bekannt. Inwieweit hierbei propriorezeptive Vorgänge beteiligt sind, ist unklar und vielleicht bei den Leistungen einzelner Arten auch unterschiedlich. Nach BLEST liegt bei den von ihm untersuchten Schmetterlingen *(Automeris)* ein zentralnervöser Mechanismus vor, der die kinästhetischen Flug-Programme auf die dem Flug folgende Schaukelbewegung überträgt, die gesetzmäßig mit den vorangegangenen Flugbewegungen korreliert ist. Bei der Honigbiene dagegen dient der Kraftaufwand während des Fluges (oder Laufes) als Grundlage der Entfernungsweisung.

Echte kinästhetische Orientierungshandlungen sind bei Mollusken, Arthropoden und Vertebraten beschrieben. Es lassen sich (nach v. HAGEN) folgende Typen unterscheiden:

1. Schematische Reproduktion einer durch Wiederholung gefestigten kinästhetischen Engrammsukzession (bis zu kinästhetisch orientierten Bewegungsstereotypien).

2. Plastische (situationsgerechte) Reproduktion einer einzelnen kinästhetischen Engrammsukzession
   a) zum Ausgangspunkt (Relokalisation)
   b) zur Ausgangsrichtung (Richtungskorrektur).

3. Transponierte Reproduktion einer einzelnen kinästhetischen Engrammsukzession (bis zur kinästhetischen Entfernungsweisung).
   Als kinästhetische Orientierungsleistungen können dabei unterschieden werden:
   a) Kinästhetische Kontrolle der Richtung (durch ,,Winkelsinn").
   b) Kinästhetische Kontrolle der Entfernung (durch ,,Podometersinn").

Bei der semiterrestrischen Krabbe *Uca rapax* arbeitet der kinästhetische Orientierungsmechanismus als Vektor-Orientierung, indem er beim Rücklauf zur Wohnhöhle sowohl die Richtung als auch die Entfernung kontrolliert. Bei dieser Art scheint auch die Fähigkeit zu einer Reizfolgeintegration zu bestehen (das ,,Verrechnen" von Umwegen).

4.3. Fakultatives Lernen

Fakultatives Lernen, definiert als wahlweise Anpassung an bestimmte Umweltbedingungen, die über das für den Vollzug artspezifischen Verhaltens notwendige Maß hinausgehen, ist bei höheren Tieren nicht selten. Es steht vor allem im Zusammenhang mit Leistungsfähigkeiten der sensorischen Bahnen, aber auch mit Regulationsmöglichkeiten auf der efferenten Seite des Verhaltens. Es kann Verhaltensmuster neu koordinieren, wie etwa manche **Bettelbewegungen** bei Zootieren. Dabei können mannigfache Motive in das Verhalten einbezogen werden, wenn auch der Nahrungserwerb an erster Stelle steht. So können das Erreichen eines Heimes oder Kontaktes, ja selbst des Fortpflanzungspartners unter Gefangenschaftsbedingungen Bettelbewegungen auslösen. Es ist kennzeichnend vor allem für einige Säugetiere, wobei teilweise unter Veränderungen der Richtungskomponenten artspezifische Verhaltensweisen, wie Scharren, eingesetzt werden, in anderen Fällen aber ähnlich wie im Spielverhalten (s. S. 197) auch neue motorische Kombinationen vorkommen. Dabei können die verschiedensten Körperteile zu Bettelorganen werden, wie die Extremitäten, der Kopf mit seinen mimischen Potenzen, Rüssel, Zunge, aber auch die Schwanzspitze. Nach WINKELSTRÄTER lassen sich unterscheiden:

(a) aktiv bettelnde, (b) reaktiv bettelnde und (c) passiv bettelnde Zootiere. Er hat außerdem unterschieden zwischen Bettelaktivität und Bettelintensität. Soziale Strukturen in einer Gruppe führen zu einer Bettelplatz-Rangordnung. Die Bettelintensität kann negativ korreliert sein in der Rangstellung, und manche Bettelbewegungen zeigen Eigenschaften von Unterlegenheitsgebärden.

Diese Bettelbewegungen enthalten Neukombinationen bestimmter motorischer Koordinationen, in seltenen Fällen sind sie völlig neu entwickelt (s. S. 185). Voraussetzung ist daher immer eine gewisse Auflockerung der starren Verhaltensprogramme, die im Genom codiert sind, und eine Zunahme der Möglichkeiten, motorische Anpassungen zu vollziehen, womit bestimmte Motivationen (Tendenzen) eine gewisse „Handlungsfreiheit" erfahren. Dabei dürften aber auch individuelle Dispositionen einen erheblichen Einfluß haben. Es ist bei Haushühnern nachgewiesen, daß bestimmte Verhaltensbesonderheiten (etwa verbunden mit verschiedenen Zuchtrassen) auf das (fakultative) Lernvermögen einen erheblichen Einfluß ausüben. Daneben haben auch Transpositionsversuche mit Haushuhnrassen stark verschiedener Körpergröße Hinweise darauf erbracht, daß die absolute Hirngröße im allgemeinen positiv mit fakultativen Lernleistungen korreliert ist (s. S. 145).

Fakultative Lernvorgänge sind mit speziellen Lernkurven verbunden. Erst „einsichtiges" Verhalten kann ähnlich wie das obligatorische Lernen kurzfristig einen Systembezug herstellen. Während er aber beim obligatorischen Lernen durch im Genom fixierte Informationen (die auch in die Motorik eingehen) bestimmt wird, beruht er beim einsichtigen Lernen auf einem individuell strukturierten Informationsspeicher fakultativ erworbener Nachrichten, deren spezielle Ordnung eine Systembildung mit der neuen Reizkonstellation ermöglicht. Hier sind noch zahlreiche Fragen offen, die erst durch die modernen Experimente und Lerntheorien einer Beantwortung nähergebracht werden können. Generell scheint aber auch in diesem Bereich, in Abhängigkeit von der Strukturierung des Informationsspeichers, eine strukturelle (also nicht summative) Reizverarbeitung zu erfolgen, wenn vom System her „**gestaltbildende Mechanismen**" wirksam werden (Gestalt immer als Struktur verstanden). Allerdings bedarf auch diese vielfach ungeprüft aufgestellte Annahme noch einer experimentellen Stütze. So hat BAERENDS mit seinen Mitarbeitern eine „Abbau-Attrappe" konstruiert und einen Schweinsaffen *(Macaca memestrina)* damit geprüft. Er wurde darauf dressiert, unter einer mit einem bestimmten Zeichnungsmuster versehenen Platte Futter zu suchen. Danach erfolgte ein Test mit verschiedenen Attrappen, die in unterschiedlichem Grade abgebaute Dressurzeichen aufwiesen. Es kam zu einem schrittweisen Abklingen der Reaktion, das wäre den Prinzipien der Reizsummierung durchaus vergleichbar. Doch war es nicht möglich, „überoptimale" (übernormale) Attrappen herzustellen. Daraus wird die Frage abgeleitet, welche Voraussetzungen über die Informationsspeicherung es zur Zeit implizieren, daß zwischen im Genom gespeicherten Informationen und solchen, die individuell im Gedächtnis fixiert werden, ein prinzipieller Unterschied bestehen soll. Es kann die Notwendigkeit, Bestimmtes (obligatorisch) oder überhaupt etwas (fakultativ) zu lernen, mit einigen Vorteilen im Dienst der Art- und Individualerhaltung verbunden sein:

1. Weil es in den Nervenzellen relativ mehr Raum für Speicherung von Umweltinformationen geben könnte als in dem alle Tätigkeiten versorgenden Genom.

2. Weil die Möglichkeit der Speicherung im Genom auch qualitativ zu beschränkt sein könnte.

3. Weil Situationen, die für Individuen verschieden sind, nur im Gedächtnis gespeichert werden können.
4. Weil durch individuell erlernte Informationen eine angepaßte Spezialisierung der im Genom fixierten „Verallgemeinerungen" möglich ist (BAERENDS).

Andererseits gibt es zahlreiche Untersuchungen, die nachweisen, daß räumlich oder zeitlich strukturierte Zeichen oder Ereignisse in ihrer Gesamtheit gedächtniswirksam werden. Es gelang, Elritzen *(Phoxinus phoxinus)* auf „Zeitgestalten" (sukzessive Ereignisse, die als zusammengehörend „erfaßt" werden) zu dressieren. Eine Elritze konnte zwei rhythmisch verschiedene Metronom-Schlagfolgen unterscheiden.

In eindrucksvollen Freilandversuchen hat CROZE den Zusammenhang zwischen
— Wahl der Muster (choice from sample)
— Suchbild (searching image) und
— Suchen, was zum Begriff paßt (set perception)
an Rabenkrähen *(Corvus corone)* geprüft. Obwohl der zugrundeliegende Lernmechanismus noch weitgehend ungeklärt ist, ergeben sich aus dem Postulat des „Suchbildes" im Zusammenhang mit dem Nahrungserwerb (also Nahrungssystem) folgende Gesichtspunkte:
— Das Suchbild bezieht sich auf das Suchen des Räubers nach einer Beute
— Das Suchbild ruft spezielle Veränderungen in der Wahrnehmung und im Verhalten hervor
— Das Suchbild sichert dem Beutesuchen einen größeren Erfolg.

Es zeigte sich, daß unerfahrene Krähen schon nach wenigen Erfahrungen eine anfangs unbeachtete Beute sicher auswählen, wobei die Auswahl der Reize, die das Suchbild formen, von der Art der Beute abzuhängen scheint, die zuerst gefunden wurde. Dabei werden anscheinend nicht nur Merkmale, sondern auch Verhaltensformen, die das Suchen dieser speziellen Beute verbessern, erlernt. Wilde Krähen lernen dabei sowohl Kennzeichen der Umgebung (Suche an bestimmten Stellen nach einer speziellen Futterart) als auch Kennzeichen der Beute. Wird neue Beute entdeckt, erfolgt die Suche ausschließlich in ihrer unmittelbaren Umgebung. Für die Erhaltungsstrategie der Beutetiere ist daher größere räumliche Entfernung positiv. Mehrere Suchbilder gleichzeitig zu bilden, scheint schwieriger zu sein als nur eines. Beuten, die in drei Musterausprägungen (also polymorph) angeboten wurden, hatten stets eine größere Überlebensaussicht als solche, deren Exemplare alle gleich aussahen.

Daß die Integration von bestimmten Sinnesdaten im Zentralnervensystem zu optischen Täuschungen bei verschiedenen Tieren führen kann, ist wiederholt und in letzter Zeit in ausgefeilter Methodik sicher nachgewiesen. So unterlagen der Zöllner-Täuschung 4 Karauschen *(Carassius auratus gibelio)*, 2 Glanzstare *(Lamprotornis splendidus)*, 2 Tigerfinken *(Amandava amandava)*, 1 Misteldrossel *(Turdus viscivorus)* und 2 Meerschweinchen *(Cavia aperea)*, die darauf hin von DÜCKER geprüft wurden. Die Ebbinghaussche Täuschung konnte für 5 Karauschen, 2 Tigerfinken, 1 Glanzstar und 4 Meerschweinchen nachgewiesen werden. Bei 7 von 8 Karauschen gelang es auch, die Ehrensteinsche Täuschung nachzuweisen. Die Integrationszentren der Datenverarbeitung liegen bei diesen Gruppen für die optischen Informationen in sehr unterschiedlichen Hirnbereichen; bei den Fischen im Mittelhirn, bei den Vögeln im Mittel- und Vorderhirn und bei den Säugetieren im Cortex.

Bei Fischen konnte auch nachgewiesen werden, daß eine vorangegangene Differenzdressur: Kreis gegen Rechteck das Erlernen des Unterschiedes: Kreis gegen Quadrat erleichtert. Dieser Effekt konnte aber nicht bei einer Dressur Kreis gegen sehr großes Quadrat (Verhältnis etwa 1 zu 3 Flächeninhalt) erzielt werden.

Struktureinflüsse werden auch dann deutlich, wenn bei der Dressur Musterpaare verwendet werden, die starke Formdivergenzen aufweisen, und solche, die ähnliche oder gleiche Teilkomponenten enthalten. Pferde konnten um 90° gedrehte Streifenmuster wieder erkennen, was einem indischen Elefanten nicht gelang. Pferd wie Elefant bildeten die Relation von „etwas sich Kreuzendem"; das wurde auch nach einer Transposition in Punkte richtig gewählt. Im übrigen gelang es einem Pferd,

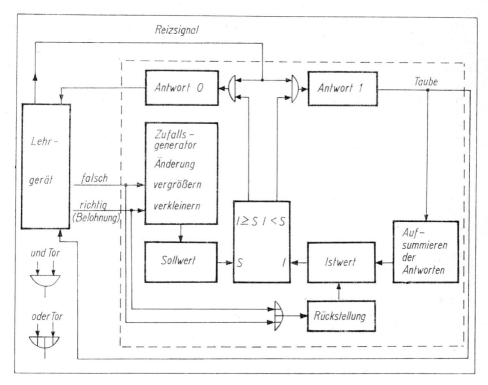

Abb. 85. Kybernetisches Modell für das Zählverhalten, nach Experimenten an Tauben. Zur Ausführung einer vorbestimmten Anzahl von Handlungen (hier Picken) müssen die einzelnen Handlungen nach ihrem Vollzug bis zum Erreichen der verlangten Anzahl kurzfristig in Erinnerung bleiben (Immediatgedächtnis). Zu Beginn des Versuches probiert die Taube zufällig (Zufallsgenerator), wobei die Nachbilder der zuletzt ausgeführten Pickbewegungen wirksam bleiben. Durch Belohnung einer bestimmten Pickfolge wird die entsprechende Nachbildungskonstellation nicht mehr gelöscht, sondern verstärkt. Entscheidend ist dabei, daß die Belohnung sofort nach der richtigen Antwortreihe gegeben wird, also zu einem Zeitpunkt, zu dem die entsprechenden Nachbilder noch als Erregungen im Kurzspeicher wirksam sind. Wiederholungen können ein festes Engramm in das Dauergedächtnis überführen, es ist das Sollwert-Engramm für die entsprechende Sequenz. Die im Kurzspeicher aufsummierten Nachbilder der ausgeführten Pickbewegungen werden mit diesem Sollwert-Engramm verglichen. Bei Übereinstimmung erfolgt die Hemmung für Antwort 1 bzw. Auslösung der Antwort 0, welche die Sequenz beschließt. Gleichzeitig muß das Istwert-Nachbild gelöscht werden, damit der Kurzspeicher für die Aufnahme der Nachbilder der nächstfolgenden Sequenz bereit ist (nach ZEIER, TSCHANNEN und AKERT 1966).

20 Aufgaben (Musterpaare zu unterscheiden) gleichzeitig zu beherrschen, während bei einem Esel 14 dieser Paare und bei einem Zebra 10 gleichzeitig dressurfest waren. Das Pferd beherrschte diese Leistung auch nach Pausen von 3, 6 und 12 Monaten noch. Bei einem Leguan *(Iguana tuberculata)* kam es zu einer Beherrschung von 5 Musterpaaren. Nach 5 Monaten reagierte ein Leguan auf 3 Farbmusterparre noch dressur-richtig.

Es hat nicht an Versuchen gefehlt, mögliche physiologische Repräsentationen für die Verarbeitung von Reizmustern zu finden. Die generelle Vorstellung, die auch aus den Analysen der optischen Täuschung abgeleitet wird, führt zu der Annahme, daß Reizmuster mit dem Auge abgetastet werden, wodurch (bei Insekten) nach AUTRUM geringe örtliche Gliederungen durch eine zeitliche ergänzt und verbessert werden können. Form (und Muster) werden durch die retinalen und erregungsleitenden Vorgänge in ein Neben- und Nacheinander physiologischer Vorgänge verwandelt, die erst als Ganzes ein Formsehen gestatten.

Bei Wirbeltieren wurde im Hinblick auf die elementare Bedeutung des Nukleinsäurestoffwechsels bei der Informationsspeicherung auf verschiedenen biochemischen Wegen versucht, Einsichten in die physiologischen Vorgänge zu gewinnen. Dabei nahm RAHMANN eine Markierung mit radioaktiven Proteinvorstufen während einer „Engramm"-Bildung vor. Die Projektionsfelder der Retina sind in dem bei Fischen ungefalteten Tectum opticum gut zu übersehen. Hier liegen auch schon elektrophysiologische Untersuchungen vor. RAHMANN hat bei zuvor im Dunkeln gehaltenen Guppys *(Lebistes reticulatus)* mit H-3-Histidin injiziert und mit einem schmalen senkrechten Streifen ein Auge intermittierend belichtet. In der kontralateralen Seite des Tectum opticum konnte er daraufhin autoradiographisch ein etwas gewinkeltes Band nachweisen. Es konnte wahrscheinlich gemacht werden, daß es sich hierbei tatsächlich um eine reizmusterspezifische zentrale Repräsentation handelt.

Averbale Systemleistungen auf der Grundlage von Lernprozessen werden häufig mit dem Begriff „Generalisieren" umschrieben. Dazu liegen zahlreiche Untersuchungen vor. Bei Insekten (Honigbiene) hat kürzlich MAZOCHIN-PORSHNYAKOV (1969) interessante Befunde erhoben, die auch unter dem Gesichtspunkt kybernetischer Aspekte der Informationsverarbeitung stehen. Bienen lernen beispielsweise, dieselben Figuren auch dann wieder zu erkennen, wenn sie auf andersartigem Grund und in veränderten Farben angeboten werden. Hier werden offenbar Invarianten abgespeichert, wobei nicht nur Begriffe wie „Form" oder „Größe", sondern auch „Buntscheckigkeit" abstrahiert werden können. Der postulierte Prozeß könnte Beziehung zu der von KONORSKI auf Grund ganz anderer Versuche geforderten Bildung „gnostischer Einheiten" haben. Die für die Bienen nachgewiesene Generalisierungsfähigkeit kann als „Abstraktion" bezeichnet werden, die Invarianten-Bildung schafft ein internes Modell, das bestimmte Merkmale und Relationen abstrahiert. Im Fall der Honigbiene kann jedoch nicht ausgeschlossen werden, daß gewisse obligatorische Lernmechanismen an diesen Leistungen beteiligt sind, da diese Fähigkeit fraglos in engem Zusammenhang mit Erfordernissen der Orientierungsleistungen beim Blütenbesuch steht, die das Erkennen bestimmter Blüten unabhängig von ihrer Raumlage und der Lage einzelner Blütenteile zueinander erforderlich machen. Es gibt Hinweise, daß die Lernfähigkeit der Honigbienen beim Anflug der Blüten sich von jener unterscheidet, die während der Aufnahme des Nektars (bzw. Futters) gegeben ist. Damit werden nochmals Status-abhängige Lerndispositionen deutlich.

Derartige Zusammenhänge sind auch auf der efferenten Seite fakultativer Lernleistungen zu erwarten. Hier sind in den klassischen und seit THORNDIKE wiederholt praktizierten Versuchen, den Versuchstieren komplizierte **Manipulationen** abzufordern, teilweise eindrucksvolle Ergebnisse erzielt worden. In der Schule von RENSCH, die in den letzten Jahrzehnten diesen Fragenkomplex intensiv verfolgt, wurden in neuester Zeit durch Versuche mit verschiedenen Primaten, besonders auch Menschenaffen, diese Befunde wesentlich vertieft. So lernte hier eine Schimpansin mit 14 unterschiedlichen Werkzeugen wie Schraubenschlüssel, Türschlüssel, Drahtzange, Meißel als Schraubenzieher u. a. 14 Behälter mit verschiedenen Verschlußmechanismen zu öffnen. Bei den insgesamt 8000mal wiederholten Versuchen war eine ständige Verbesserung der Handlungen zu erkennen; auch wenn die Stellungen der Versuchsanlage wechselten, ging das Öffnen immer zügiger vonstatten. Standen verschiedene Öffner für die einzelnen Verschlüsse zur Verfügung, wählte sie signifikant bevorzugt jeweils den, der schneller zum Ziele führte. Ein knapp zwei Jahre alter Orang-Mann lernte an 11 Tagen (in zwei Wochen) unter Anwendung von 14 verschiedenen Manipulationen 12 unterschiedliche Verschlüsse einer Kiste nacheinander zu öffnen, in der sich eine (in den letzten Tagen) in einer Dose verborgene (unsichtbare) Belohnung befand. Das dabei gezeigte Verhalten wird als „Voraussicht" bezeichnet. Nach RENSCH kann bei diesen Leistungen die Fähigkeit, „averbale Schlüsse" zu ziehen, vermutet werden.

4.4. Neugier und Spiel

Zwei Verhaltenskomplexe, für die bislang noch keine ausreichende Theorie ihres Wirkungsgefüges auf Grund von Experimenten entwickelt werden konnte, sind durch die Begriffe „Neugier" und „Spiel" umschrieben. Dabei wird gewöhnlich zwischen beiden Funktionssystemen ein gewisser Zusammenhang gesehen, worauf besonders auch LORENZ wiederholt hingewiesen hat. Wir wollen in der Definition den Begriff „Neugier" vom Erkundungsverhalten abtrennen. Das **Erkundungsverhalten** ist mit Rahmenkoordinationen verbunden, die artspezifisch sind. Es dient der Aufnahme essentieller Informationen und hat eine starke Motivation, die unter bestimmten Bedingungen (etwa unbekannter Raum) alle anderen Tendenzen des Verhaltens unterdrücken kann. Vornehmlich scheint es im Dienst obligatorischer Lernvorgänge zu stehen; demnach werden systemerhaltende Informationen eingeholt.

Das **Neugierverhalten** dagegen ist variabel und nicht an spezielle Dränge (und damit Rahmenkoordinationen) gebunden. Es kann sich verschiedenster motorischer Elemente bedienen, die variabel eingesetzt werden. Es scheint vornehmlich im Dienst des fakultativen Lernens zu stehen. Die hier eingehenden Informationen sind redundant und zur Systemerhaltung nicht unbedingt gefordert. Das Neugierverhalten ist daher um so stärker ausgeprägt, je weniger die Grundkoordinationen mit speziellen Rahmenkoordinationen zu festen „Programmen" der Motorik verknüpft sind. Es sind also immer Arten, die eine erwerbsangepaßte Motorik entwickeln können, die neue Verhaltensprogramme einzufahren vermögen. Das gilt in besonderem Maße für die Säugetiere. Auf der sensorischen Seite dürfte für das Neugierverhalten entscheidend sein, daß die potentielle Leistungsfähigkeit der Rezeptoren über die essentielle wesentlich hinausgeht. Neugierverhalten stellt sich damit zugleich in den Dienst der Rezeptoren und erweist sich als Auswertung redundanter Informationseingänge.*) Da mit der Variabilität der motorischen Programmierung zugleich die feste Verknüpfung des Verhaltens mit den Rezeptoren aufgelockert wird, wächst die potentielle Aufnahmefähigkeit der Rezeptoren über die von der Motorik geforderten Informationseingänge hinaus.

Das Neugierverhalten als „Reizhunger" ist wiederholt auch experimentell untersucht worden. WÜNSCHMANN hat bei sehr verschieden hoch organisierten Wirbeltieren geprüft, wieweit sie sich mit neuen Mustern beschäftigen (oder sie fixieren), nachdem sie zuvor an ein Ausgangsmuster gewöhnt wurden. Die Befunde hat RENSCH wie folgt zusammengestellt:

Art und Anzahl der Versuchs- tiere	Gewöh- nungsdauer an ein Aus- gangsmuster	Anzahl der sukzessiv verwendeten neuen Muster	Verhältnis vom ge- wohnten zum neuen Muster	Anzahl der Einzel- versuche	Nach Zufall zu erwartende Häufigkeit der Reak- tionen	Durch- schnittliche Reaktions- dauer gegen- über neuem Muster
10 Karau- schen	30 min	10	1:4	120	20%	23,2% +
5 Karpfen	30 min	10	1:4	50	20%	21,7% —
3 Wachteln	30 min	10	1:5	40	16,7	34,7 +
3 Dohlen	10 min	12	1:4	36	20%	44,1% +
1 Schim- panse	5 min	12	1:4	97	20%	64,8% +

(Die statistische Signifikanz des Unterschiedes der Reaktionshäufigkeit vom Zufallswert ist durch +, die mangelnde Signifikanz durch — markiert.)

Diesen Vorstellungen könnte auch das **Spielverhalten** zugeordnet werden, das generell im Tierreich eine ähnliche Verbreitung zeigt wie das typische Neugierverhalten. In diesem Sinne wäre das Neugierverhalten Ausnutzung sensorischer Redundanzen, das Spielverhalten Ausnutzung motorischer Redundanzen, möglicher motorischer Programme, die im Genom nicht absolut festgelegt sind, sondern je nach Informationsbedarf und -angebot kombiniert werden können. Auf den Zusammenhang zwischen Plastizität des normalen Instinktverhaltens und dem „Freiheitsgrad" des Spieles haben auch RENSCH und DÜCKER hingewiesen.

Nach diesen Vorstellungen muß auch ein Zusammenhang zwischen der generellen Lernbereitschaft, speziell zum fakultativen Lernen und der Spielbereitschaft bestehen. Erhöhte Lernbereitschaft müßte positiv korreliert sein mit einer erhöhten Spielbereitschaft. Denn auch das fakultative Lernen (s. S. 192) setzt eine Auflockerung fest gekoppelter motorischer Programme voraus.

---

*) Ein (etwas unvollkommener) Vergleich: Der Pianist, der nur fest erlernte Stücke spielen kann, dessen sensorisches feedback allein aus diesen festen Programmen stammt, könnte erst dann „Neugier-Verhalten" entwickeln, wenn er die potentiellen Möglichkeiten des Instrumentes weiter ausnutzen kann, also nicht mehr allein programmgesteuert spielt. Typische Redundanzen in diesem Sinne sind die bereits von den Komponisten vorgesehenen Kadenzen. Diese Entwicklung setzt „Beherrschung des Instrumentes" voraus, also komplexe Handlungsmuster. Das entspricht der Erfahrung im Verhalten (Neugierverhalten nur bei Arten mit hochdifferenzierter Motorik); es schlägt zugleich die Brücke zum „Spiel".

GWINNER konnte tatsächlich nachweisen, daß unter den Vögeln die Corviden, die hier als die ausgeprägtesten „Lerntiere" angesehen werden, auch zu echtem Spielverhalten befähigt sind, das bei Vögeln relativ selten ist. Beim Kolkraben wurden zahlreiche unterschiedliche und oft weitgehend individual- und gruppenspezifische Spielformen beobachtet. Die gruppenspezifischen Spiele kommen durch echte Nachahmung zustande. Auch sekundäre Utilisation (zweckdienliche Anwendung) von Spielen wurde beobachtet.

Die Ethologen haben folgende Kriterien für das **Spielverhalten** zusammengestellt:
1. Spiel kann einschließen
    a) angeborene Elemente des Verhaltens,
    b) erworbene Verhaltenselemente,
    c) Kombination beider.
2. Spiel ist nicht auf eine unmittelbare Endhandlung gerichtet. Sein Erfolg liegt nicht in einem direkt erkennbaren biologischen Ziel, und daher ist es auch als „nicht ernst" bezeichnet worden. Es erscheint oft als „Selbstzweck", ist gewissermaßen die eigene Endhandlung.
3. Spiel und Leerlaufhandlungen erscheinen unvollkommen; Leerlaufhandlungen sind jedoch einer starken inneren Motivation zugeordnet und einsinnig gerichtet (invariabel), während Spielverhalten oft von der Umwelt her mit angeregt wird, wobei vielfach Objekte spielauslösend wirken können.
4. Spiel hat sein eigenes Appetenzverhalten, das selten stereotyp artspezifisch erscheint, wie es bei den typischen Instinkthandlungen der Fall ist.
5. Spiel ist oft objektbezogen, wobei die Gegenstände im Normalverhalten meist keine Handlungsobjekte darstellen. Auch der Körper als Ganzes oder Teile desselben können Spielobjekte sein.
6. Spiel hat häufig eine streng soziale Komponente und besteht aus Handlungen, die nur mit einem Partner vollzogen werden können, gewöhnlich, aber nicht immer, derselben Art.
7. Spiel wird oft wiederholt, manchmal erscheint es fast unermüdbar, im Gegensatz zu den Instinkthandlungen, denen es ähnelt (Kampfspiel — Ernstkampf). Die häufigsten Instinktsysteme, die in Spielen höherer Tiere auftreten, sind:
    a) Beutefang,
    b) Kampf und Territorialverhalten,
    c) Erkundung.

Die weit verbreitete Annahme, daß Spielverhalten bei vielen Tieren im erwachsenen Zustand nur unter Gefangenschaftsbedingungen auftrete, bestätigt sich nicht. GOODALL fand bei Schimpansen, daß Junge ebensoviel wie in Gefangenschaft spielen, alte Tiere aber mehr. Ähnliches wird auch von den CRISLERS auf Grund ihrer Beobachtungen an Wölfen berichtet. Junge Rhesusaffen beginnen in der dritten Lebenswoche mit Spielverhalten. TEMBROCK fand beim Rotfuchs vier Perioden der Reifung des Spielverhaltens. Dabei werden vier Typen von Spielformen unterschieden: Initialspiele (bestehend aus Verhaltensweisen, die bestimmte Spielformen einleiten), Kontaktspiele (Spiel mit Partner im Körperkontakt), Rennspiele (Bewegungen des Verfolgens oder Fliehens mit Partner), Solitärspiele (Spiele mit Objekten, auch eigenem Körper). Die Perioden der Reifung sind beim Fuchs folgende:

1. Periode: 15. bis 33. Tag:
    Es reifen: Initialspiele   12 Bewegungsformen
               Kontaktspiele   23 Bewegungsformen
               Rennspiele   4 Bewegungsformen
               Solitärspiele   2 Bewegungsformen

2. Periode: 34. bis 42. Tag:

Es reifen:	
Initialspiele	3 Bewegungsformen
Kontaktspiele	1 Bewegungsform
Rennspiele	4 Bewegungsformen
Solitärspiele	8 Bewegungsformen

3. Periode: 43. bis 48. Tag:

Es reifen:	
Initialspiele	2 Bewegungsformen
Kontaktspiele	—
Rennspiele	1 Bewegungsform
Solitärspiele	2 Bewegungsformen

4. Periode: 49. bis 57. Tag:

Es reifen:	
Initialspiele	—
Kontaktspiele	—
Rennspiele	—
Solitärspiele	3 Bewegungsformen

Die vier Reifungsgipfel kommen dabei auf verschiedene Weise zustande: der erste Gipfel beruht vor allem auf der Reifung des Kontaktspieles, der zweite wird durch die Reifung des Rennspieles und verschiedener Elemente des Solitärspieles bedingt, der dritte besteht zu 50 % aus neu hinzukommenden Verhaltensformen der Initialspiele, und der vierte wird ausschließlich von Solitärspielen gebildet, bleibt jedoch vergleichweise sehr niedrig. Die relative Spielhäufigkeit steigt bei den Fuchswelpen vom 20. Tag, sich langsam einschwingend, an, so daß bis zum 40. Tag die Gipfel der Kurve immer länger, die Täler immer seichter werden. Bei drei isoliert aufgezogenen Jungfüchsen erreichte das Spielverhalten zu diesem Zeitpunkt einen Wert von etwa 50 % des Gesamtverhaltens. Bei erwachsenen Tieren ergab sich folgendes Bild (in Gefangenschaft):

	im Mittel für Jahre ohne Fortpflanzung	mit Fortpflanzung
Rennspiele	12,27 %	7,28 %
Kontaktspiele	5,52 %	3,18 %
Zusammen:	17,79 %	10,46 %

Die Solitärspiele liegen wesentlich niedriger in ihren Werten. Doch haben die Spiele eine unterschiedliche Häufigkeit im Verlauf des Jahres. Beim Fuchs liegen die Maxima für die Jahre ohne Fortpflanzung im März und im Juli, während in den Jahren, in denen die Füchse Junge aufzogen, die Sozialspiele ihren Gipfel im Dezember erreichten, bis März noch relativ hoch lagen (etwa 7 % des Gesamtverhaltens), dann einen Tiefpunkt im Mai erreichten (etwa 1 %), zum Juli recht steil auf etwa 7 % anstiegen und dann langsamer zum Winter auf etwa 15 %. Bei erwachsenen Füchsen wurden im Spiel beobachtet:

Initialspiele	16 Verhaltensformen, davon nur im Spiel 8 (9)
Kontaktspiele	27 Verhaltensformen, davon nur im Spiel 3
Rennspiele	5 Verhaltensformen, davon nur im Spiel 2
Solitärspiele	19 Verhaltensformen, davon nur im Spiel 8 (10)
zusammen	67 Verhaltensformen, davon nur im Spiel 21 (24)

Das Ethogramm zeigt demnach zwei Gruppen von Verhaltensformen im Spiel:

1. Verhaltensweisen, die nur im Rahmen des Spieles beobachtet wurden,
2. Verhaltensweisen, die in sehr ähnlicher (oder kaum unterscheidbarer) Form auch in anderen Funktionskreisen auftreten.

Zur ersten Gruppe gehören vornehmlich Verhaltensweisen des Initialspieles.

Das Spielverhalten hat Eigenschaften, die der Ritualisation entsprechen. Koordinationen und schließlich auch Motivationen haben sich gegenüber dem Ausgangsmaterial geändert. Gebrauchshandlungen sind abgewandelt worden. Ritualisation steht im Dienst der Signalübertragung, sie bedarf einer Rückkoppelung. Im Falle des Spieles vermutet TEMBROCK als wesentliches feedback-System eine „innere Resonanz". MEYER-HOLZAPFEL ist ebenfalls der Ansicht, daß das Spiel einem anderen Antrieb als das Ernstverhalten entspricht, und zwar vermutet sie einen allgemeinen unspezifischen Betätigungsdrang, während TEMBROCK und ähnlich BROWNLEE ein eigenes Motivationssystem für das Spielverhalten annehmen, das allerdings in unterschiedlichem Umfang auf Grund der Ableitung des Spieles im Sinne einer Ritualisation noch Beziehungen zu der Motivation der zugrundeliegenden Gebrauchshandlung aufweisen müßte. Dies wurde unlängst durch einen Versuch an jungen Ratten von MÜLLER-SCHWARZE nachgewiesen. Er ließ die jungen

Abb. 86. Spielphasen beim Polarfuchs *(Alopex lagopus)* (Orig. nach Film).

201

Ratten im Versuch solange mit einer Attrappe kämpfen, wie sie am Vortage im Spiel miteinander gekämpft hatten. Danach sank das Kampfverhalten auf Werte zwischen 7,5 bis 21,9 % der vortägigen Spieldauer ab und erreichte erst am folgenden Tag wieder die Ausgangswerte.

5. Evolution und Verhalten

5.1. Genetische Grundlagen

Die genetischen Untersuchungen befassen sich mit a) einzelnen Erbkoordinationen, b) speziellen Motivationen (z. B. Kampfbereitschaft, Fluchtbereitschaft, Erkundungsbereitschaft), c) Verhaltensanomalien und d) sensorischen Leistungen.

Bislang reichen die Experimente noch nicht aus, um die genetischen Grundlagen der Evolution des Verhaltens überschauen zu können. Dabei sind generell zwei Grundaspekte zu trennen: 1. Die Genetik des artspezifischen Verhaltensaufbaus und 2. die Bedeutung des Verhaltens als Evolutionsmechanismus. Die Genetik des Verhaltensaufbaus ist teilweise bei manchen Arten durch Versuche im oben aufgeführten Sinne geklärt worden. Die Bedeutung des Verhaltens als Evolutionsmechanismus wird vor allem durch Untersuchungen am Fortpflanzungsverhalten geprüft, da dieses unmittelbar die Genverteilung in einer Population beeinflussen kann. Beide Gesichtspunkte zusammen können Einsichten in die Stammesgeschichte von Verhaltensweisen vermitteln.

DILGER hat Papageien der Gattung *Agapornis (A. roseicollis* und *A. fisheri)* gekreuzt. *Agapornis roseicollis* beißt mit dem Schnabel Nistmaterialien zurecht und steckt sie dann unter das Rückengefieder, das sie mit Häckchen festhält. *A. fisheri* dagegen trägt das Nistmaterial mit dem Schnabel ein, Bastarde (F_1) stecken das Nistmaterial zwar in das Rückengefieder, behalten es aber zugleich im Schnabel und kommen dadurch nicht zum Ziel, so daß sie die Blattstücke schließlich fallen lassen und neue zurechtbeißen. Auch werden die Einsteckbewegungen in das Rückengefieder oft nicht richtig gezielt. Es kann nach langen Versuchen dazu kommen, daß die Tiere lernen, Material mit dem Schnabel einzutragen. Im ganzen zeigen sie also Mischverhalten zwischen den beiden Elternarten.

Als Beispiel eines Versuches, den Gen-Einfluß auf bestimmte Verhaltensweisen zu prüfen, sei eine Untersuchung von ABERLEEN herangezogen. Er untersuchte an Reinzucht-Mäusestämmen folgende Allele: maltese, dilution, pink-eyed dilution, brown, looptail, jerker und waltzer. Die morphologischen und physiologischen Wirkungen dieser Gene sind bereits bekannt, es sollten nun die ethologischen Effekte geprüft werden. Bei dem dilution-Allel ist eine Wirkung auf den Chemismus des Gehirns bekannt; eine Verhaltensbeeinflussung war jedoch nicht sicher nachzuweisen, nur die Variabilität des Verhaltens ist bei den Mutanten erhöht, vielleicht als Folge der schwächeren „Kanalisierung" ihres Verhaltens. Die Häufigkeit der Verhaltenskomponente „Sichern" ist bei Mäusen, die homozygot für die Mutation pink-eyed sind, deutlich vermindert. Das Anheben einer Vorderpfote tritt wesentlich seltener auf als bei nicht-mutierten Mäusen. Für die Mutation brown konnte kein Verhaltenseinfluß nachgewiesen werden. Kreuzung von zwei Stämmen mit unterschiedlichem Verhalten hatte zur Folge, daß bei den F_1-Tieren Verhaltensmerkmale der Eltern auseinanderfallen; hierfür wird eine Segregation von Polygenen verantwortlich gemacht.

Looptail unterdrückt „Sichern", Klettern, Vorderpfotenzittern und Schwanzschlagen. Diese Änderungen können wohl mit der Schwanzdeformation der Mutante und damit verbundenen neuralen Abweichungen in Verbindung gebracht werden. Geschwister-Einflüsse ließen sich bei den verschiedenen Genotypen nicht sicher nachweisen, doch scheinen Ammen-Mütter nicht ganz ohne Einfluß zu sein, besonders in Hinblick auf das Putz- und Erkundungsverhalten.

Im Verhalten lassen sich sehr oft pleiotrope Genwirkungen nachweisen. Das gilt vor allem für das Kampfverhalten von Männchen bei Ratten und Hausmäusen, aber auch für den Nestbau bei Kaninchen sowie für Unterschiede in der Fluchtbereitschaft (Ratten) und vielleicht auch in den Lernleistungen.

Die Genotypen werden in der Evolution durch die Populationsdynamik bestimmt und wirken ihrerseits wieder auf die Genverteilung innerhalb der Population. Dabei hat die Ontogenese (im ersten Übermittlungskanal) für die Transmission des in den Gameten fixierten Genoms zu sorgen, das seinerseits die individuellen Phaenotypen innerhalb einer Population bestimmt, die im „zweiten Übermittlungskanal" das multistabile System der Biogeozönose liefern. Das läßt sich wie folgt darstellen:

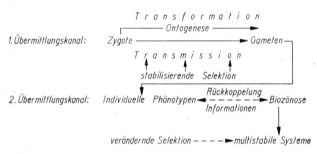

Für die Einwirkung der verändernden Selektion im Verhaltensbereich hat Knötig ein eindrucksvolles Beispiel erbracht. Waldeidechsen *(Lacerta vivipara)* zeigten in zwei verschiedenen Biotypen ihres Verbreitungsgebietes (Steppenbiotop am Neusiedler See und Gebirgsbiotop am Schneeberg) physiologische Differenzen, die sich bei gleichen Bedingungen in einem unterschiedlichen „Bewegungsquotienten" als zeitliches Verhalten ausprägen. Hier wird eine umweltbezogene Zeitstruktur entwickelt, bei welcher die Dauer der einander folgenden Spontanbewegungs- und Ruhephasen einen virtuellen Regelkreis zu bilden scheinen. Das führt dazu, daß, trotz der unterschiedlichen Temperaturbedingungen in den beiden Biotopen, die Tiere einen ähnlichen Bewegungsquotienten zeigen. Es muß daher bei den Eidechsen der verschiedenen Populationen für den gleichen Reiz eine unterschiedlich starke Erregung resultieren. In einer Umwelt mit bestimmter Zeitstruktur müssen demnach die Spontanlokomotionen bei Individuen aus den beiden Populationen mit verschiedener Geschwindigkeit aufeinanderfolgen. Das setzt voraus, daß der Sollwert des zentralen Erregungsniveaus für Tiere beider Populationen unter homologen Bedingungen gleich ist und daß in der natürlichen Umwelt die gleiche Höhe des zentralen Erregungsniveaus trotz der verschiedenen Anzahl von Reizen je Zeiteinheit (Temperaturschwankungen, im S groß, im N klein) dadurch zustande kommt, daß bei den N-Tieren auf Grund eines Reizes bestimmter Intensität eine afferente Erregung größerer Intensität in das ZNS gelangt als für den gleichen Reiz bei S-Tieren. Besteht ein größeres Erregungsdefizit gegenüber dem Sollwert, werden durch Ortswechsel Reizsituationen als Quellen afferenter Erregung angestrebt (Abb. 87).

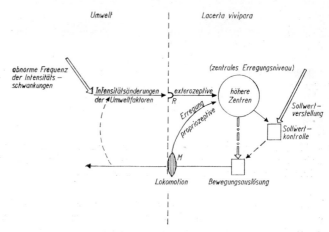

Abb. 87. Versuch einer Deutung der Beziehungen: Zentrales Erregungsniveau — Spontanlokomotion — Umweltreize nach den Untersuchungen an zwei Populationen der Eidechse *Lacerta vivipara*, R = Rezeptor, M = Skelettmuskulatur (nach Knötig 1958).

Unterschiede im Zeitmuster der Aktivität können auch mit anderen physiologischen Mechanismen gekoppelt auftreten. So wurden bei der weißen Phase des Schmetterlings *Colias eurytheme* Unterschiede im circadianen Rhythmus gegenüber der farbigen Phase gefunden. Bei *Drosophila* wurde bei Stämmen, die durch Gene mit sichtbarem Effekt markiert waren, deutliche Unterschiede in den jeweils bevorzugten Biotopen festgestellt. Das entspricht den zahlreichen Befunden, nach denen die meisten das Verhalten beeinflussenden Gene eine pleiotrope Wirkung haben. Doch gibt es auch umgekehrt Fälle, in denen Verhaltensmerkmale polygen bedingt sind, wie es für das Spinnverhalten der Raupen von *Ephestia* wahrscheinlich gemacht werden konnte.

Ein genetisch sehr genau analysiertes Verhaltenssystem wurde in den letzten Jahren an der Honigbiene *(Apis mellifera)* untersucht. Hier verdeckeln „hygienische" Stämme Zellen mit Faulbrut nicht und entfernen die abgestorbenen Larven. „Unhygienische" Stämme dagegen lassen die abgestorbene Brut in den Zellen und verdeckeln sie. Für den Erbgang dieser Verhaltenseigenschaften konnte durch Kreuzungen sowie Rückkreuzungen folgender genetischer Zusammenhang wahrscheinlich gemacht werden:

	hygienisches Verhalten		unhygienisches Verhalten
P	uu rr		UU RR
F_1		uU rR (unhygienisch)	

Rückkreuzungen: uU rR $\times$ uu rr

uu rr (hygienisch), uu rR (entfernen die Brut nicht, verdeckeln nicht),
uU rr (entfernen Brut, verdeckeln), uU rR (unhygienisch)
(u = uncap = nicht verdeckeln, r = remove = Entfernen der Faulbrut).

Auch andere Verhaltensweisen sind bei Insekten durch Kreuzungen hinsichtlich ihrer genetischen Grundlagen untersucht worden.

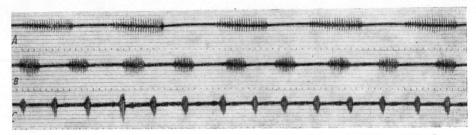

Abb. 88. A: *Scaphiopus hammondi* BAIRD, Balzrufe; C: *Scaphiopus bombifrons* E. D. COPE, Balzrufe; B: Bastard zwischen den beiden Arten, Balzrufe (1 Teilstrich = 0,1 s) (nach Schallplatte aus BOGERT 1960; nach TEMBROCK 1966).

So sind wahrscheinlich die Muster der Stridulationsfolgen bei den Orthopteren genetisch fixiert. Bei *Gryllus campestris* heben die Männchen zu Beginn des Werbegesanges die Vorderflügel in die Ausgangsstellung für die Stridulation und beginnen dann mit der Lautgebung. *Gryllus bimaculatus* richtet dagegen die Vorderflügel mehrmals hintereinander auf, dabei sind kurze „Anstreichlaute" zu hören. Danach beginnt der „Werbegesang". Artbastarde verhalten sich in der F₁ intermediär. Die meisten Tiere lassen nur einen Anstreichlaut hören, einige verhalten sich wie *G. campestris* oder *G. bimaculatus*. Weitere Kreuzungsversuche haben Hinweise gegeben, daß für die Anstreichlaute ein einfach mendelndes Merkmal vorliegt. Auch bei *Nemobius*-Arten wurden intermediäre Bastarde in Hinblick auf die Lautgebung gefunden. Das gleiche gilt auch für manche Frösche (Abb. 88).

Pleiotrope Genwirkungen sind auch im Verhalten von Säugetieren nachgewiesen, wobei allerdings vielfach komplexe Motivationen und nicht konkrete Verhaltensmuster genetisch geprüft werden. Das gilt namentlich für die zahlreichen Untersuchungen von SCOTT an verschiedenen Hunderassen. Dadurch werden die Deutungen recht schwierig und lassen meist nur Hypothesen möglicher Erklärungen zu. So wurde bei der Kreuzung bestimmter Stämme eine Zunahme der Variabilität des Aggressionsverhaltens bei der F₁ festgestellt. SCOTT führt das auf Schwellenverschiebungen zurück, während LERNER für diese Effekte rein genetische Erklärungen vorgeschlagen hat, etwa Heterozygotie eines der gekreuzten Stämme. TRYON hatte bei Ratten Tiere, die im Labyrinth gut lernen, getrennt von schlecht lernenden weiter gezüchtet und glaubte, genetische Unterschiede nachweisen zu können. SEARLE deutete diese Befunde als Unterschiede in der Fluchtbereitschaft („Angst"), die erst sekundär zu unterschiedlichen Lernleistungen führen.

Bei Enten sind jedoch Bastarde zwischen verschiedenen Arten bereits auf ihr Verhalten hin untersucht worden. Kreuzungen von *Anas georgica spinicauda* mit *A. bahamensis bahamensis* ergaben im Balzverhalten zwei verschiedene Neukombinationen von Bewegungselementen (in der F₂-Generation), und zwar eine neue sukzessive und eine neue simultane Kombination.

5.2. Ontogenese

Stammesgeschichtliche Zusammenhänge können ohne Einsichten in die Ontogenese nur unvollkommen aufgeklärt werden, unabhängig davon, wie die Möglichkeiten der Anwendung der Müller-Haeckelschen „biogenetischen Grundregel" eingeschätzt werden. Die Untersuchungen der Verhaltensontogenese sind für zahlreiche Fragestellungen der modernen Ethologie unerläßlich. Sie gewähren Einsicht in den Aufbau komplexer Verhaltensmuster, in die Beziehungen zu bestimmten Reizkonstellationen sowie die Reizverarbeitung, in genetische Zusammenhänge und Lernvorgänge, und nicht zuletzt auch in die Ableitung von Signalhandlungen. Experimentelle Eingriffe, wie artisolierte Aufzucht, Entzug bestimmter Reizparameter (deprivation-experiments) oder operative und physiologische Eingriffe (z. B. Hormon-Applikationen, Pharmaka) können darüber hinaus zur Klärung kausaler Zusammenhänge beitragen.

Gerade hormonphysiologische Versuche haben wichtige Aufschlüsse über Reifungsvorgänge geliefert. Testosteron-Injektionen bei jungen Hunderüden können das typische Beinheben vorzeitig aktivieren, Rattenmännchen beginnen unter diesen Bedingungen gegebenenfalls schon mit 14 Tagen Aufreitversuche zu zeigen, 21 Tage alte Rattenweibchen nehmen nach Follikulingaben Paarungsstellungen ein, Hähne beginnen, hormonal stimuliert, bereits vorzeitig mit dem individualtypischen Krähen (s. S. 154). Solche Experimente deuten darauf hin, daß bestimmte (elementare) Verhaltensmuster bereits als „neuronale Dispositive" vorliegen in einer Zeit, in der sie normalerweise noch nicht ausgeführt werden. Es können Organe vor den zugehörigen Verhaltensweisen reifen (so bei den Feldgrillenmännchen die Stridulationsorgane), oder es reifen Verhaltensmuster vor den ausführenden Organen, wie bei vielen Feldheuschrecken, die „Singbewegungen" mit ihren Hinterschenkeln ausführen, bevor die Stridulationsorgane angelegt sind. Diese Bewegungen haben allerdings noch nicht die volle Differenzierung der späteren bei erwachsenen Tieren auftretenden erreicht. So wurden vielfach unvollkommene Bewegungsvorstufen als „Übung" gedeutet. Weißlinge *(Pieris napi)* zeigen eine zunehmende Flugfähigkeit; diese ist, wie Versuche nachweisen konnten, jedoch allein durch die (temperaturabhängige) Härtung der Flügelkutikula bedingt; solange diese nicht vollendet ist, werden Flugbewegungen gehemmt.

Bei den Wirbeltieren entsteht die motorische Innervation der somatischen Muskulatur vor der Schließung des Reflexbogens. Dabei ist das Intervall zwischen diesen beiden Vorgängen artlich verschieden, bei Fischen und Vögeln aber relativ lang. Das gestattet das Studium motorischen „outputs" ohne periphere Eingaben.

Das Einsetzen der Muskelkontraktionen des Rumpfes und der Extremitäten fällt bei Fischen, Amphibien und Vögeln genau mit der Errichtung der motorischen Innervation zusammen. Beim Küken-Embryo beginnen die Muskelkontraktionen in einem Alter von $3^1/_2$ Tagen in der Kopfregion und setzen sich dann kaudad fort. In späteren Stadien schließen sich Flügel, Beine, Schnabel, Zunge, Augapfel und Augenlider in ihren Spontanbewegungen dem Rumpf an (s. auch S. 31). Reflex-Antworten auf taktile Reize können $3^1/_2$ bis 4 Tage nach Auftreten der Motilität hervorgerufen werden. Der Reflexbogen ist im Alter von 6 bis $6^1/_2$ Tagen geschlossen. Experimente von HAMBURGER haben gezeigt, daß alle beobachteten nicht-reflektorischen Bewegungen (vor Schluß des Reflexbogens) nicht myogen, sondern neurogen sind. Diese Embryonalbewegungen sind rhythmisch (s. S. 52). Es gibt einige Hinweise, daß die Rhythmik nichts zu tun hat mit phasischen Änderungen des chemischen Milieus der Motoneurone, sondern auf neuralen Oszillatoren beruht.

Diese Motilität und die rhythmischen Bewegungen des Embryos sind noch nicht die unmittelbare Basis der koordinierten Bewegungen, die das Küken gleich nach dem Schlüpfen aus dem Ei ausführt. Bei Fischen und Amphibien entwickeln sich die Grundlagen der Bewegung schrittweise in einer integrierten Form, während

207

beim Küken die zu Beginn koordinierten Flügel- und Beinbewegungen in einem späteren Embryonalstadium unterbrochen werden, so daß beide Systeme voneinander unabhängig werden; eine Rekapitulation der Stammesgeschichte, denn bei den Reptilvorfahren sind die Rhythmen der Vorder- und Hinterextremitäten wohl koordiniert und über den Körperstamm gekoppelt. Dieser Körperstamm verliert bei den Vögeln seine Beweglichkeit, indem die Wirbelsäule im Brustabschnitt zum Notarium, in der Beckenregion zum Sacrum (später mit Becken zum Synsacrum) verschmilzt.

Bestimmte rhythmische Verhaltensmuster, deren Reifung die Neuro-Embryologie analysieren kann, zeigen mit ihrer Verselbständigung im Rahmen der Gesamtmotorik zugleich eine festere Verknüpfung an spezielle neurale Zustandsformen.

Bei ein bis vier Tage alten menschlichen Kindern konnte nachgewiesen werden, daß vor der Nahrungsaufnahme mehr Beuge- und Streckbewegungen der Finger auftreten als danach. Diese Relationen bleiben auch während des Schlafes erhalten, so daß ein direkter Bezug auf das Arousal-System (s. S. 139) nicht bestehen kann. Es müssen also andere Faktoren, die zyklisch mit der Nahrungsaufnahme verbunden sind, die Fingerbewegungen bestimmen.

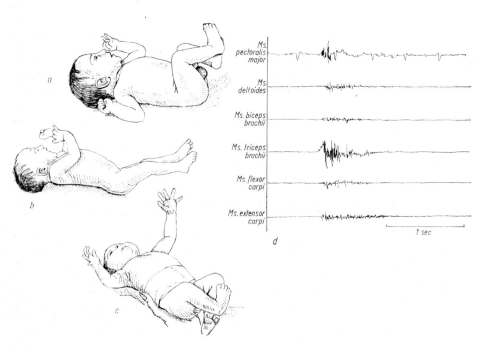

Abb. 89. a) Ruhehaltung eines wachen 7 Tage alten Kindes. b) Beinstrecken eines 8 Tage alten Kindes nach Reizung der Fußsohlen (Steißgeburt). c) Moro-Reflex eines 3 Tage alten Kindes nach Hinunterdrücken des Kopfes. d) Elektromyogramm eines Moro-Reflexes (rechter Arm allein), Alter 6 Tage: kurze Initial-Aktivität des Pectoralis, lange tonische Aktivität des Deltoideus (Abduktion) und starke Aktivität des Triceps (Extension des Ellenbogens) und der M. extensor carpi (Extension der Finger) (nach PRECHTL 1965).

Generell zeigen menschliche Säuglinge in den ersten 6 Stunden nach der Geburt folgende Verhaltenssyndrome:

1. Bewegungen der Nasenflügel unabhängig vom Atemrhythmus („Schnüffeln")
2. Seitliche Kopfbewegungen
3. Öffnen und Schließen der Augenlider, kurze Fixierbewegungen des Blickes, Augapfelbewegungen
4. Spontane Ausbrüche des Moro-Reflexes (Umklammerungs-Reflex)
5. Ausbrüche von Streck- und Beugebewegungen der Arme und Beine
6. Saugen, Kauen, Spitzen des Mundes, Schlucken, mimische Bewegungen („Grimassen"), Schmatzen, Wühlen, Kauen auf den Fingern, Vorstrecken der Zunge.
7. Zittern der Extremit ten und des Unterkiefers, fibrilläres Zittern der Zunge, Zuckungen der Extremitäten
8. Zittern des Zwerchfels
9. Haarbewegungen, besonders in den ersten Stunden, wenn die Haut trocken und kühl wird
10. Penis-Erektionen
11. Schreien, plötzliches Einsetzen und Beenden, kurzes Inspirations-Zischen.

Für den jeweiligen Wachszustand (level of arousal) wurde folgende Skala von PRECHTL entworfen:

Status 1: Reguläre Atmung, Augen geschlossen, keine Bewegungen
Status 2: Irreguläre Atmung, Augen geschlossen, leichte Bewegungen
Status 3: Augen geöffnet, wach, aber inaktiv;
Status 4: Augen geöffnet, starke Bewegungen, kein Schreien
Status 5: Augen geöffnet oder geschlossen, aktiv und schreiend.

Einen Vergleich einiger elementarer Bewegungsformen und Haltungen zwischen Affen, Menschenaffen und dem Menschen gibt folgende Übersicht (nach NISSEN):

	Erstauftreten (in Wochen) bei		
	Rhesus-Affe	Schimpanse	Mensch
Arme nach vorn strecken	ab Geburt	2	20
Kopf und Oberkörper aufrichten	Geburt	2	13
Nach vorn rollen	Geburt	11	40
Kopf aufrecht halten (Sitzen)	1/2	2	16
Sich auf die Hände stützen	1	11	23
Auf allen Vieren „gehen" (Kriechen)	1	20	45
Auf allen Vieren stehen	1	20	42
Ungestützt sitzen	9	24	23
Auf den Beinen stehen	10	39	54
Auf den Beinen gehen	14	43	58

Die wesentlichen Stufen der ersten Entwicklungsabschnitte lassen sich nach SCOTT und FULLER für den Haushund wie folgt einteilen:

Periode	Beginn	Haushund Haupt-Vorgänge	Wechsel in den sozialen Beziehungen
neonatal	Geburt	neonatale Ernährung	Beginn
Übergang	Öffnen der Augen (2 Wochen)	Übergang zu den adulten sensorischen, motorischen und ethologischen Fähigkeiten	Zunahme des Komplexgrades, auf neuen Verhaltensmustern beruhend
Sozialisierung	3 Wochen schnelles, stetiges Lernen, Erschrecken vor Geräuschen, Schwanzwedeln	Bildung erster sozialer Beziehung	Teilweise Unabhängigkeit von der Mutter, Zunehmen der Reaktionen auf Wurfgeschwister
Jugend	12 Wochen Erkundung der weiteren Umgebung	schnelles Wachstum, Entwicklung der motorischen Fähigkeiten	Zunahme der Unabhängigkeit von der Mutter

Dabei konnten als zeitliche Mittelwerte bestimmt werden:

Vollständiges Öffnen der Augen: 13   Tage, Standard-Abweichung: 2,3
Ohren: Reaktionen auf Geräusche: 19,5 Tage, Standard-Abweichung: 2,3
Erste Zähne durchgebrochen: 20,8 Tage, Standard-Abweichung: 2,9.

Dieser Abschnitt (dritte Lebenswoche) wird als „kritische Periode" angesehen. Am Ende dieses Abschnittes kann der Hundewelpe laufen und sich Reizen nähern oder vor ihnen ausweichen. Die Aufnahme fester Nahrung beginnt, die Thermoregulation wird stabilisiert, entscheidende Verhaltensmuster bilden sich heraus. Die elementaren Gebrauchssysteme beginnen funktionsfähig zu werden, motorische und sensorische Leistungen werden koordiniert, gesteuertes geregeltes Verhalten kann sich aufbauen und das anfangs nur ausgelöste Verhalten ablösen bzw. überlagern. Die individuelle Informationsverarbeitung beginnt.

Die Verhaltensontogenese des Fuchses *(Vulpes vulpes)* zeigt in Hinblick auf das Erstauftreten adultformer Verhaltensnormen folgenden Verlauf:

 1. Lebenswoche: 3 Verhaltensnormen
 2. Lebenswoche: 5 Verhaltensnormen
 3. Lebenswoche: 9 Verhaltensnormen
 4. Lebenswoche: 21 Verhaltensnormen
 5. Lebenswoche: 27 Verhaltensnormen
 6. Lebenswoche: 15 Verhaltensnormen
 7. Lebenswoche: 9 Verhaltensnormen
 8. Lebenswoche: 4 Verhaltensnormen
 9. Lebenswoche: 3 Verhaltensnormen
10. Lebenswoche: 2 Verhaltensnormen
11. Lebenswoche: 3 Verhaltensnormen
12. Lebenswoche: 2 Verhaltensnormen
13. Lebenswoche: 15 Verhaltensnormen
14. Lebenswoche: 4 Verhaltensnormen
15. Lebenswoche: 0 Verhaltensnormen
16. Lebenswoche: 1 Verhaltensnorm

Die Hauptentfaltung dieser Verhaltensreifung fällt in die 4. bis 6. (7.) Lebenswoche. In dieser Zeit erhalten die Welpen auch ihre individuellen Verhaltenskennzeichen, und es entsteht eine Rangordnung. Der zweite Gipfel (13. Woche) bezieht sich auf ritualisierte (und präsexuelle) Verhaltenskomponenten; sie treten zeitlich wesentlich später auf als die eigentlichen Gebrauchshandlungen; allerdings kann dieser Zeitpunkt nicht völlig gesichert werden, da er bei den untersuchten Füchsen durch Einsetzen eines fremden Jungfuchses mitbestimmt wurde. Jedoch zeigten die Jungfüchse dann auch untereinander ritualisierte Verhaltensweisen.

Neben diesen adulten Verhaltensmustern treten in der Ontogenese natürlich auch typisch infantile Koordinationen auf. Einige von ihnen sind bereits mit der Geburt vorhanden (beim Fuchs: Suchpendeln, Bohren im Fell, Saugen, Milchtritt, Strampeln); wenige reifen noch nach, zuletzt wohl als typisches Welpenverhalten bei Raubtieren die „Tragstarre" (Fuchs: 4. Woche), die ja erst funktionell wird, wenn die Welpen sich aus dem eigentlichen Nestbereich fortbewegen können und daher wieder von der Mutter in das Nest getragen werden müssen, wenn äußere Bedingungen dies erfordern. Diese Tragstarre hat enge Beziehungen zur Embryonalhaltung und in der Muskelkoordination mit dem späteren Abwehrsyndrom (Abwehrbuckel), das schon eine Woche früher heranreift.

Bei der Reifung der allgemeinen Bewegungsformen ergeben sich (für den Fuchs) folgende Grundprinzipien:

1. Das Erwachen der einzelnen Verhaltensformen wird durch einen Bewegungsdrang gekennzeichnet, der nach dem „Einfahren" auf das normale (situationsspezifische) Maß zurückgeht.
2. Die Reifung der Bewegungsformen erfolgt unabhängig von der adäquaten Umwelt: die Welpen beginnen zu scharren, auch wenn kein geeignetes Material dazu vorhanden ist. Sie entwickeln den Galopp, auch wenn die räumlichen Bedingungen eine volle Entfaltung nicht zulassen, sie beginnen mit Springversuchen, bevor die richtige Zieleinstellung gereift ist.

Die Beurteilung derartiger Reifungsvorgänge muß auch Anpassungen mit einbeziehen. Sie können die Ausgestaltung individueller Muster fördern. Für diese kann es aber auch genetische Grundlagen geben. So zeigte sich bei der Zucht von Füchsen *(Vulpes vulpes)*, daß spezielle Schwanzhaltungen vererbt werden können.

Obligatorische Lernvorgänge sind vielfach (wenn nicht überhaupt) an **sensible Perioden** gebunden und mit komplexen motorischen und sensorischen Leistungen verknüpft. Isoliert aufgezogene Buchfinken entwickeln einen monotonen, in seinen Frequenzen etwas tieferen Gesang als Normaltiere, dessen Dauer zwischen 2 bis 2,2 s liegt, was jener der Normalgesänge entspricht. Die bekannte Drei-Gliederung des Gesanges sowie Differenzierung dieser Phrasen fehlen völlig. Werden mehrere Buchfinken zusammen aufgezogen, so daß sie einander, aber keinen erwachsenen Vogel, hören können, werden diese „Kaspar-Hauser"-Gesänge etwas stärker ausgestaltet. Dabei entwickelt jeder einzelne Vogel eine eigene individuelle Struktur. Weitere Versuche haben gezeigt, daß die Buchfinken unter natürlichen Bedingungen in den ersten Lebenswochen durch das Hören des Artgesanges einige grundsätzliche Informationen erhalten (bevor sie selbst singen können), die sich später dahin auswirken, daß ihr Gesang in drei Phasen geteilt und etwas differenziert wird. Typischer Buchfinkengesang wird es aber erst, wenn die Jungvögel in einer kritischen Periode im nächsten Frühjahr Artgesang hören können; dann formt sich der endgültige Motivgesang heraus. THORPE, der diese Zusammenhänge fand, sieht in den sich dann herausbildenden zwei bis drei Varianten, über die jeder normale Buchfink verfügt, Angleichungen an die Gesänge der zwei bis drei Reviernachbarn, die der junge Vogel im erstmals besetzten Territorium hört. TEMBROCK hat einen Fall beschrieben, bei dem ein Buchfink neben einer Normalgesangsform eine Zaunkönig-Imitation sang: hier hatte der Jungvogel vermutlich in der sensiblen Phase nur einen Buchfinken als Nachbarn, daneben aber einen Zaunkönig, so daß die latente Bereitschaft, zwei bis drei Varianten zu entwickeln, zu dieser Imitation des artfremden Vorbildes führte.

Bei anderen Singvögeln *(Junco)* konnte aber auch nachgewiesen werden, daß ein Aufwachsen in einer akustisch reicheren Umgebung generell stimulierend wirkt und eine stärkere Ausgestaltung der individualtypischen Gesangsmuster fördert.

Die ursprüngliche Form der Gesangsentwicklung ohne arteigene „Vorsänger" vermuten STADLER bei Misteldrossel *(Turdus viscivorus)*, Zilpzalp *(Phylloscopus collybita)*, Heuschrecken-schwirl *(Locustella naevia)* und Waldbaumläufer *(Certhia familiaris)*, ARMSTRONG beim Zaunkönig *(Troglodytes troglodytes)*, THORPE bei der Grauammer *(Emberiza calandra)* und POULSEN bei Waldlaubsänger *(Phylloscopus silibatrix)*, Baumpieper *(Anthus trivialis)* und Rohrammer *(Emberiza schoeniclus)*. Diese Fragen können jedoch nur durch Experimente geklärt werden. Gelingt es, bei Weibchen von Arten, bei denen sie normalerweise nicht singen, arttypischen Gesang durch Hormone zu stimulieren, dann wäre das ein Hinweis auf weitgehende genetische Grundlagen, der allerdings durch artisolierte Aufzucht noch gestützt werden müßte.

5.3. Populationssysteme

Echte Populationssysteme (Spezies-Populationen) setzen sich aus Individuen einer Art in einem durch ökologische Bedingungen begrenzten Raum zusammen. Sie liefern die genetische Basis der Stammesgeschichte und sind nur als Teilstrukturen von Ökosystemen zu definieren. Alle Arten sind in Populationen unterteilt. Eine Population als System wird vor allem durch diese Determinanten festgelegt:

— Gleiche Raumansprüche für alle Individuen
  a) abiotische Faktoren ⎫
  b) biotische Faktoren   ⎬ = ökologische Nische
— Gleiche Zeitansprüche (gleiche Tages- und Jahresmuster der physiologischen und lokomotorischen Funktionen)

Theoretisch besteht freier Genfluß in einer Population, also beliebige Partnerwahl zwischen den geschlechtsverschiedenen Individuen; hier gibt es jedoch Präferenzabstufungen, die durch zahlreiche Bedingungen beeinflußt werden können, wobei im allgemeinen diejenigen Individuen erhöhte Fortpflanzungschancen haben, die den (S. 217 formulierten) „biodynamischen Gesetzen" bestmöglich entsprechen. Sie können maximale Ausgangsgrößen (im Verhaltensbereich) zur Fortpflanzung einsetzen. Populationen als System verfügen darüber hinaus über bestimmte Regulationsmechanismen, durch die sie Störeinwirkungen kompensieren können (vgl. Abb. 90).

Populationen haben Tendenzen zur Ausbreitung und zum Wachstum und kompensieren dadurch gegenwirkende Umweltbedingungen. Das wirkt sich auch in der Populationsdichte aus. Und gerade diese kann wieder verschiedene Verhaltenskonsequenzen haben. Wenn sie bei Wanderheuschrecken (oder Lemmingen) einen bestimmten Wert überschreitet, kommt es zu Expansion und großen Wanderzügen. Dadurch wird letztlich wieder eine Autoregulation erreicht, die immer wieder dazu führt, daß natürliche Populationen dazu tendieren, eine bestimmte Größe konstant zu erhalten. Diese Regulation kann aber nur über ökologische Faktoren erfolgen, so daß Störungen des Ökosystems notwendig auch Populationsstörungen nach sich ziehen und zu extremen Ungleichgewichten führen können (Massenvermehrungen, Zusammenbruch von Populationen), wie sie sich durch Eingriffe des Menschen an vielen Tierarten vollzogen haben. Auch die „Bevölkerungs-Explosion" des Menschen hat hier eine ihrer Ursachen.

NAUMOV (1967) sieht die Grundlagen für die Populationsdynamik auf drei Ebenen: Der molekular-zellulären, der organismischen und der Populations-biozönotischen (Biozönose ist ein Ökosystem). Dabei wird besonders bei den Wirbeltieren der ethologischen und räumlichen Struktur der Populationen als Grundlage für diese dynamischen Prozesse eine besondere Bedeutung beigemessen. Die ethologische Struktur ist nach NAUMOV eine Konsequenz der Heterogenität der Population, die besonders durch hierarchische Strukturen und als Folge davon durch bestimmte Beziehungen in der Population auch in Hinblick auf die räumliche Verteilung ge-

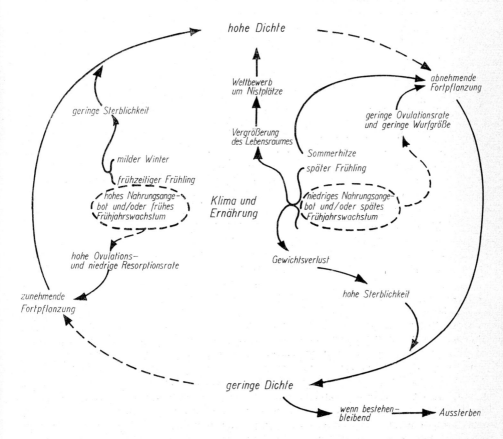

Abb. 90. Schematisches Diagramm der Umwelteinflüsse auf die Inselpopulation der Reisratte *Oryzomys*. Punktierte Linien repräsentieren hypothetische Aspekte (nach NEGUS und Mitarb. 1961).

kennzeichnet ist. Der biologische Wert der „Individualisierung", der sich in der Entwicklung manifestiert, liegt einmal in der individuellen Variation (Struktur, Farbe, Geruch, Stimme usw.), zum anderen in der Erhöhung der individuellen Erkennbarkeit durch Angehörige der Population.

Durch solche Mechanismen werden der Informationsfluß in Populationen und damit allgemein Transformationsprozesse im System gefördert und entstehen strukturierende Relationsmengen zwischen den Elementen (Individuen) der Population, die gerade auch für den Genfluß und damit die „Überlebenschance" (survival value) grundlegend sind. Wichtige Substrukturen können durch diese Mechanismen entstehen, das gilt vor allem im Zusammenhang mit dem Sexualsystem und dem Pflegesystem, dann auch für die Sozialsysteme. Populationen sind in diesem Sinne die Voraussetzung für diese Subsysteme. Sie sind die Grundlage aller echten Kommunikationsmechanismen. Solche Substrukturen mindern den Kraftaufwand für die Erhaltungsstrategie beim Einzelindividuum (Konkurrenz-Faktor). WYNNE-EDWARDS (1962) hat dem Sozialsystem als Faktor in der „Homoiostase" von Populationen eine besondere Bedeutung zugesprochen. Fehlt die unter natürlichen Bedingungen gewachsene Raum- und Individualordnung (-struktur), etwa bei künstlich zusammengesetzten Gruppen einer Art, dann kann es zu schweren Verhaltensstörungen, erhöhter „Aggression" (Beseitigung von Störgrößen), aber auch verstärkten Lernprozessen (als Anpassung) sowie auch zu „Neurosen" kommen, die als „Gefangenschaftsneurosen" bekannt sind. Unter natürlichen Bedingungen regulieren sich **Massenvermehrungen,** wie erwähnt, von selbst. Dabei sind es nicht etwa Außenfaktoren (wie Nahrung, Parasiten, Seuchen), die zu „Zusammenbrüchen" von solchen Populationsmassen (bei Mäusen z. B.) führen, sondern offenbar Bedingungen, die durch die Raummenge auf das Verhalten selbst einwirken, bzw. die ihm zugrundeliegenden physiologischen Mechanismen. Bei der Feldmaus können in „Mäusejahren" bis zu 30 000 Individuen auf einem Hektar vorkommen ($3/m^2$). Bei den Säugetieren brechen unter diesen Bedingungen zwei Funktionssysteme in der Population zusammen: Das Territorialsystem und die hierarchische Gruppenstruktur (vgl. AUTRUM 1966). Bei Nagetieren treten dann „soziale Klassen" auf:

— gut ernährte Männchen mit glattem Fell und wenig Kampfnarben (sie sind gleichberechtigt und bewegen sich frei im Territorium)

— gut ernährte Männchen mit zahlreichen Bißnarben

— schlecht ernährte Männchen mit schütterem Fell und vielen Bißnarben, nur etwa halb so schwer wie die „erste Klasse"; sie sind auf kleine Areale beschränkt.

Die Bedeutung dieser Schichtung ist unbekannt, nach CALHOUN kommen unter solchen (extremen) Bedingungen keineswegs die stärksten Rattenmännchen vorzugsweise zur Fortpflanzung.

Der „Gedränge-Faktor" als Ergebnis einer Massenvermehrung in einer Population kann bei weiblichen Tieren trotz normaler Ernährung zu einer Minderung der Milchproduktion führen. Bei Hausmäusen *(Mus musculus)* und Weißfußmäusen *(Peromyscus maniculatus)* sterben Embryonen ab, wenn zu Weibchen Männchen fremder Linien (also anderer Populationen) gesetzt werden; in den ersten vier Tagen der Schwangerschaft genügt bereits der Duft eines fremden Männchens (Bruce-Effekt).

Säugetiere zeigen eine ergotrope Reaktion (Bereitschaftsreaktion), wenn Territorialverhalten oder Rangverhalten aktiviert wird (Primer-Effekt, s. S. 102). Daran sind vor allem das vegetative System beteiligt (Sympathicus) sowie das inkretorische System (Hypophyse, Nebenniere, die gewissermaßen „Alarmstoffe" in die Blutbahn abgeben). Zentrale Funktionen hat dabei der Hypothalamus. Über das normale

Maß hinausgehende Antworten werden als Stress bezeichnet, die ihn auslösenden Bedingungen als **Stressoren**. Überhöhtes Reizangebot (Überlastung des Systems mit Informationsangebot und damit Informationsverarbeitung) durch unnormale Populationsdichte kann als Stressor wirken, besonders wenn keine Refraktärperioden möglich sind. Dabei kann man (nach AUTRUM) drei Phasen unterscheiden:

— Alarmreaktionen, Anpassung an den Stressor
— Stadium der Resistenz, wenn Anpassung an den Stressor optimal ist
— Stadium der Erschöpfung, das der Anpassung folgt, Anpassung nicht mehr möglich, Minderung der Resistenz auch gegenüber der Norm.

Sind Anpassungen an den Stressor nicht möglich, kann ein Tier nicht kompensatorisch auf das Reizangebot handeln, liegt Frustration vor. Bei sozialer Überlastung wurden Gewichtszunahmen der Nebenniere von bis zu 20% gefunden (Ratte). Das führt zu einer Erhöhung des Betriebsstoffwechsels auf Kosten des Baustoffwechsels und damit zu Körpergewichtsverlusten.

Nach SEYLE werden alle unspezifischen Reaktionen auf einen allgemeinen Stressor als „**Allgemeines Anpassungs-Syndrom**" (AAS) bezeichnet. Hierzu gehören (vgl. v. FABER 1970):

— Vergrößerung der Nebennierenrinde, erhöhte Ausschüttung von Glucocorticosteroiden
— Atrophie des Thymus und der anderen lymphatischen Organe, zugleich Veränderungen des Blutbildes
— (bei Säugetieren) Auftreten von Magen- und Darmgeschwüren.

Zu den Stressoren gehören: Extreme Temperaturen, Hunger, Durst, Röntgenbestrahlung, psychosomatische Belastungen, „soziale Stressoren", Frustrationen. In Gruppen gehaltene Hausmäuse können in Abhängigkeit von der Gruppengröße (nicht der Raumgröße) folgende Veränderungen zeigen:

— Zunahme des Gewichts der Nebenniere
— Verringerung des Gewichts der akzessorischen Geschlechtsorgane
— Beeinträchtigung der Fortpflanzung
— Wachstumshemmung.

Derartige Wirkungen sind besonders auch von bestimmten sozialen Strukturen abhängig. Bei subdominanten Individuen in solchen Gefügesystemen sind speziell folgende Effekte (AAS) nachgewiesen worden:

— Vermehrte Ausschüttung von Glucocorticosteroiden
— Hemmung des individuellen Wachstums (als Folge)
— Stimulierung der Achse Hypophyse-Nebenniere
— Inaktivierung der Achse Hypophyse-Keimdrüse (als Folge)
als Folge bei Weibchen: — negative Beeinflussung von Oestrus, Fruchtbarkeit, Implantation, Überlebensrate der Embryonen, Laktation
bei Männchen: — Herabsetzung der Aktivität der Testes und der akzessorischen Geschlechtsorgane.

Ähnliche Wirkungen haben auch hohe Populationsdichten. Diese Zusammenhänge sind natürlich für die Tierzucht und Tierproduktion von großer Bedeutung. So können bei Schafen Stressoren Abnormitäten des Gonadenzyklus hervorrufen; besonders empfindlich reagieren Schweine. Stressoren durch die Vorbereitung zum Schlachten können erhebliche Wertminderungen des Fleisches nach sich ziehen. Beim Geflügel sind eine große Anzahl von Stressoren bereits untersucht worden: Hitze, Kälte, Feuchtigkeit, Hunger, Durst, Verletzungen, Sauerstoffmangel, verminderter Luftdruck, Federfressen, Verfütterung von Thiouracil, Dauerverabreichung von Coccidiostatika, Platzmangel, Immobilisierung, Infektionen, Fangen und Sortieren, niederer sozialer Rang, während Batteriehaltung in Käfigen keine Stressorwirkung hat, wohl aber Übernahme solcher Tiere in Gruppenhaltung.

5.4. Ökosysteme

Ökosysteme werden als multistabile Regelsysteme mit negativer Rückkoppelung aufgefaßt, die einen (begrenzten) zeitlichen Bestand haben. Die Erhaltungsstrategie der Organismen, die ein Ökosystem aufbauen, bestimmt die Beziehung zwischen den System-Elementen. Ökosysteme sind „große Systeme", sie schließen andere eigengesetzliche Systeme zu einer höheren Einheit zusammen. Die Struktur- und Funktionsbeziehungen der Ökosysteme wirken sich auf die Grundeinheiten (Elemente), die Individuen nur über andere Systeme aus, wobei die verhaltensrelevanten Übergangsfunktionen vor allem durch folgende Teilsysteme bestimmt werden:

— Nahrungssystem
— System der Störgrößen
— Populationssystem

Mit dem Populationssystem werden auch dessen Subsysteme, das Sexualsystem, das Pflegesystem und das Sozialsystem, erreicht (soweit sie gegeben sind). Außerdem gehen über das Populationssystem zusätzliche Einwirkungen auf das Nahrungssystem sowie das System der Störgrößen.

Die grundlegenden Determinanten von Ökosystemen lassen sich wie folgt klassifizieren:

— abiotische Faktoren
— biotische Faktoren
　　1. ohne Eigenverhalten
　　2. mit Eigenverhalten
　　　　a) ohne Ortsveränderung
　　　　b) mit Ortsveränderung
　　　　　　α) nur horizontal
　　　　　　β) horizontal und vertikal (bzw. kombiniert)

Daraus ergeben sich auch in diesem großen System die typischen Veränderungsklassen der Übergangsfunktionen: Speichern, Leiten, quantitative und qualitative Wandlung. Ökosysteme liefern die entscheidenden Größen für die Evolutionsprozesse, da sie durch die negativ rückgekoppelten Regelsysteme („Kompensations-Rückkoppelung") eine permanente Optimierung der Teilstrukturen (vor allem der Populationen und damit letztlich der Individuen) erzwingen. Damit wird umgekehrt die Stammesgeschichte zu einem wesentlichen Element von Ökosystemen. KLOPFER (1968) hat wesentliche Aspekte von „Ökologie und Verhalten" zusammengestellt. Für das **Nahrungssystem** sind zu nennen:

— strukturelle Determinanten des Verhaltens [Begrenzung der Möglichkeiten des Nahrungserwerbes durch den Körperbau, z. B. Kieferbau, Gebiß, Mundwerkzeuge („Konkurrenz-Faktor")]
— individuelle Adaptationen (Lernen)
— Tradierte Adaptationen (Traditionen)
— Das räumliche und zeitliche Nährstoffangebot
— Determinanten des individuellen Nährstoffbedarfs

Für das **System der Störgrößen** sind vor allem folgende Faktoren verhaltensbestimmend (bzw. -beeinflussend):

— Konkurrenzfaktor
— Feindfaktor
— abiotische Faktoren
— individuelles Raum-Zeit-System
    a) diffuger Status: Meiden, Ausweichen, Flucht
    b) stationärer Status: Verteidigen, Tarnung und Mimikry

Für das **Populationssystem** lassen sich folgende Parameter angeben:

— Raumfaktor (Siedlungsdichte, Raumansprüche in Abhängigkeit von bestimmten Funktionen, Reviere)
— Zeitfaktor (Raumansprüche in der Zeit, einschließlich Wanderungen)
— Geographische Bedingungen
— Morphologische Anpassungen
— Physiologische Anpassungen
— Infrastrukturen (z. B. Sozietäten in der Population)
— Individuelle Adaptationen (Lernprozesse)

Der Erhaltungsstrategie des einzelnen Organismus liegen allgemeine **biodynamische Gesetze** zugrunde (vgl. KEMPF 1958).

1. Zur Abstimmung des inneren Fließgleichgewichtes mit dem äußeren Gleichgewicht müssen viele Teile ökonomisch zusammenarbeiten zur Kompensation innerer und äußerer Ursachen einer Gleichgewichtsstörung.

2. Ein- und mehrzellige Organismen müssen aktiv Nährstoffe und andere aktivierende Energie im erforderlichen Umfang aus der Umgebung aufnehmen zur Aufrechterhaltung des Fließgleichgewichtes und zur Elimination und Kompensation aller Bedingungen, die innere oder äußere Ungleichgewichte hervorrufen.

Dieser Zusammenhang läßt sich nach KEMPF wie folgt ausdrücken:

$$
OA \frac{ac + as \dashrightarrow \quad su \dashrightarrow \quad ie + ee}{av + el \dashleftarrow \quad op \dashleftarrow \quad id + ed} \quad E \underline{\quad\quad} B
$$

Dabei stellt OA den physikochemischen Zustand des Organismus dar,
ac + as Erwerb (Acquisition) und Assimilation
av + el reziprok dazu: Meiden und Eliminieren
E ist die Umgebung
su repräsentiert die fördernden, op die hindernden Bedingungen
ie + ee sind das innere und äußere Gleichgewicht,
id + ed das innere und äußere Ungleichgewicht.
Daraus ergibt sich: Sind OA und E bekannt, kann B vorausgesagt werden; sind OA und B bekannt, kann E vorausgesagt werden; sind E und B bekannt, kann OA angegeben werden.

3. Wird ein Organismus ständig und regelmäßig wiederholt gezwungen zu akzeptieren, was er meiden muß, oder muß er meiden, was er benötigt, entwickelt er funktionell Entartungen, denen pathologische organische Änderungen folgen.

4. Der Genotyp bestimmt die Entwicklung bestimmter stoffwechselphysiologischer Fähigkeiten des Zytoplasmas unabhängig von spezifischen Substraten, und die Umweltbedingungen differenzieren die quantitativen Leistungen dieser Fähigkeiten.

5. Lebende ein- und mehrzellige Organismen arbeiten und wachsen in Richtung der Aufrechterhaltung eines maximalen inneren zum äußeren Gleichgewicht mit minimalem Bedarf an Energie in Raum und Zeit.

6. Der größere Energiebedarf wird für das Überleben, der geringere für die Fortpflanzung benötigt. Daraus folgert, daß, je weniger Energie die allgemeinen Lebenstätigkeiten in Anspruch nehmen, die Fortpflanzungskapazität um so mehr zunimmt.

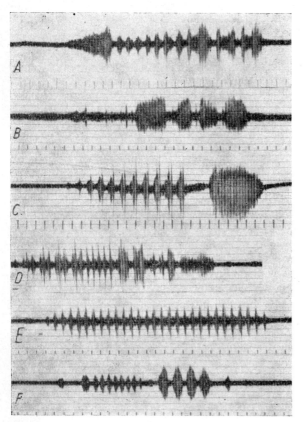

Abb. 91. A—C: Goldammer *(Emberiza citrinella* L.*)*: A: Kaspar-Hauser, 2jährig, Gesang; B: Kaspar-Hauser, 1jährig, Gesang; C: Freilandaufnahme, Gesang: (Kaspar-Hauser gezüchtet von W. LIPPERT); D—F: Buchfink *(Fringilla coelebs* L.*)* Gesang D: Normalgesang, E: „Leiern", Freilandaufnahme, Typ eines Kaspar-Hauser-Gesanges, F: Zaunkönig-Imitation (nach TEMBROCK 1966). Zeitmarke: 1 Teilstrich = 0,1 s.

5.5. Funktionskreise und artspezifische Verhaltensnormen

Die Evolution von Funktionskreisen stellt viele Probleme, die gegenwärtig nur unvollkommen übersehbar sind. Für vergleichende Fragen besteht daher die Möglichkeit, von einfacheren Funktionssystemen auszugehen und schrittweise zu höheren Integrationssystemen überzugehen. Die elementaren Funktionskreise der Fortpflanzung, Selbsterhaltung (Schutz und Verteidigung), des stoffwechselbedingten Verhaltens sowie auch des Erkundungsverhaltens sind durch morphologische und in Wechselwirkung damit, auch ökologische Faktorenkomplexe in ihrer Ausgestaltung bestimmt; eine Systemanalyse der Verhaltensevolution muß hier an den artspezifischen Verhaltensformen ansetzen. Inwieweit aus der Ontogenese auf die Phylogenese von Verhaltensweisen geschlossen werden kann, ist sehr umstritten. Im morphologischen Bereich schätzt REMANE die Möglichkeit der Anwendung der biogenetischen Grundregel bei mittleren und späteren Ontogenese-Stadien mit 80 % der Fälle ein, bei Einbeziehung der Frühstadien mit etwa 60 %. KORTLANDT hat die Vermutung geäußert, daß bei Verhaltensweisen die phylogenetisch jüngsten Anteile zuerst reifen; das ist freilich bei weiteren Untersuchungen nur in bestimmten Fällen bestätigt worden, während bei anderen Syndromen der Reifungsweg ein durchaus anderer sein kann (s. S. 207).

Das berührt die Frage der zeitlichen Ordnung in der Ontogenese für schrittweise in der Phylogenie erworbene Systeme. Bleibt die phylogenetische Reihenfolge auch in der Ontogenese erhalten, wird dieses als Isochronie bezeichnet, ändert sich jedoch die zeitliche Ordnung in der Ontogenese, liegt **Heterochronie** vor. Für diese können nach DE BEER folgende Möglichkeiten unterschieden werden:

1. Caenogenese: Neuerwerbungen erscheinen auf der Stufe der Ontogenese, in der sie Anpassungsfunktionen haben, und sind ohne Einfluß auf die stammesgeschichtlichen Reihen der Adulten.
2. Deviation: Abweichungen im adulten Status, auf die Ontogenese der Nachkommen übergreifend.
3. Neotenie (Pädogenese): Entwicklungshemmung mit vorzeitiger Geschlechtsreife.
4. Reduktion: Rückbildung eines nur in der Ontogenese auftretenden Systems.
5. Adult-Variation: Unterschiede in den Endstadien der Ontogenese.
6. Retardation: Rückbildung durch Entwicklungsverzögerung im Endstadium der Ontogenese.
7. Hypermorphose: Verlängerung voradulter Ontogenese-Stadien.
8. Akzeleration: Entwicklungsbeschleunigung und damit zeitliche Vorverlagerung früher adulter Systeme (diese Form hat Beziehung zur biogenetischen Grundregel).

Motorische Systeme, deren Funktion in einem Zeitmuster gegeben ist, können in der Evolution durch unterschiedliche Periodenbildungen Anpassungen an besondere Lebensbedingungen oder an andere Funktionsabläufe in der Motorik entwickeln. Unter diesen Gesichtspunkten hat eine Untersuchung zur **Stammesgeschichte typischer Bewegungsformen** der Brustflossen der Fische von WICKLER interessante Zusammenhänge zeigen können. Danach muß die rhythmische Brustflossenbewegung gegenüber der unrhythmischen als ursprünglicher angesehen werden, kann jedoch auch sekundär auftreten. Selten ist der Fall, daß auch in der Ontogenese von Anfang an unrhythmische Brustflossenbewegung vorliegt, die zeitlebens beibehalten wird *(Barbus?)*. Sonst findet sich in der Ontogenese zu Beginn ein rhythmischer Brustflossenschlag. Für dessen weitere ontogenetische Entwicklung wurden folgende Möglichkeiten gefunden:

1. Bleibt rhythmisch (Cyprinodontidae, Esocidae, *Perca Macropodus*)
2. Geht in eine unrhythmische Bewegung über *(Salmo, Coregonus, Thymallus, Brachydanio, Tylosurus, Pleuronectes, Solea)*

3. Wird später stark spezialisiert *(Lophius, Periophthalmus, Trigla)*
4. Wird später mit der Brustflosse zurückgebildet *(Symbranchus)*.

Für die Kopulationsstellungen der pterygoten **Insekten** sieht ALEXANDER die Ausgangsstellung in jener Paarungsform, bei der das Weibchen über dem Männchen sitzt. Für die Verteilung der Kopulationsstellungen gibt er folgende Tabelle:

Gruppe	Älteste Fossil-Belege in Millionen Jahren	Weibchen über dem Männchen	Männchen seitl. vom Weibchen, teilw. unter dem Weibchen	Männchen teilweise auf, teilweise unter Weibchen	Männchen auf Weibchen	beide kopfabgewandt Männchen: Abdomen leicht gedreht	Abdomen stark gedreht	Invert. Rückenlage	Bauch gegen Bauch
Siphonaptera	50	X	—	—	—	—	—	—	—
Diptera	160	X	X	X	X	X	X	X	X
Lepidoptera	50	—	X	—	—	X	X	—	—
Trichoptera	160	—	X	—	—	X	—	—	—
Mecoptera	275	X	X	—	—	—	X	—	—
Hymenoptera	160	—	X	X	X	X	X	—	—
Coleoptera	240	—	X	X	X	X	X	—	—
Neuroptera	275	X	X	—	—	—	X	—	—
Thysanoptera	240	—	—	X	—	—	X	—	—
Anoplura	1	X	—	—	—	—	—	—	—
Mallophaga		X	—	—	—	—	—	—	—
Psocoptera	275	X	—	—	—	—	X	—	—
Homoptera	220	—	X	X	X	X	X	X	—
Hemiptera	275	—	X	X	X	X	X	X	—
Plecoptera	240	—	X	X	—	—	—	—	—
Embioptera	50	—	X	X	—	—	—	—	—
Phasmodea	60	—	—	X	—	—	—	—	—
Acridoidea	60	—	X	X	—	—	—	—	—
Tettigonioidea	300	X	—	—	—	X	X	X	—
Isoptera	50	—	—	—	—	—	X	—	—
Dermaptera	160	—	—	—	—	—	X	—	—
Mantodea	50	—	—	X	—	—	—	—	—
Blattodea	320	—	X	—	—	X	—	—	—
Odonata	275	—	—	—	X	—	—	—	—
Ephemeroptera	275	X	—	—	—	—	—	—	—

ALEXANDER vermutet auch einen engen Zusammenhang zwischen der Evolution des Fluges bei den Insekten und dem Balzverhalten. Er sieht in jenen Kopulationstypen den Ausgangspunkt, bei denen das Weibchen, durch bestimmte dorsal gelegene Drüsen des Männchens gesteuert, auf den Rücken des Männchens steigt. Auch die Paranotallappen an den hinteren beiden Thoraxsegmenten könnten dabei mit rhythmischen Bewegungen eine spezielle Aufgabe gehabt haben, wobei zunehmende Größe die Wirksamkeit dieses Verhaltens gefördert haben könnte. Natürlich müssen bei der Evolution des Fluges bei den Insekten noch andere Faktoren, vor allem der Lebensraum und die Ernährungsweise sowie die damit verbundenen

Bewegungsformen und schließlich auch die Ontogenese (Metamorphose) und der Lebensraum der Larven mit berücksichtigt werden. ALEXANDER hat folgendes Bild entworfen:

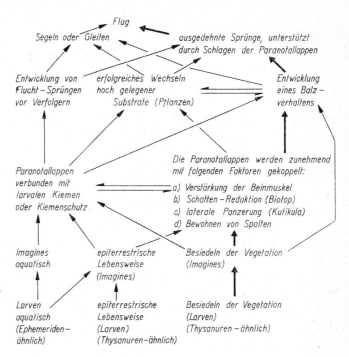

(Die starken Pfeile sollen den für die Entwicklung des Fluges vornehmlich bestimmenden Weg andeuten.)

FLOWER hat diesen Vorstellungen noch aerodynamische Berechnungen unter Berücksichtigung der Reynoldtschen Zahl hinzugefügt. Daraus kann er ableiten, daß bei kleinen Insekten unter 1 cm Körpergröße Tendenzen zur Rückbildung von Paranotallappen überwiegen müßten und erst eine Ausgangsgröße von über 1 cm Körperlänge mit relativ kleinen Extremitäten eine positive Entwicklung fördern konnte.

Ein anderer Funktionskreis des Verhaltens bei Insekten ist von EVANS unter phylogenetischen Gesichtspunkten untersucht worden. Er bezieht sich auf das Beute-Eintragen bei Hymenopteren, speziell den Sphecoidea. Er sieht in der Groß-Evolution dieser Hymenopteren-Gruppen folgende stammesgeschichtliche Zusammenhänge (s. S. 222 oben).

Die Evolutionstrends in Hinblick auf die Größe der Beute (bzw. bei Parasitoiden der Wirte) und auf die Anzahl ergeben danach dieses Bild (s. S. 222 unten).

(P steht für Parasitoide bzw. Beute-Jäger, H für Wirt bzw. Beute). Als Parasitoide werden Insekten bezeichnet, die sich in Wirten entwickeln, wobei die Wirte zuletzt absterben (typische Parasitoide sind die Schlupfwespen). Für den Transport der Wirtsinsekten werden im Verlauf der Entwicklung verschiedene Mechanismen entwickelt: Mandibeltransport (drei verschiedene Typen), Bein-Transport (zwei Typen)

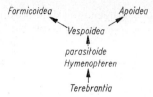

Als wesentliche Faktoren, die auf die Evolution des Beute–Eintragens Einfluß genommen haben können, werden folgende angeführt:

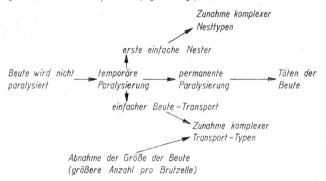

sowie abdominale Transportmechanismen. Die Beziehung der Evolution dieses Verhaltens zum Nestbau wurde angedeutet.

Der Nestbau selbst bietet — nicht nur bei Insekten — eine Fülle von Problemen hinsichtlich seiner Evolution. Auch hier können zahlreiche Faktoren einwirken. Bei den **Vögeln** läßt sich das Nestbau-Verhalten grob unter folgenden Gesichtspunkten klassifizieren:

I. Ausbrüten durch Umgebungswärme

    1. Sonneneinstrahlung, im Boden

    2. Gärungswärme, in zerfallenden organischen Substanzen (Laub usw.), vom Vogel zusammengetragen (Megapodidae)

II. Ausbrüten der Eier durch Körperwärme (arteigener Altvogel)

    1. In Hohlräumen im Substrat

       a) Bereits vorgegebene Höhlen

       b) Selbst hergestellte Höhlen

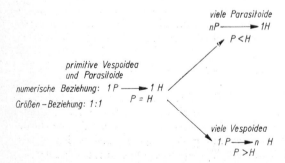

2. Nest in keiner Höhle
   a) Offene Nester
   b) Überdachte Nester
   c) Zusammengesetzte Nester

III. Eier werden durch Körperwärme artfremder Altvögel ausgebrütet (Brutparasiten)

COLLIAS hat folgende wesentliche Evolutionstrends für den Nestbau der Vögel zusammengestellt: Ursprünglich dürfte mit dem Übergang zum Landleben das Absetzen der Eier in Gruben (frei oder bedeckt) der Beginn eines „Nest"-Baus gewesen sein; viele Reptilien zeigen dieses Verhalten noch heute. Dies ist wohl mit einer langen Entwicklungsdauer bis zum Schlüpfen verbunden gewesen. Mit der Homoiothermie (die in jüngster Zeit auch für einige mesozoische Flugsaurier wahrschein-

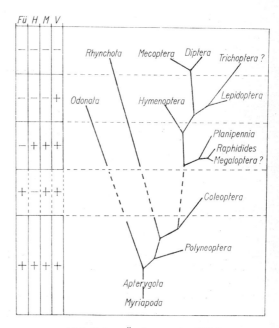

Abb. 92. Schematische Darstellung der stammesgeschichtlichen Änderung der Fühler- und Beinputzbewegungen innerhalb der Tracheaten, soweit sie aus den bisherigen Kenntnissen zu folgern sind. Die Einstufung der Gruppen (Ordnungen) richtet sich nach dem jeweils ursprünglichsten Putztyp (Prototyp). Auf der Ordinate sind von unten nach oben die Reduktionsstufen der prototypischen Putzhandlungen aufgetragen. Da die Ordnung der Coleopteren aus der sonst kontinuierlichen, zu den höheren holometabolen Insekten führenden Reduktionsreihe herausfällt, wurden in ihrer Zeile die Stammlinien unterbrochen gezeichnet. Der Aufbau des Verzweigungsschemas ist den Arbeiten von JEANNEL (1949), HINTON (1958) und HENNIG (1953, 1962) entlehnt und deckt sich mit den Ergebnissen der vergleichenden Putzethologie. Fü = Fühler; H, M, V = Hinter-, Mittel- und Vorderbein. Diese Reihenfolge entspricht der Richtung der Reduktion der Putzhandlungen in der Stammesgeschichte. Ein „+" bedeutet: Das betreffende Glied (Fü, H, M, V) wird mit den Mundwerkzeugen geputzt; ein „−" bedeutet: Das Glied wird auf andere Weise oder gar nicht geputzt (nach U. JANDER 1966).

223

lich gemacht werden konnte) sowie dem Flugvermögen wurde durch Einsatz der Körperwärme die Entwicklung der Embryonen wesentlich beschleunigt und damit eine entscheidende Voraussetzung für den eigentlichen Nestbau geliefert. Die Primärfunktionen dieser Nester sind die Erhaltung der elterlichen Brutwärme sowie der Schutz der sich entwickelnden Eier. Das Brüten in Höhlen begrenzt die Möglichkeit, das eigentliche Nest weiter auszugestalten, und die Größe der Vögel begrenzte wiederum den Nestbau auf Zweigen, Geäst usw.

Überdachte Nester sind für kleine tropische Arten kennzeichnend. Frei hängende Nester wurden nur bei wenigen Gruppen entwickelt. Sie sind mit komplexen Verhaltensmustern verbunden, um die nötige Stabilität zu gewährleisten. Einige der Verfestigungsprinzipien bei Webervögeln (Ploceinae) zeigt Abb. 93. Sie gibt auch die Vorstellungen von COLLIAS über die Evolution dieser Webervogelnester wieder Die Haupttrends sind demnach folgende:

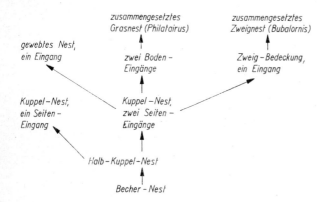

In der Evolution der **Primaten** kommt den Extremitäten eine besondere Bedeutung zu. Dabei stellt die Hand in der hominiden Ahnenreihe einen Schlüsselcharakter dar. Abb. 94 zeigt Hand- und Fußbildungen erwachsener Primaten sowie den Präzisionsgriff. Dabei wird deutlich, daß (nach SCHULZ 1968) beim Menschen nicht der Daumen verlängert, sondern die übrige Hand verkleinert und verkürzt wurde. Die prozentualen Daumen- und Handlängen betragen:

	Daumenlänge	Handlänge (% der Rumpflänge)
Hylobates (Gibbon)	28—31%	59%
Pan (Schimpanse)	23%	49%
Gorilla	23%	40%
Homo	25%	37%

Beim Menschen beträgt das Gewicht der Handskelette nur etwa 2.7 % des gesamten Skelettgewichtes, bei den Menschenaffen jedoch 4,6—6,1 %. Für den Handgebrauch der Primaten ist kennzeichnend, daß neben bestimmten Funktionsanpassungen (Hangler usw.) zu den Anthropomorphen hin die Tendenz zunimmt, potentielle Möglichkeiten multivalent auszunutzen. Die Hand wird gleichsam zu einem Instrument, das im Dienst der Erhaltungsstrategie (und auch der Kommunikationsstrategie) nach ähnlichen Prinzipien wie Strukturen der Umwelt auf die in ihr enthaltene potentielle Information hin „ausgebeutet" wird, wobei die speziellen Um-

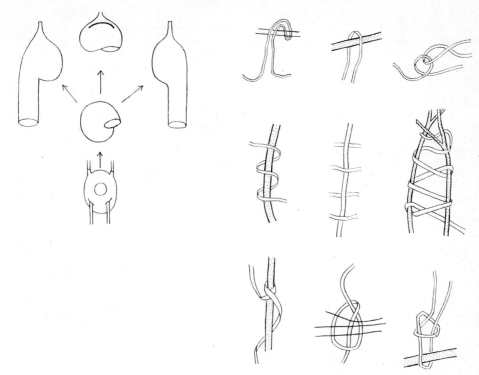

Abb. 93. a) Haupt-Etappen in der Evolution des Nestbaues der eigentlichen Webervögel (Unterfamilie Ploceinae). b) Typen des Anheftens und Webens bei verschiedenen Arten der Ploceinae (nach Collias und Collias 1963).

weltbeziehungen zu den entscheidenden Determinanten werden. Sie ermöglicht neuartige Transformationen im Umweltsystem, und die aus den „Manipulationen" (im wörtlichen Sinne) hervorgehenden gerichteten Ausgangsgrößen des Umweltsystems liefern das „Erfolgsergebnis", oder, objektiver formuliert: die optimalisierenden Eingangsgrößen für den Organismus. Die Hand ist der Schlüsselcharakter in der speziellen Evolution der Hominiden, da sie teildeterminierte Transformationen im Umweltsystem ermöglicht. Ihre Herausnahme aus der Lokomotion vollendet diesen Trend.

Entwicklung von Funktionskreisen und innerhalb dieser führt, wie die Beispiele zeigen, in der morphologischen Entwicklung und auch im Verhalten zu einer zunehmenden Differenzierung. Remane hat (für den morphologischen Bereich) ein „Differenzierungsgesetz" abgeleitet, nach dem in einem Funktionsverband ursprünglich gleichartige Teile mit auftretender Arbeitsteilung ungleich werden. Funktionsverbände wurden unterteilt in:

a) Zellen im Zellverband
b) meristische Organe
c) bilaterale und radiäre Organe
d) Individuen eines Artverbandes
e) Generationen in Zyklen mit Generationswechsel

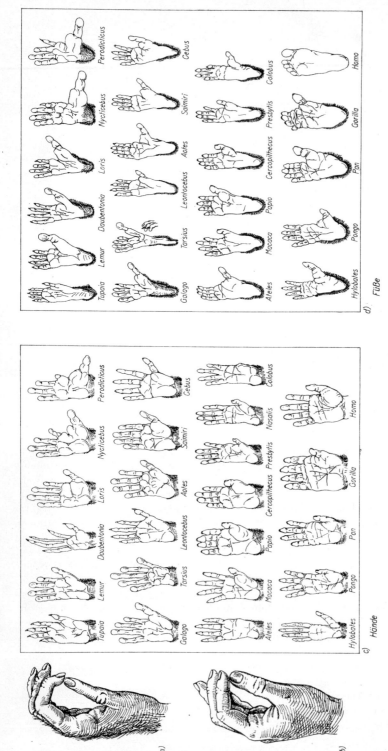

Abb. 94. Die Hand als „Schlüsselelement" in der Evolution der Primaten.
a) Präzisionsgriff der Hand des Schimpansen (*Pan troglodytes*) und (b) des Menschen;
c) Hände von erwachsenen Primaten, auf gleiche Länge reduziert; d) Füße von
erwachsenen Primaten, auf gleiche Länge reduziert (nach SCHULTZ in RENSCH 1968).

Im Bereich des Verhaltens gibt es bislang kaum planmäßig durchgeführte Untersuchungen zur Überprüfung der Anwendbarkeit dieses Gesetzes. Für die Evolution der Lautgebung lassen sich jedoch Hinweise erbringen. So können arbiträre kurze Laute rhythmisch oder unrhythmisch wiederholt werden. Solche Wiederholungen erhöhen die Redundanz; sie können aber zu einem echten Informationszuwachs führen, wenn sie sich innerhalb der Reihe differenzieren. So werden aus homotypen Rufreihen heterotype. Dieses Prinzip kann sich auf verschiedenen Ebenen phonetischer Strukturbildungen wiederholen und schon im Bereich der Elemente oder Impulse auftreten, die durch Wiederholung einen Laut bilden. Strophen können wie „meristische Organe" in der Abfolge abgewandelt werden, so daß „Gesänge" entstehen. Das gilt besonders für das affine System der akustischen Informationsübertragung (s. S. 93), da hier der Funktionsdruck in Richtung auf Zuwachs an Informationsgehalt besteht. Provisorisch kann die Evolution des affinen akustischen Kommunikationssystems (bei Säugetieren) etwa wie folgt dargestellt werden:

Distanzlaute			
		heterotype (evtl. mehrstrophige) Folgen	
		homotype (mehrstrophige)	
		Lautfolgen	
			rhythmische heterotype Strophen
		rhythmische homotype Strophen	
	mehrsilbige Langlaute		rhythmische homotype Lautfolgen
Kontaktlaute	Langlaute		„Triller"
		Laute mit wechselnder Impulsfolge	
		wiederholte Kurzlaute	

Für das diffuse akustische Kommunikationssystem der Säugetiere kann folgendes Schema die Entwicklungsrichtungen andeuten:

Dehnung	Verkürzung	
	Distanz-Situation	*Kontakt-Situation*
	Stoßlaut	Keckern
	unregelmäßig wiederholte	
	Kurzlaute	
	Laute im (beschleunigten) Atemrhythmus	
	bei Beginn der Exspirationsphase	
Knurren		
Fauchen	stimmhafte Stoßatmung	
Zischen	stimmhafte Atmung (Geräuschcharakter)	

Versucht man, die grundsätzlichen **Trends in der Evolution des Verhaltens** zusammenzustellen, ergeben sich etwa diese Hauptaspekte:

1. Bildung eines Trends durch funktionsbegünstigende Strukturen (speziell im Bereich der Bewegungsmotorik).
2. Freigabe bestimmter Strukturen für den Funktionswechsel durch Spezialisierung und Funktions-Intensivierung anderer Gefüge: Kopf-Extremitäten bei den Arthropoden zum Beispiel.

3. Trend zur Erhöhung der Raumbeherrschung als Ausdruck der Intensivierung des Stoffwechsels bei heterotrophen Organismen.
4. Positives oder negatives feed-back als Selektionsfaktor auf Außenreize.
5. Neuronenanreicherung im Zusammenhang mit Ablösung der Informationen von Angeborenen Auslösemechanismen. Steigerung der Möglichkeit zu neuen Systembildungen im informationsverarbeitenden Substrat.
6. Spezialisierung auf AAMn.
7. Steigerung der Anpassungsfähigkeit bei Zunahme der Raumbeherrschung.
8. Zunahme der Ausnutzung von Epiphänomenen im Dienste des Verhaltens; vergleichbar der Zunahme der Stoffwechselökonomie höher entwickelter Tierformen (Arthropoden, Vertebraten, spez. Homoiotherme).
9. Steigerung der Informationsausbeute aus der Umwelt.
10. Steigerung der Gestaltungsprinzipien bei der Auswertung der Informationsmuster.
11. Ablösung der Informationsauswertung von spezifischen Verhaltensmustern (speziell Mensch).
12. Prägnanzsteigerung bei den Verhaltensmustern, die erfahrungsunabhängig ablaufen. Rhythmisierungstendenzen.
13. Funktionalisierung von Epiphänomenen im somatischen und vegetativen Bereich. Spezielles Beispiel ist die Lautgebung, aber auch alle „derived" Bewegungen (TINBERGEN 1952), die sekundär Signalfunktion erhalten haben.
14. Wechselseitige Beeinflussung lebender Systeme, Trends durch positive „Rückkoppelung" (z. B. Symbiose, Soziologie). Auch Trends in der Evolution des Raubtier-Beute-Verhältnisses gehören hierher (auch Parasit-Wirt bzw. Parasitoide-Wirt).

Diese Faktorenkomplexe verdeutlichen die hervorragende Bedeutung der Informationsverarbeitung bei der Evolution des Verhaltens. Die Prinzipien der **Aufnahme, Speicherung und Verarbeitung von Informationen** erweisen sich als entscheidende Evolutionsfaktoren. Dabei lassen sich diese Vorgänge gegenwärtig etwa folgenden sechs Ebenen des Wirkungsgefüges des Verhaltens zuordnen:

1. Auf- und Ausbau eines struktur- und funktionsabhängigen Informationsspeichers im Genom, der artspezifische raumzeitlich geordnete Programme des Verhaltens codiert.
2. Aufnahme und Verarbeitung von „Eigeninformationen" im Rahmen des Vollzuges von Gebrauchshandlungen: propriozeptive Kontrolle über körpereigene Fühler des Bewegungsapparates.
3. Aufnahme von „Elementarinformationen" beim Vollzug der Elementarbewegungen von Gebrauchshandlungen: Reafferenzen aus der Umwelt, die sich aus dem Eigenverhalten ergeben und über Exterozeptoren registriert werden.
4. Aufnahme von „programmgesteuerten Informationen", die ein bestimmtes artspezifisches Verhaltensmuster reizspezifisch steuern: Kennreize für Angeborene Auslösemechanismen (AAM), mit additiver Reizverarbeitung (Reizsummenregel).
5. Aufnahme von „obligatorischen Informationen" beim Vollzug artspezifischen Verhaltens: programmgesteuert, aber erfahrungsabhängige Koppelung der „Unterprogramme", anpassungsfähig, zum Vollzug des Verhaltens essentiell; Informationen mit Struktureigenschaften durch hypothetisch postulierte Angeborene Gestaltbildende Mechanismen (AGM).

6. Aufnahme von „fakultativen Informationen": Informationsbedarf durch Bindung an Tendenzen (Funktionskreise), aber ohne festgelegte Unterprogramme; daher Informationsinhalte variabel, nur der Informationsbedarf ist vom System her bestimmt.

In der Stammesgeschichte haben die „programmgesteuerten Informationen" die Herausbildung von Signalsystemen mit Eigenschaften von Auslösern (also Kennreize sendend) gefördert, während die beiden letztgenannten Typen Signalsysteme mit Struktur-(= Gestalt-)Eigenschaften evolutiv fördern. Zahlreiche der komplexen Phänomene, die sichtbare und hörbare Muster im Verhalten und Erscheinungsbild der Tiere bestimmen, lassen sich durch diese Prinzipien deuten. Die Grundlagen der Informationsaufnahme bestimmen im Wechselspiel der Kommunikation auch die Eigenschaften der Sender in ihrer evolutiven Entwicklung.

5.6. Taxonomie

Verhalten kann „**Schrittmacher der Evolution**" sein, und es kann als Kriterium zur Kennzeichnung systematischer Kategorien herangezogen werden. Evolutionsbestimmend kann das Verhalten werden über Efferenzen, Afferenzen, die Festlegung ökologischer Valenzen, die Beeinflussung des Zeitmusters, die Bildung von sexuellen Isolationsmechanismen oder durch bestimmte „Schlüsselcharaktere".

1. Efferenzen: Bestimmte Abwehrbewegungen bei Feldheuschrecken (Acrididae werden als Ausgangsverhalten zur Entwicklung von Stridulationsorgane) gedeutet. Rhythmische Schwanzbewegungen bei Schlangen in bestimmten Situationen haben die Ausbildung der Schwanzrasseln bei manchen Arten ermöglicht (Colubridae, Viperidae). Bei manchen Krabben scheint die Scherenform nach der Häutung durch ein bestimmtes Verhalten fixiert zu werden. Auch das Winken bei Krabben und Spinnen ist durch bestehende Verhaltensmuster in der Phylogenese bestimmt worden.
2. Afferenzen: Bei einigen Fischen führte ein für elektrische Reize sensibler Rezeptor zur Ausbildung von elektrischen Organen durch Umwandlung bestimmter Muskelsysteme.
3. Bestimmte ökologische Valenzen (z. B. Monophagie, Habitat-Wahl, Stenothermie usw.) gestatten naheverwandten Arten, im selben Gebiet (sympatrisch) zu leben.
4. Zeitliche Einnischungen sind bei verschiedenen Insekten (Lepidoptera, Diptera) bekannt.
5. Sexuelle Isolationsmechanismen sind bei zahlreichen Arten bereits untersucht worden; ihre Bedeutung für die Genverteilung in der Population ist eminent; es werden daher unten einige Beispiele dafür gegeben.
6. v. WAHLERT sieht in der Beibehaltung der seitlichen Schlafstellung als Lauerstellung den Schlüsselcharakter für die Evolution der Plattfische (Heterosomata) aus Bodenfischen; morphologischer Schlüsselcharakter war dann die Verlagerung des zweiten Auges. Dadurch wird der Trend fixiert und irreversibel.

In den letzten Jahren sind in besonderem Umfange Vergleichsuntersuchungen an sympatrischen und allopatrischen (in verschiedenen Gebieten lebenden) nahe verwandten Arten durchgeführt worden, um Probleme der **sexuellen Isolationsmechanismen** als Grundlage der Trennung bestimmter Genkombinationen zu klären.

Die nordamerikanischen Weißfußmäuse *Peromyscus eremicus* und *P. californicus* haben sympatrische und allopatrische Populationen. Im Experiment wurden nun 40 Männchen dieser Populationen so gehalten, daß sie für den Nestbau und ihren Aufenthalt zwischen drei Abteilungen wählen konnten; einer neutralen, einer einem arteigenen Weibchen benachbarten, und einer dritten, dem Weibchen der anderen Art zunächst liegenden. Ein einmal errichtetes Nest wurde von den Männchen nicht mehr verlagert. Alle Männchen hielten sich die weitaus meiste Zeit in dem Abteil auf, in welchem sie das Nest gebaut hatten. Und alle Männchen, drei allopatrische *P. eremicus* ausgenommen, errichteten ihr Nest in dem Abteil, das dem homospezifischen Weibchen zunächst lag. Bei den allopatrischen *P. eremicus*-Männchen war demnach die Selektivität weniger prägnant als bei den sympatrischen. Das entspricht der Hypothese von DOBZHANSKY, nach der bei sympatrischer Lebensweise Isolationsmechanismen gefördert werden. MOORE konnte diese Untersuchungen von SMITH noch durch den Befund ergänzen, daß vor allem olfaktorische Reize dieses Verhalten steuern. Er fand für *Peromyscus maniculatus rufinus* bei beiden Geschlechtern nachweislich eine Bevorzugung der artgleichen Fortpflanzungspartner gegenüber artfremden *(P. polionotus leucocephalus)* allein auf Grund von Geruchsreizen.

Die sympatrisch in Ontario lebenden *Sturnella*-Arten *(St. magna* und *St. neglecta)* sind nach SZIJJ als „biologische Arten" (MAYR) aufzufassen. Die Selektion arbeitet hier sowohl gegen Mischpaare als auch gegen Mischlinge (die vielleicht steril sind). Der wesentlichste Isolations-Mechanismus ist bei diesen Vögeln die äußerst selektive Antwort des Weibchens auf Rufe des Männchens. Dabei scheint ein bestimmter Ruf des Männchens die Kennreize (oder den Kennreiz) für das die Kopulation einleitende Verhalten des Weibchens zu liefern.

Unter den von HUNSAKER untersuchten Leguanen der Gattung *Scleropus* gibt es Arten, die sich im Aussehen sehr stark ähneln, so daß für die Arterkennung andere Merkmale entscheidend sein müssen. Als wesentliche Isolationsmechanismen wurden ruckartige Kopfbewegungen (s. auch S. 79) erkannt, die bei jeder Art anders verlaufen und die Weibchen zu den artgleichen Männchen führen, wobei im Nahkontakt chemische Informationen wirksam werden, die ebenfalls artspezifische Differenzierungen aufweisen. Die rhythmischen Kopfbewegungen zeigen Abwandlungen, die dem Differenzierungsgesetz von REMANE (S. 225) entsprechen und ähnlichen Prinzipien in der Lautgebung vergleichbar sind (Abb. 95).

Für verschiedene Amphibien-Arten sieht BLAIR in der Lautgebung einen entscheidenden Isolationsmechanismus, der bei nahe verwandten Arten Hybridisierungen zu verhindern hat, die anscheinend bei sog. „Zwillings-Arten" (sibling species) nicht ganz selten sind. Als wesentliche Parameter der Balzrufe, die artisolierende Funktion haben, werden angesehen Frequenz und Impuls-Folge (zeitliche Ordnung). Diese sind vor allem Funktionen der Körpergröße, so daß umgekehrt diese Laute einen sekundären Effekt auf die adaptive Anpassung unterschiedlicher Körpergrößen haben können. Sympatrische Arten unterscheiden sich stets im Balzruf, auch bei einigen allopatrischen Arten konnten Lautunterschiede nachgewiesen werden, die für die Weibchen zur Unterscheidung der arteigenen Männchen ausreichen.

In einer *Drosophila*-Population, die HOENIGSBERG untersuchte, traten zwei Mutanten auf, die sich untereinander kreuzten, wobei wieder der Wildphänotypus auftrat, während bei homogamen Paaren (die jeweiligen Mutanten untereinander) die Mutationen beibehalten wurden. In der Versuchsanordnung wurden nun stets die Kreuzungen (Wildphänotypus) beseitigt. Schon nach 21 Generationen entwickelte

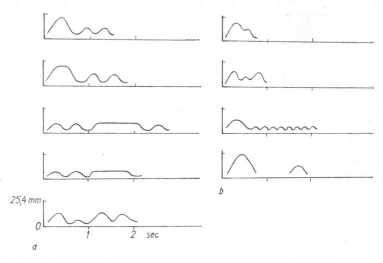

Abb. 95. a) Formen des Kopfruckens (Nicken) bei den Leguanen der *Sceloporus torquatus*-Gruppe: von oben nach unten: *S. cyanogenys*, *S. poinsetti*, *S. jarrovi*, *S. ornatus*, *S. dugesi*. Abszisse: Zeit, Ordinate: Höhe der Bewegung, b) von oben nach unten: *S. torquatus*, *S. mucronatus*, Standard-Balz-Nicken (nicht artspezifisch), gemischte Fälle. Die artspezifischen Bewegungsmuster werden als Individualkennzeichen im Rahmen des Territorialverhaltens gedeutet (nach HUNSAKER 1962).

sich in den Mutanten eine positive sexuelle Selektion (vorzugsweise homogame Paarung). Versuche dieser Art modellieren den Weg, der unter natürlichen Bedingungen schließlich zu einer Genverteilung führen kann, die zwei Populationen in den Status neuer Arten überführt.

Wenn andere (abiotische) Isolationsbarrieren auftreten, können Populationen getrennt werden und sich parallel weiterentwickeln, wobei übereinstimmende Anpassungen auftreten können, die auf echten Homoiologien beruhen. KOROBKOV hat hierfür den Namen „forma accomodata" vorgeschlagen. Sind bei solchen Differenzierungen, die zu artlicher Trennung führen, Verhaltensmechanismen maßgeblich und daher die neuen Arten auch nur an solchen unterscheidbar, werden sie mit EMERSON als „Ethospecies" bezeichnet. So fand man bei der Heuschreckenart *Amblycorypha rotundifolia* zwei Lauttypen, die „rattler" und die „klicker". Diese Lauttypen haben unterschiedliche Verbreitung im Gesamtgebiet der „Art", mit einer Überlappung in den Appalachen. Hier liegen offenbar zwei Ethospezies vor. Bei den amerikanischen Grillen der Gattung *Nemobius* unterscheiden sich die sympatrischen Arten in der Stridulation stärker als die allopatrischen. *Chortippus bruneus* und *Ch. biguttulus* leben ebenfalls sympatrisch, die Weibchen unterscheiden die Gesänge der arteigenen Männchen eindeutig gegenüber denen der artfremden; diese Stridulationsformen sind auch signifikant verschieden (Abb. 96). PERDECK hat beide Arten gekreuzt. Der „Gesang" der Bastarde ist intermediär, und sie sprechen auf die Lautäußerungen der Elternarten an, nicht aber auf jene von Bastarden.

Die Verwendung bestimmter **Verhaltensmuster als taxonomische Kriterien** muß vier Aspekte berücksichtigen:

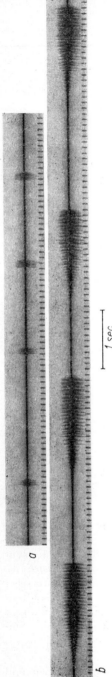

1 sec

Abb. 96. Oszillogramme der Stridulation von (a) *Chorthippus brunneus* und (b) *Chorthippus biguttulus*, am selben Biotop aufgenommen. Die Lautgebung stellt bei diesen nahe verwandten sympatrischen Arten den entscheidenden Isolationsmechanismus dar (Orig.).

Abb. 97. Vergleichende Darstellung möglicher Beziehungen bestimmter Kontaktformen bei Säugetieren. Als Ausgangsform wird die Frontalstellung der Begegnung angenommen. Rechts die Alternative: Kopfsenken (bei Ablösung vom Partner laufend oder im Stehen als Drohimponieren); weitere Alternative: Stirn- oder Maulkampf. Weitere Tendenz des Senkens: Kopf — Vorderkörper — ganzer Körper (Würgekampf bei Kamelen im Liegen). Links die Alternative des Kopfhebens (bei Ablösung vom Partner wieder als Imponieren, besonders bei Huftieren). Ferner die Alternative Maulkontakt oder Distanzierung durch Heben eines Vorderbeines. Weitere Tendenz führt zum Auf- richten des ganzen Körpers in die Vertikale, teilweise wieder mit Ablösung vom Partner (nach verschiedenen Vorlagen zusammengestellt).

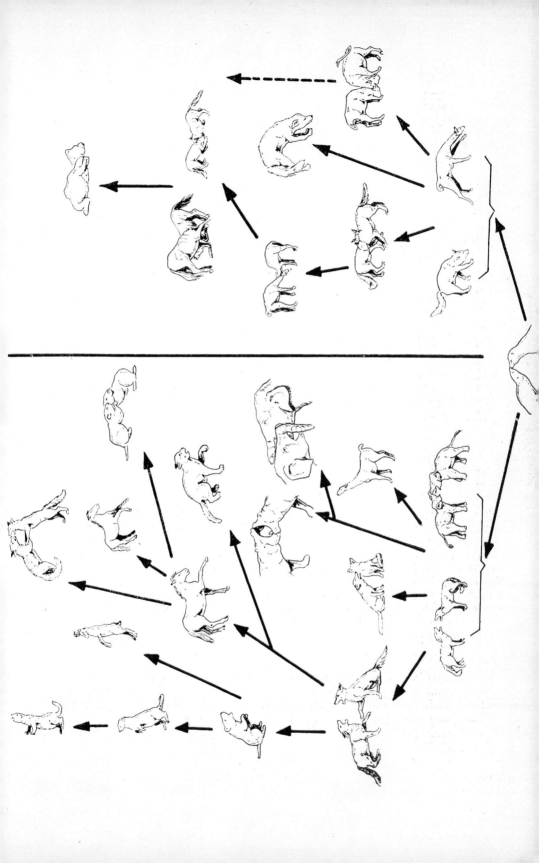

Abb. 98. Die Evolution der Hörner bei den Boviden. Die primitiven Hörner sind kurz und spitz. Der Schädel ist dünn und wenig stabil; hier überwiegen laterales Drohen und Breitseitkämpfe *(Oreamnos)*. Dann entwickelt sich der Kopfkampf als Verteidigungsmechanismus. Der Kopf wird schwer, die Hörner krümmen sich nach außen, den Gegner zu halten. Breitseit-Drohen überwiegt *(Bos.)*. Aus dem primitiven Frontalkampf haben sich dann zwei Kampfformen entwickelt, die „Ringer" (mit verhakten Gehörnen), typisch für *Antilope* (Kräftemessen), meist Breitseit-Imponieren, sowie die „Rammer", hier bei *Ovis dalli stonei* gezeigt. Die gewaltigen Hörner dienen als Waffe und Schutz; sie haben auch Signaleigenschaften. Das Breitseit-Imponieren verschwindet (nach GEIST 1966).

1. Homonomien: Gleichartige Systeme bei einem Organismus, also aus demselben Genotypus herausdifferenziert; z. B. das Schütteln als Komfortbewegung, das Schüttelstrecken und der „Doppelgrunzpfiff" beim Mandarin-Erpel *(Aix galericulata)* oder bestimmte Rufe, die auch als Gesangs-Elemente bei Singvögeln auftreten, oder das Scharren bei vielen Säugetieren in verschiedenen Funktionskreisen.

234

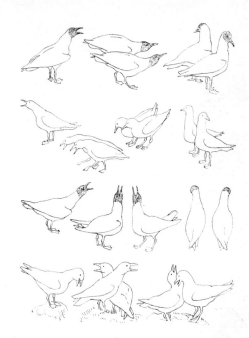

Abb. 99. Paarbildung bei vier verschiedenen Möwenarten: a) *Larus ridibundus*,
b) *Larus argentatus*, c) *Larus minutus*, d) *Rissa tridactyla*. Nur bei der felsbrütenden
Dreizehenmöwe *(Rissa)* beginnt die Paarbildung mit dem Stößeln, das hier die
Gesangsfunktion übernommen hat; die anderen Arten leiten die Paarbildung mit dem
„Jauchzen" in der „Schrägstellung" ein. Weitere Komponenten der Paarbildung sind
ritualisierte Drohstellungen (vorwärts, aufwärts), das Wegsehen, bei *Larus minutus*
mit geneigtem Kopf, und der „Katzenruf" (b. zweite Stellung). Bei der Dreizehenmöwe
sind die Verhaltensweisen in Anpassung an den Lebensraum abgewandelt (nach
TINBERGEN 1960, aus TEMBROCK 1965).

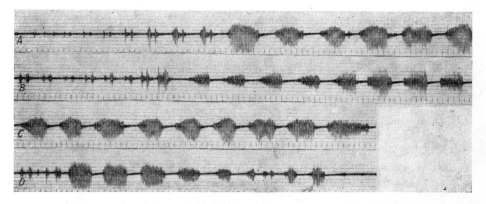

Abb. 100. A und C: *Homo sapiens* L., 3 Wochen alt, Schreien; B und D: *Pan troglodytes*
BLUM., 4 Wochen alt, Schreien (Aufnahme A und C: NITSCHMANN, B und D im Tierpark
Berlin) (nach TEMBROCK 1966).

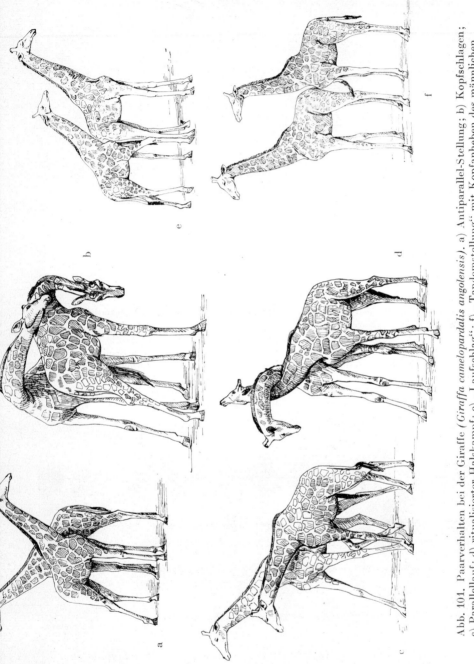

Abb. 101. Paarverhalten bei der Giraffe (*Giraffa camelopardalis angolensis*). a) Antiparallel-Stellung; b) Kopfschlagen; c) Parallellauf; d) ritualisierter Halskampf; e) „Laufschlag"; f) „Tandemstellung" mit Kopfanheben des männlichen Tieres (in allen Abb. das kleinere Tier) (nach Fotos im Tierpark Berlin). Die Abb. 101 bis 103 geben Beispiele für vergleichbare Bewegungskoordinationen eines Funktionskreises innerhalb einer engeren Verwandtschaftgruppe.

2. Homoiologien: Aus homologen Strukturen (Systemen) unabhängig entstandene Ähnlichkeiten wie z. B. das Aufrichten des Oberkörpers im agonistischen Verhalten bei vielen Säugetieren oder Defensivlaute.

3. Homologien: Systeme gleicher Herkunft, unabhängig von ihrer Funktion. Dafür lassen sich nach REMANE folgende Kriterien einsetzen:

   a) Kriterium der Lage: Homologie ergibt sich bei gleicher relativer Lage im Gefügesystem. Im Verhalten auch Lage im Funktionssystem.

   b) Kriterium der speziellen Qualität. Strukturen sind um so sicherer homolog, in je mehr Sondermerkmalen sie übereinstimmen, je komplizierter die Sondermerkmale und je größer die Übereinstimmungen sind.

   c) Kriterium der Verknüpfung durch Zwischenformen. Selbst unähnliche und verschieden gelagerte Strukturen lassen sich homologisieren, wenn verbindende Übergangsformen nachweisbar sind und sich auf benachbarte Formen dieser Reihe die Kriterien 1 und 2 anwenden lassen.

   Dazu werden noch folgende Hilfskriterien genannt:

   α) Selbst einfache Strukturen sind wahrscheinlich homolog, wenn sie bei einer großen Anzahl nächstähnlicher Arten auftreten, und zwar

   β) um so mehr, wenn es bei diesen Arten weitere Ähnlichkeiten gleicher Verbreitung an Strukturen gibt, die jedoch funktionell oder ökologisch nicht mit der erstgenannten Struktur korreliert sein dürfen.

   γ) Strukturen sind zunehmend wahrscheinlich nicht homolog, je häufiger sie bei sicher nicht verwandten Arten vorkommen.

4. Analogien: Anpassungsähnlichkeiten, die nicht homolog sind. Diese Ähnlichkeiten können so weit gehen, daß auf sie das zweite Homologie-Kriterium anwendbar wird.

Abb. 102. a) Paarungskreisen bei der Säbelantilope *(Oryx algazel)*, b) Paarungskreisen mit „Laufschlag“; der Laufschlag wird als ritualisiertes Kampfverhalten aufgefaßt, andere Arten strecken den Lauf (nach Fotos im Zoo Berlin).

Es gibt bereits eine Anzahl von Untersuchungen, in denen unter Anwendung der Homologie-Kriterien Verhaltenseigenschaften (und Lautgebung) zur Grundlage systematischer Gruppierungen verwendet wurden, was sich besonders bei niederen systematischen Taxa bewähren kann.

Abb. 103. Paarungsverhalten bei der Sitatunga-Antilope *(Tragelaphus spekii)*. a) Distanz-folgen, geht bei Halt des Weibchens in Stand über; b) Laufschlag; c) Paarungskreisen; d) Distanzfolgen; e) Kontaktstehen; f) Bodenschlagen (Hornschläge und Hebebewegungen gegen Substratteile am Boden, dem „Plätzen" vergleichbar, das mit den Vorderläufen ausgeführt wird); g) Duckschreiten (Annäherung des Bockes in geduckter Haltung mit stark ausholenden Beinbewegungen im Kreuzgang); h) Kopfauflegen (der Aufsprung kann unmittelbar folgen) (nach Fotos von SCHULZ im Tierpark Berlin).

5.7. Domestikation

Domestikation ist die Übernahme von Formen in den menschlichen Hausstand; domestiziert sind diese Formen, wenn sie sich in bestimmten (erblichen) Merkmalen von ihrer freilebenden Stammform unterscheiden. In diesem Sinne hat auch der Mensch sich selbst in den Hausstand überführt und damit „domestiziert".

Die Beziehungen zwischen Menschen und Tieren sind nach der Selbstdomestikation des Menschen durch zahlreiche Faktoren bestimmt worden, von denen entscheidende das Verhalten betreffen. Die Voraussetzungen möglicher Verhaltensbeziehungen werden dabei nach HEDIGER bestimmt und begrenzt durch folgende Faktorenkomplexe:

1. Körpergröße und Sinnesorgane
2. Systematische Stellung
3. Lebensraum (Wasser—Land).

Die Grundlagen der möglichen Verhaltensbeziehungen liegen für die Domestikation wohl vorrangig in diesen beiden Funktionssystemen:

a) Distanzregulation
b) Soziale Prägung.

In der Domestikation hat die Möglichkeit, bestimmte Tierarten durch isolierte Aufzucht sozial prägen zu können (speziell Nestflüchter bzw. Laufsäuglinge), eine erhebliche Bedeutung gehabt bei der Einbeziehung bestimmter Tierarten in den menschlichen Hausstand. Daneben ist aber auch die Distanzregulation ein Faktor, der bei bestimmten Arten (z. B. Caniden, Feliden) mitbestimmend gewesen sein kann, da diese Arten relativ geringe Fluchtdistanzen haben können (kritische Distanz) und ihnen der Mensch spezielle Lebensbedingungen schafft, die eine Annäherung fördern. Solche Arten können Tendenzen zur Synanthropie zeigen. Es kann auch zwischen verschiedenen Wildtierarten „Sozialprägungen" geben, wie sie SAUER von den Bärenrobben und den Schabrackenschakalen am Kreuzkap beschrieben hat. Die Robben bieten dem Schakal eine ökologische Nische an (ähnlich wie auch der Mensch), so daß es hier zu einer „Pseudodomestikation" gekommen ist. Die Schakale leben dort weitgehend in den Robbenkolonien.

SAUER vermutet, daß der paläolithische Mensch durch eine solche Koadaptation in Beziehung zu bestimmten Wildtieren kam, während der Neolithiker im eigentlichen Sinne Wildtiere domestizierte, indem er sie aktiv aus ihrem Lebensraum herausnahm, um mit ihnen einen ökonomischen Vorteil zu gewinnen. Der dritte Schritt ist dann die Züchtung.

ZEUNER (1967) klassifiziert die domestizierten Tiere unter dem Gesichtspunkt des speziellen Verhaltensbezuges zum Menschen:

— Säugetiere, die vor Beginn des Ackerbaus domestiziert wurden: Hund, Rentier, Ziege, Schaf
— Säugetiere, deren Domestikation in die Anfangszeit des Ackerbaus fällt: Rind, Büffel, Yak, Banteng, Schwein
— Säugetiere, die hauptsächlich als Arbeitstiere domestiziert wurden: Elefant, Pferd, Kamele, Halbesel, Esel, Maultier (Züchtung)
— Säugetiere, die als Schädlingsvertilger domestiziert wurden: Katze, Frettchen, Ichneumon

— Säugetiere mit versuchter oder gelegentlicher Domestikation: Gepard, Streifen-
hyäne, Fuchs, Elch, Damwild, Gazellen, Antilopen, Steinböcke
— Sonstige domestizierte Tierformen: Vögel, Fische, Insekten.

Domestikation führt zu einer Vielzahl von Verhaltensänderungen, die noch unzureichend untersucht und gedeutet sind, obwohl das Verständnis dieser Zusammenhänge nicht nur für die Einsicht in den Verhaltensaufbau, sondern auch für
die Beurteilung der biologischen Geschichte des Menschen sehr wesentlich ist.
Immerhin gibt es bereits verschiedene Ansätze, die über empirische Feststellungen
hinausgehen.

Als Ursachengefüge der **Verhaltensänderungen** im Verlauf der Domestikation
sind vor allem anzusehen:

1. Veränderung bei Ausfall der natürlichen Selektion
2. Veränderung der Umweltbedingungen durch den Menschen (und damit weitestgehend ohne Relation zum Eigenverhalten der Tiere)
3. Herstellung sozialer Gruppierungen durch den Menschen (ebenfalls weitgehend
ohne Relation zum Eigenverhalten der Tiere)
4. Eingriff in das Ernährungsgefüge, sowohl die Nährstoffe als auch das Nahrungsverhalten betreffend
5. Weitgehende Ausschaltung natürlicher Feinde
6. Gezielte Änderungen im Genbestand der Haustiere, morphologische, physiologische und auch Verhaltenseigenschaften betreffend (Tierzucht)
7. Weitgehende Änderungen des Informationseinstromes über die Rezeptoren,
damit verbunden Änderungen der neuronalen und hormonalen Speicher-, Steuer-
und Regelsysteme.

Die Folgeerscheinungen dieser mannigfachen Ursachengefüge sind bei den ein-
zelen domestizierten Arten unterschiedlich, weil auch die hier aufgeführten Ursachen artlich in verschiedenem Umfang wirksam geworden sind, abhängig von den
jeweiligen „Aufgaben" der betreffenden Haustiere im Hausstand des Menschen.

Trotzdem läßt sich eine Anzahl von Domestikationsfolgen im Verhalten recht
allgemein nachweisen. Dazu gehört, daß es fließende Übergänge zu echten Verhaltensstörungen bis zu Neurosen hin gibt. Damit entfallen (außerhalb der vom Menschen unmittelbar gesetzten Zuchtziele) Normbestimmungen, verbunden mit einer
sich stark steigernden individuellen Variabilität. Dieser letztgenannte Faktor ist
von eminenter Bedeutung für die Domestikation; sein Grad hängt ab von der
Anzahl der Parameter, die das Wesen der Individualkennzeichnung bei einer Art
ausmachen; beim Menschen erreicht diese Variabilität das absolute Extrem, weil
hier der Verhaltensaufbau weitestgehend von kognitiven Strukturbildungen im
Zentralnervensystem überschichtet wird, die sein Handeln und seine Umwelt (auf
die sein Handeln bezogen ist) bestimmen.

Als Folgen der Domestikation und in Zusammenhang damit auch als gerichtete
Verhaltensbeeinflussung über Umweltbedingungen sind zu nennen:

— Hypertrophien von Verhaltensweisen
— Hypotrophien von Verhaltensweisen
— Kompensation
— Sublimation
— Verschiebungen zeitlicher Muster

- Hypertrophie der Valenzen von Objekten
- Selektivitätsänderungen von Detektormechanismen
- Dissoziation von Verhaltenssyndromen
- Regressionen (Rückgriff auf infantile Verhaltenseigenschaften)
- Handlungen an Ersatzobjekten
- Fehlprägungen
- Perversionen

Daraus können generelle Beziehungsstörungen hervorgehen, also abnorme Transformationen im Organismus-Umwelt-System.
Die Störungen dieser Art lassen sich etwa wie folgt klassifizieren:

- Störungen im Verhalten, das auf den eigenen Körper bezogen ist
- Störungen im Nahrungssystem
- Störungen im System der Störgrößen (z. B. überhöhte Fluchtbereitschaft)
- Störungen im Sexualsystem
- Störungen im Pflegesystem
- Störungen im Sozialsystem

Diese Störungen können am System-Eingang auftreten

- Störungen der Rezeptorik

oder am System-Ausgang:

- Störungen der Motorik (Effektorik).

wobei speziell Frustrationen als Ursachenkomplex in Betracht kommen; hierher gehören die psychosomatischen Störungen und Organneurosen [z. B. Ekzembildungen bei Hunden als experimentelle Körperneurose, eingebildete Schwangerschaft, Schreckbasedow (z. B. bei Kaninchen), Herzneurosen]. Die Neurosen und Perversionen können unterteilt werden in:

- Aktualneurosen und -perversionen:
  - Neurasthenie
  - Angstneurosen
  - Schreckneurosen
  - Aktualperversion
- Psychoneurosen und -perversionen:
  - Phobien
  - Zwangsneurosen
  - Hysterie
  - eigentliche Perversionen.

Alle Domestikations- und Urbanisationsphänomene sind Erscheinungen der menschlichen (Stammes-)Geschichte und seines evolutiven Eigenweges. Zunehmende Einsicht in das Wirkungsgefüge des Verhaltens ermöglicht eine gerichtete Beeinflussung. Eine besondere Bedeutung haben hierbei die Pharmaka. SILBERMAN (1966) hat an Ratten die Wirkung von Drogen in Hinblick auf das Sozialverhalten geprüft. Er fand, daß Chlorpromazin signifikant reduziert:

- Annäherung (innerartlich)
- Aggression
- Aufforderung
- Paarungsverhalten

signifikant erhöht:

— Rückzug (Flucht).

Verhaltensweisen, die eine Distanzvergrößerung und -verringerung gleichermaßen enthalten, wie „Demutverhalten", bleiben unverändert, ebenso auch sozial-neutrale Verhaltensweisen (z. B. Exploration). Die Untersuchung einzelner Verhaltenselemente zeigte selektive Drogenwirkung. So waren beim aggressiven Verhalten stärker reduziert die Bewegungen der unmittelbaren Attacke als die des Drohens. Bei den distanzvergrößernden Verhaltensweisen war die Wirkung auf jene Elemente am stärksten, die zeitlich lange andauern (z. B. Haltungen wie Aufrechtstellung und Ducken), während die Wirkung auf die Fluchtgeschwindigkeit sehr viel geringer war. Unbehandelte Partner verändern gegenüber behandelten ebenfalls ihr Verhalten und zeigen beispielsweise mehr Aggression und Paarungselemente sowie geringere Fluchtbereitschaft; auch deplazierte Bewegungen (Übersprungbewegungen) nehmen zu. Ratten, denen Amphetamin verabreicht wurde, erwecken den Eindruck extrem gesteigerten Erkundungsverhaltens, ohne daß irgendeine beendende Situation erreicht wird.

Interessant ist dabei der Nebenbefund, daß zwischen der lokomotorischen Aktivitätsbereitschaft und dem Sozialverhalten eine negative Korrelation nachgewiesen wurde (bei Ratten). Metamphetamin steigert den lokomotorischen Trieb und unterdrückt soziale Handlungen, während Phenoltiazin-Tranquillizer (Perphenazin) die Lokomotion senken und die Zeit für soziale Tätigkeiten wesentlich erhöhen.

In der Stammesgeschichte des Menschen unterscheidet GRIMM drei Schichten:

1. Die Domestikation; Herabsetzung der Einflüsse und Anforderungen des natürlichen Lebensraumes, Begünstigung des Erhaltenbleibens von Mutationen.
2. Zivilisation; Neuordnung des Verhaltens, gesellschaftliche Differenzierung (Schaffung neuer Verhaltensnormen).
3. Urbanisation; Einführung neuer Außeneinflüsse, die in ihrer Intensität die Entsprechungen im natürlichen Lebensraum übertreffen können.

Eine von TENUVUO (1967) in Finnland durchgeführte Untersuchung erbrachte für folgende Vogelarten den Nachweis der **Urbanisierung** (als Anpassung an das Leben in größeren menschlichen Siedlungen): *Anas platyrhynchos, Charadrius dubius curonicus, Strix aluco, Apus apus, Corvus corone, C. frugilegus, Coloeus monedula, Pica pica, Turdus pilaris, T. philomelos, T. merula, Phoenicurus phoenicurus, Sturnus vulgaris, Carduelis cannabina, Pyrrhula pyrrhula* und *Carpodacus erythrinus*; dazu kommen als Futtergäste (im Winter): *Larus ridibundus, L. argentatus, Accipiter nisus, A. gentilis, Perdix perdix*. Als wichtige Umstände bei der Urbanisierung in Finnland werden genannt:

— Zunahme der Winterfütterung (damit Adaptation an das Stadtmilieu)
— müheloses und reichliches Futterangebot
— Fehlen konkurrierender Arten
— Fehlen natürlicher Feinde
— Ortstreue (menschliche Siedlungen dringen in das Wohngebiet ein).

Dabei betrifft die Urbanisierung in der Regel südliche und expansive Arten, bei denen der Populationsdruck die Eroberung neuer Habitate fördert.

Das ,,Urbanisierungstrauma'' kann unter Berücksichtigung von Parallelen in der Wirbeltierbiologie durch folgende Komplexe gekennzeichnet werden:

Reizkomplex	Erscheinungsform beim Menschen	Analoge (homologe?) Erscheinungsformen bei Tieren
Gedrängefaktor	Raumanspruch gesteigerte Aggressivität (z. B. in Kindergärten, die kein ,,Raumteilverfahren'' ermöglichen), erhöhte Erregbarkeit (Arousal-System), Tendenz zur Polygamie, Störungen im Sozialverhalten	,,Territorialität'' gesteigerte Unverträglichkeit, geringe Erfolge bei der Jungenaufzucht, ,,shock disease'' bei Nagetieren, ,,behavioral sink'' nach CALHOUN, Pangamie
Lärm	gesteigertes Klagen über Kopfschmerz, erhöhte Erregbarkeit (Arousal-System)	audiogene Krämpfe bei Nagetieren
Licht (verändertes Licht-Regime, z. B. künstlicher Langtag)	Auflösung der jahresperiodischen Bindung der Menarche in Großstädten, Akzeleration der Sexualentwicklung, wahrscheinlich auch erhöhte Erregbarkeit (Arousal-System)	Veränderung im Zyklus bei Nagetieren, Aktivierung der Gonaden und des Fortpflanzungsverhaltens bei Vögeln im Labor und im städtischen Lebensraum; Polyöstrie

Literatur

1. Allgemeine Werke

BARNETT, S. A. (1963): A study of behaviour. — Methuen, London.
— (1968): Instinkt und Intelligenz. — Lübbe, Bergisch Gladbach.
BEACH, F. A. (1965): Sex and behavior. — John Wiley, New York.
BERLYNE, D. E. (1960): Conflict, Arousal and Curiosity. — McGraw Hill Book Company Inc., New York.
BLISS, E. L. (1962): Roots of behavior. — Hoeber, New York.
CHAUVIN, R. (1969): Psychophysiologie. II. Le comportement animal. — Masson, Paris.
DETHIER, V. C., u. E. STELLAR (1964): Das Verhalten der Tiere. — Franckhsche Verlagshandlung, Stuttgart.
EIBL-EIBESFELDT, I. (1966): Ethologie, die Biologie des Verhaltens. — Handb. d. Biol., Lief. 211—221, Akad. Verlagsgesellsch. Athenaion, Frankfurt/Main.
— (1967): Grundriß der vergleichenden Verhaltensforschung. — Piper, München.
HAFEZ, E. S. E. (1962): The behaviour of domestic animals. — Baillière Tindall & Cox, London.
HINDE, R. A. (1966): Animal behaviour. — McGraw Hill Book Company, New York.
HOLST, E. v. (1969): Zur Verhaltensphysiologie bei Tieren und Menschen. — Piper, München.
HUTT, S. J., u. C. HUTT (1970): Direct observation and measurement of behaviour. — Thomas, Springfield Ill.
KLOPFER, P. H., u. J. P. HAILMAN (1966): An introduction to animal behaviour. — New Jersey.
LEHRMAN, D. S., R. A. HINDE, and E. SHAW (1965): Advances in the study of behaviour. I. — Academic Press, New York.
LORENZ, K. (1963): Das sogenannte Böse. — Borotha-Schoeler-Verlag, Wien.
— (1965): Über tierisches und menschliches Verhalten. I und II. — Piper & Co. Verlag, München.
MACKAY, R. S. (1968): Bio-medical telemetry. — Wiley, New York.
MANNING, A. (1967): An introduction to animal behaviour. — Arnold, London.
MARLER, P. R., and W. J. HAMILTON (1966): Mechanisms of animal behaviour. — Wiley, New York.
MESAROVIC, M. D. (Ed.) (1968): System theory and biology. — Springer, Berlin.
MESSICK, D. M. (Ed.) (1968): Mathematical thinking in behavioral sciences. — Freeman, San Francisco.
MÜLLER, J. (1970): Grundlagen der systematischen Heuristik. — Dietz-Verlag, Berlin.
MUNN, N. L. (1950): Handbook of psychological research on the rat. — Houghton Mifflin, New York.
PORZIG, E. (Hrsg.) (1969): Das Verhalten landwirtschaftlicher Nutztiere. — VEB Deutscher Landwirtschaftsverlag, Berlin.
SCOTT, J. P. (1958): Animal behaviour. — The University of Chicaco Press.
STOKES, A. W. (Ed.) (1968): Animal behaviour in laboratory and field. — Freeman, San Francisco.
TAVOLGA, W. N. (1969): Principles of animal behavior. — Harper, New York.
TEMBROCK, G. (1964): Verhaltensforschung. Eine Einführung in die Tier-Ethologie. 2. Aufl. — VEB Gustav Fischer Verlag, Jena.

TEMBROCK, G. (1971): Grundlagen der Tierpsychologie. 3. Aufl. — Akademie Verlag, Berlin.
THINES, G. (1966): Psychologie des animaux. — Charles Dessart, Bruxelles.
THORPE, W. H., u. O. L. ZANGWILL (1961): Current problems in animal behaviour. — Cambridge.
TINBERGEN, N. (1951): The study of instinct. — Clarendon Press, Oxford; Übers. v. O. KOEHLER: Instinktlehre. (Parey, Hamburg.)
— (1965): Animal behaviour. — Life Nature Library, New York.

Zeitschriften

Zeitschrift für Tierpsychologie. — Hamburg, ab 1937.
Behaviour. — Leiden, ab 1948.
The British Journal of Animal Behaviour, jetzt: Animal Behaviour, ab 1953.
Revue du comportement animal. Ab 1966.

Zu Kapitel 2

ALTMANN, S. A. (1965): Socialbiology of rhesus monkeys. Stochastics of social communication. — J. Theor. Biol. 8: 490—522.
— (1967) (Edit.): Social communication among primates. — The Univ. of Chicago Press.
ANDRIVON, C. (1969): Le phénomène du renversement ciliaire chez les protozoaires. — Ann. biol. 8: 99—114.
ARMSTRONG, E. A. (1963): A study of bird song. — Oxford Univ. Press, London.
ASCHOFF, J. (Edit.) (1965): Circadian clocks. — North-Holland Publ. Comp. Amsterdam.
AUTRUM, H. (Edit.) (1963): Orientierung der Tiere. — Erg. Biol. Band 26, Springer, Berlin, Göttingen, Heidelberg.
BANGERT, H. (1960): Untersuchungen zur Koordination der Kopf- und Beinbewegungen beim Haushuhn. — Z. Tierpsychol. 17: 143—164.
BLEST, A. D. 1957): The evolution of protective displays in the saturnioidea and sphingidae (Lepidoptera). — Behaviour 11: 257—309.
BÜNNING, E. (1963): Die physiologische Uhr. — Springer, Berlin, Göttingen, Heidelberg.
BUSNEL, R. (Edit.) (1963): Acoustic behaviour animals. — Elsevier, Amsterdam.
CARTHY, J. D. (1957): An introduction to the behaviour of invertebrates. — George Allan & Unwin, London.
— (1965): The behaviour of arthropods. — Oliver & Boyd, Edinburgh.
CHOMSKY, N. (1970): Aspekte der Syntaxtheorie. — Akademie-Verl., Berlin.
CLOUDSLEY-THOMPSON, J. L. (1961): Rhythmic activity in animal physiology and behaviour. — Academic Press, New York.
CROOK, J. H. (Ed.) (1970): Social behaviour in birds and mammals. — Academic Press, London.
DECKERT, G. (1962): Zur Ethologie des Feldsperlings (Passer m. montanus L.). — J. Ornithol. 103: 428—486.
— (1968): Der Feldsperling (Passer montanus L.). — Ziemsen-Verlag, Wittenberg. Die neue Brehmbücherei 398.
FRASER, A. F. (1968): Reproductive behaviour in ungulates. — Academic Press, London.
FRINGS, H., and M. FRINGS (1964): Animal communication. Balisdell Publ. Comp., New York.
FRISCH, K. v. (1965): Tanzsprache und Orientierung der Bienen. — Springer, Berlin, Heidelberg, New York.
HARDELAND, R. (1969): Zur Regulation der tagesperiodischen Proteinsynthese. — Verh. Dt. Zool. Ges. In Innsbruck 1968: 307—317.
HASKELL, P. T. (1961): Insect sounds. — Witherby LTD., London.
HASSENBERG, L. (1965): Ruhe und Schlaf bei Säugetieren. — Ziemsen-Verlag, Wittenberg.
HEDIGER, H. (Hrsg.) (1967): Die Straßen der Tiere. — Vieweg, Braunschweig.

HILDEBRAND, M. (1967): Symmetrical gaits of primates. — Amer. j. phys. anthropol. 26: 119—130.

HINDE, R. A. (Ed.) (1969): Bird vocalizations. — Univ. Press, Cambridge.

HOLST, E. v. (1939): Entwurf eines Systems der lokomotorischen Periodenbildungen bei Fischen. — Z. vergl. Physiol. 26: 481—528.

JANDER, R. (1970): Ein Ansatz zur modernen Elementarbeschreibung der Orientierungshandlung. — Z. Tierpsychol. 27: 771—778.

— u. C. K. BARBY (1968): Die phototaktische Gegenkopplung von Stirnocellen und Facettenaugen in der Phototropotaxis der Heuschrecken und Grillen (Saltatoptera: *Locusta migratoria* und *Gryllus bimaculatus*). — Z. vgl. Physiol. 57: 432—458.

JOYON, L., u. J. P. MIGNOT (1969): Données récentes sur la structure de la cinétide chez les protozoaires flagellés. — Ann. biol. 8: 1—52.

KANNO, F. (1965): An analysis of amoeboid movement. — Ann. Zool. Japon. 38: 45—63.

KÜHME, W. (1961): Verhaltensstudien am maulbrütenden *(Betta anabatoides* BLEEKER*)* und am nestbauenden Kampffisch *(B. splendens* REGAN*)*. — Z. Tierpsychol. 18: 33—55.

LANYON, W. E., and W. N. TAVOLGA (Edit.) (1960): Animal sounds and communication. — Publ. 7 Americ. Institute Biol. Sci. Washington.

LENNEBERG, E. H. (1967): Biological foundations of language. — Wiley, New York.

LEYHAUSEN, P. (1956): Verhaltensstudien an Katzen. — Z. Tierpsychol. 13, Beih. 2.

LINDAUER, M. (1964): Allgemeine Sinnesphysiologie. Orientierung im Raum. — Fortschr. Zool. 16: 58—140.

LORENZ, K. (1952): Die Entwicklung der vergleichenden Verhaltensforschung in den letzten 12 Jahren. — Verh. Deutsch. Zool. Ges. Freiburg: 36—58.

MACHEMER, H. (1969): Filmbildanalysen 4 verschiedener Schlagmuster der Marginalcirren von *Stylonychia*. — Z. vgl. Physiol. 62: 183—196.

MARLER, P., (1961): The filtering of external stimuli during instinctive Behaviour. In „Current problems of animal behaviour". — (Edit. THORPE and ZANGWILL), Cambridge Univ. Press, London.

MATTHEWS, G. V. T. (1968): Bird navigation. 2. rd. — Univ. Press, Cambridge.

MOLLER, P. (1970): Die systematischen Abweichungen bei der optischen Richtungsorientierung der Trichterspinne *Agelena labyrinthica*. — Z. vgl. Physiol. 66: 78—106.

NAITOH, Y., u. R. ECKERT (1969): Ionic mechanisms controlling behavioral responses of *Paramecium* to mechanical stimulation. — Science 164: 963—965.

NELSON, K. (1964): Behaviour and morphology in the glandulocaudine fishes (Ostariophysi, Characidae). — Univ. Calif. Publ. Zool. 75: 59—152.

PRECHTL, H. F. (1956): Neurophysiologische Mechanismen formstarren Verhaltens. — Behaviour 9: 243—319.

RANDALL, J. E., u. H. A. RANDALL (1960): Examples of mimicry and protective resemblance in tropical marine fishes. — Bull. marine sci. Gulf 10: 444—480.

SCHALTEGGER, H. (1966): Versuch zu einer allgemeinen Theorie der chemisch-elektrischen Informationsübertragung im tierischen Organismus. — Chimia 20: 197—207, 237—246, 389—403.

SCHLEIDT, W. (1962): Die historische Entwicklung der Begriffe „Angeborenes auslösendes Schema" und „Angeborener Auslösemechanismus" in der Ethologie. — Z. Tierpsychol. 19: 697—722.

— (1964): Verhalten. Wirkungen äußerer Faktoren auf das Verhalten. — Fortschr. Zool. 16: 469—499.

SCHLEIDT, W. M. (1964): Über die Spontaneität von Erbkoordinationen. — Z. Tierpsychol. 21: 235—256.

SCHNEIRLA, T. C. (1965): Aspects of stimulation and organization in approach/withdrawal processes. — In: Advances in the study of behaviour. I: 1—74.

SEBEOK, T. A. (1965): Animal communication. — Science 148: 1006—1014.

— (1966): Tierkommunikation. — Linguistic und Informationsverarb. 10: 7—26.

SEBEOK, S. A. (Ed.) (1968): Animal communication. — Indiana Univ. Press, Bloomington.

SIEGMUND, R. (1970): Untersuchungen zur Circadian-Rhythmik an Fischen unter besonderer Berücksichtigung kommunikativer Aspekte (Pisces: Teleostei). — Berlin, Math.-Nat. Fak. Diss. 1970.

SILVESTER, N. R., and M. E. J. HOLLWILL (1965): Molecular hypothesis of flagellar activity. — Nature 205: 665—668.

SLEIGH, M. A. (1968): Patterns of ciliary beating. — Symp. Soc. Exp. Biol. 22: 131—150.

SOLLBERGER, A. (1965): Biological rhythm research. — Elsevier, Amsterdam.

STEINER, H. (1965): Der Brutparasitismus der Viduinae, ein eigenartiger Fall echter Mimikry. — Zool. Jb. Syst. 92: 167—182.

SUDD, J. H. (1967): An introduction to the behaviour of ants. — Arnold, London.

TAVOLGA, W. N. (Edit.) (1962): Marine bio-acoustics. — Pergamon Press, Oxford.

TEMBROCK, G. (1959): Tierstimmen. — Ziemsen, Wittenberg.

— (1966): Ritualisation und Information. — Z. f. Psychol. 173: 90—101.

— (1970): Probleme der Syntax kommunikativen Verhaltens bei Tieren. — Z. Psychol. 177: 112—128.

— (1971): Biokommunikation. — Akademie-Verlag, Berlin.

THORPE, W. H. (1961): Bird-song. — Cambridge Univ. Press.

TUXEN, S. L. (1967): Insektenstimmen. — Springer, Berlin, Heidelberg, New York.

WICKLER, W. (1968): Mimikry. — Kindler, München.

WIEPKEMA, P. R. (1961): An ethological analysis of the reproductive behaviour of the bitterling. — Arch. néerl. Physiol. 16: 103—199.

WILSON, E. O., and W. H. BOSSERT (1963): Chemical communication among animals. — Recent Progress 19: 673—716.

VIRCHOW, H. (1915): Gesichtsmuskeln des Schimpansen. — Abh. Königl. Preuss. Akad. Wiss. Phys.-Math. Kl. Nr. 1.

WYNNE-EDWARDS, V. C. (1962): Animal dispersion in relation to social behaviour. — Hafner Publ. Co. New York.

Zu Kapitel 3

BEACH, F. A. (1948): Hormones and behaviour. — Hoeber, New York.

BRAINES, S. N., A. W. NAPALKOW, u. W. B. SWETSCHINSKI (1964): Neurokybernetik. — VEB Verlag Volk und Gesundheit, Berlin.

— u. V. B. SVEČINSKIJ (1970): Probleme der Neurokybernetik und Neurobionik. — VEB Gustav Fischer Verlag, Jena.

DRISCHEL, H. (Hrsg.) (1968): Biokybernetik. 1. 2. — Karl-Marx-Univ., Leipzig.

EWERT, J. (1967): Aktivierung der Verhaltensfolge beim Beutefang der Erdkröte (Bufo bufo L.) durch elektrische Mittelhirnreizung. — Z. vergl. Physiol. 54: 455—481.

FIEDLER, K. (1970): Hormonale Steuerung des Verhaltens von Fischen. — Umschau 1970: 508—509.

FJERDINGSTAD, E. J. (1969): Chemical transfer of learned preference. — Nature 222: 1079—1080.

FLECHTNER, H.-J. (1967): Grundbegriffe der Kybernetik. — Wiss. Verlagsgesellschaft, Stuttgart.

GLASS, D. C. (Ed.) (1967): Neurophysiology and emotion. — The Rockefeller Univ. Press, New York.

GROSSMAN, S. P. (1967): A textbook of physiological psychology. — John Wiley & Sons, New York.

GRÜSSER, O. J., u. F. SNIGULA (1968): Vergleichende verhaltensphysiologische und neurophysiologische Untersuchungen am visuellen System von Katzen. II. Simultankontrast. — Psychol. Forsch. 32: 43—63.

HASSENSTEIN, B. (1965): Biologische Kybernetik. — Quelle & Meyer, Heidelberg.

— (1966): Kybernetik und biologische Forschung. — Handb. Biol. Lief. 206—210, Akadem. Verlagsges. Athenaion, Frankfurt/Main.

HERAN, H. (1969): Der Insektenflug und seine nervöse Steuerung. — Naturwiss. Rdsch. **22**: 1—8.

HOLST, E. v., u. U. ST. PAUL (1960): Vom Wirkungsgefüge der Triebe. — Naturwiss. **47**: 409—422.

HUNSPERGER, R. W. (1965): Neurophysiologische Grundlagen des affektiven Verhaltens. — Bull. Schweiz. Akad. Mad. Wiss. **21**: 8—22.

JANDER, R. (1970): Wie erkennen Stabheuschrecken Sträucher? — Verh. Dt. Zool. Ges. in Würzburg 1969: 592—595.

KEIDEL, W. D. (Hrsg.) (1970): Kurzgefaßtes Lehrbuch der Physiologie. 2. überarb. Aufl. — Thieme, Stuttgart.

KOEHLER, O. (1955): „Zählende" Vögel und vergleichende Verhaltensforschung. — Acta XI Congr. Int. Ornith. **154**: 588—598.

KONORSKI, J. (1967): Integrative activity of the brain. — Univ. of Chicago Press, Chicago.

KÜPFMÜLLER, K. (1968): Informationsverarbeitung der Nervenzellen. — Scientia **103**: 1—9.

LEHRMAN, D. S. (1962): Interaction of hormonal and experiental influences on development of behaviour. — Im „Roots of Behaviour", Ed. BLISS, E. L., New York.

LERNER, A. J. (1970): Grundzüge der Kybernetik. — VEB Verlag Technik, Berlin.

LEYHAUSEN, P. (1965): Das Motivationsproblem in der Ethologie. — Handb. Psychol. Bd. **2**: 794—816.

MITTELSTAEDT, H. (1962): Die Regelungstheorie als methodisches Werkzeug der Verhaltensanalyse. — Naturwiss. **48**: 246—254.

PLOOG, D. (1964): Verhaltensforschung und Psychiatrie. — Psychiatr. d. Gegenw. 1, IB. Grundlagenforsch. d. Psychiatr. B: 291—443.

RAISBECK, G. (1970): Informationstheorie. — Akademie-Verlag, Berlin.

ROEDER, K. H. (1968): Neurale Grundlagen des Verhaltens. — Verlag Hans Huber, Bern und Stuttgart.

RÜDIGER, W. (1965): Probleme der Physiologie des Gehirns. — VEB Verlag Volk und Gesundheit, Berlin.

— (Hrsg.) (1969): Lehrbuch der Physiologie. — VEB Verlag Volk und Gesundheit, Berlin.

SCHUBERT, E. (1968): Physiologie des Menschen. — VEB Gustav Fischer Verlag, Jena.

STACHOWIAK, H. (1969): Denken und Erkennen im kybernetischen Modell. 2. verb. u. erg. Aufl. — Springer, Wien.

STEINBUCH, K. (1965): Automat und Mensch. — Springer, Berlin, Heidelberg, Göttingen.

TEMBROCK, G. (1964): Neurophysiologische Grundlagen des Instinktverhaltens in ethologischer Sicht. — Nova Acta Leopold. N. F. **28**: 343—360.

TIMPE, K.-P. (1970): Zum gegenwärtigen Stand einiger Anwendungsmöglichkeiten der Informationstheorie in der Psychologie. — Probl. Ergebn. Psychol. H. **33**: 21—43.

TREHERNE, J. E., and J. W. L. BEAMENT (1965): The physiology of the insect central nervous. system. — Academic Press, London.

WELLS, M. J. (1962): Brain and behaviour in cephalopods. — Heinemann, London.

WENDLER, G. (1968): Ein Analogmodell der Beinbewegungen eines laufenden Insekts. In: Kybernetik 1968: Beih. zu Elektron. Rechenanlagen Bd. 18. — Oldenbourg, München.

WIERSMA, C. A. G. (Ed.) (1967): Invertebrate nervous systems. — Univ. of Chicago Press, Chicago.

WILSON, D. M. (1967): Stepping patterns in tarantula spiders. — J. exp. biol. **47**: 133—151.

YOUNG, J. Z. (1964): Paired centres for the control of attack by Octopus. — Proc. Royal Soc. London, B **159**: 565—588.

Sympos. Soc. Exp. Biol. 20 (1966): Nervous and hormonal mechanisms of integration. — Cambridge Univ. Press, London.

Zu Kapitel 4

BAERENDS, G. P., K. A. BRIL, u. P. BULT (1965): Versuch zur Analyse einer erlernten Reizsituation bei einem Schweinsaffen *(Macaca memestrina)*. — Z. Tierpsychol. **22**: 394—411.

CLOUDSLEY-THOMPSON, J. L. (1965): Animal conflict and adaptation. — Foulis & Co, London.

CROZE, H. (1970): Searchung image in Carrion Crows. — Paray, Berlin.

DÜCKER, G. (1966): Untersuchungen über geometrisch-optische Täuschungen bei Wirbeltieren. — Z. Tierpsychol. **23**: 452—496.

EIBL-EIBESFELDT, I. (1963): Angeborenes und Erworbenes im Verhalten einiger Säuger. — Z. Tierpsychol. **20**: 705—754.

GILBERT, R. M. (Ed.) (1969): Animal discrimination learning. — Academic Press, London.

HAGEN, H. v. (1967): Nachweis einer kinäthetischen Orientierung bei *Uca rapax*. — Z. Morph. Ökol. Tiere **58**: 301—320.

KÖHLER, W. (1963): Intelligenzprüfungen an Menschenaffen. — Springer, Berlin, Göttingen, Heidelberg.

LADYGINA-KOHTS, N. (1969): Konstruktive und Werkzeughandlungen höherer Affen (russisch). Moskau.

LORENZ, K. (1966): Evolution and modification of behaviour. — Methuen, London.

MEYER- HOLZAPFEL, M. (1956): Über die Bereitschaft zu Spiel- und Instinkthandlungen. — Z. Tierpsychol. **13**: 442—462.

— (1956): Das Spiel der Säugetiere. — Handb. Zool. VIII, Teil 10: 1—36.

SLONIM, A. D. (1961): Grundlagen der allgemeinen ökologischen Physiologie der Säugetiere (russ.) AN SSR Verlag, Moskau.

TEMBROCK, G.: Spielverhalten beim Rotfuchs. — Zool. Beitr. N. F. **3**: 423—496.

THORPE, W. H. (1963): Learning and instinct in animals. — Methuen, London.

— (1966): Ritualization in ontogeny. — I. Animal play. — Philos. Trans. Royal Soc. London B **251**: 311—319.

VOSS, CH. (1967): Über das Formsehen der roten Waldameise *(Formica rufa-*Gruppe*)*. Z. vergl. Physiol. **55**: 225—254.

Zu Kapitel 5

EIBL-EIBESFELDT, I., u. W. WICKLER (1962): Ontogenese und Organisation von Verhaltensweisen. — Fortschr. Zool. **15**: 354—377.

EVANS, H. E. (1966): Comparative ethology and evolution of the sandwasps. — Harvard Univ. Press, Cambridge.

GLASS, D. C. (Ed.) (1968): Environmental influences. — The Rockefeller Univ. Press, New York.

— (Ed.) (1968): Genetics. — The Rockefeller Univ. Press, New York.

KEITER, F. (Hrsg.) (1969): Verhaltensforschung im Rahmen der Wissenschaften vom Menschen. — Musterschmidt, Göttingen.

KLOPFER, P. H. (1968): Ökologie und Verhalten. — Fischer, Stuttgart.

NEGUS, N. C., E. GOULD, u. R. K. CHIPMAN (1961): Ecology of the rice rat, *Oryzomys palustris* (Harlan), on Breton Island, Gulf of Mexico, with a critique of the social stress theory. — Tulane studies in zool. **8**: 95—123.

RENSCH, B. (1959): Gerichtete Entwicklung in der Stammesgeschichte. — Nova acta Leopold. N. F. **21**: 101—116.

RENSCH, B. (Hrsg.) (1968): Handgebrauch und Verständigung bei Affen und Frühmenschen. — Huber, Bern.

ROE, A., u. G. SIMPSON (1958): Behaviour and evolution. — YALE Univ. Press, New Haven.

SCHMIDT, H.-D. (1970): Allgemeine Entwicklungspsychologie. — Dt. Verl. d. Wiss., Berlin.

TEMBROCK, G. (1965): Abstammungslehre und Verhaltensforschung. — In: GERSCH (Edit.): Ges. Vortr. mod. Probl. Abstammungslehre **1**: 55—70.

THORPE, W. H. (1965): The ontogeny of behaviour. — In: MOORE (Edit.): Ideas in modern biology. New York.

WICKLER, W. (1961): Ökologie und Stammesgeschichte von Verhaltensweisen. — Fortschr. Zool. **13**: 303—365.

— (1961): Über die Stammesgeschichte und den taxonomischen Wert einiger Verhaltensweisen der Vögel. — Z. Tierpsychol. **18**: 320—341.

— (1967): Vergleichende Verhaltensforschung und Phylogenetik. In: HEBERER, G. (Hrsg.): Die Evolution der Organismen. 3. Aufl. Bd. 1, S. 420—508. — Fischer, Stuttgart.

Autorenregister

Aberleen 201, 203
Adam 132
Åkerman 140, 142
Akert 142, 195
Albert 134
Alexander 220, 221
Allen 25
Altevogt 76
Altmann 37, 66
Altschuler 135
Andrew 136
Andrivon 25
Anochin 161, 171
Armstrong 212
Aschoff 48, 53
Autrum 196, 214, 215

Baerends 70, 109, 136, 193, 194
Ballesteros 27
Barnett 138
Barry 41
Beer 94, 174
Bell 25
Bellrose 43
Benedict 21
Berlyne 160, 163
Bethe 27
Betz 51
Bhowmick 25
Birukow 182, 183
Bishop 122
Blaich 116
Blair 230
Blest 192
Bodman 50
Bogert 206
Bossert 101, 102
Brändle 27
Brewer 25
Broadbent 128
Brokaw 21
Brookhart 165
Brownlee 201
Buchthal 27

Calhoun 214, 243
Carthy 150
Caspers 130, 166
Cassier 151
Chomsky 27
Collias 223, 224, 225
Crane 76
Crisler 199
Croze 55, 194
v. Cube 187
Curio 82, 116

De Beer 219
Deckert 80
Deegener 111
Dilger 201
Dobzhansky 230
Dörner 155
Dücker 194, 198

Eckert 23, 25
Ehret 53
Eibl-Eibesfeldt 185
Eisenberg 55
Eisner 153
Emerson 231
Espinas 111
Evans 221
Ewert 141, 162, 182, 183

Faber 215
Fano 64
Fiedler 153
Fjerdingstad 135
Flechtner 93, 176
Flower 221
Frank 119, 134, 183, 184
v. Frisch 42, 44
Fraenkel 39
Fuller 209

Gaito 135
Geist 234
Gersch 149
Gittleson 110

Sachregister

257